新媒体环境下图书馆业务培训教程

# 图书馆期刊业务与研究

鄂丽君　蔡莉静　马　兰　主编

海洋出版社

2013 年 · 北京

## 内容简介

　　本书围绕期刊采访、分类和编目，结合新媒体环境的特点，介绍了图书馆期刊工作的具体方法。此外，对期刊引文分析进行了详细论述，包括引文测度指标、引文分析工具以及我国中文核心期刊的确定等。本书的阅读对象为各类图书馆管理者和图书馆工作人员。

## 图书在版编目（CIP）数据

　　图书馆期刊业务与研究/鄂丽君，蔡莉静，马兰主编. —北京：海洋出版社，2013.8

　　新媒体环境下图书馆业务培训教程

　　ISBN 978 - 7 - 5027 - 8590 - 1

　　Ⅰ. ①图… Ⅱ. ①鄂… ②蔡… ③马… Ⅲ. ①期刊管理 - 图书馆工作 - 业务培训 - 教材 Ⅳ. ①G255. 2

　　中国版本图书馆 CIP 数据核字（2013）第 141313 号

责任编辑：杨海萍
责任印制：赵麟苏

海洋出版社　出版发行

http：//www. oceanpress. com. cn

北京市海淀区大慧寺路 8 号　邮编：100081
北京旺都印务有限公司印刷　　新华书店发行所经销
2013 年 8 月第 1 版　2013 年 8 月北京第 1 次印刷
开本：787mm×1092mm　1/16　印张：15
字数：274 千字　定价：35. 00 元
发行部：62132549　邮购部：68038093　总编室：62114335
海洋版图书印、装错误可随时退换

# 编者的话

新媒体是相对于报刊、户外、广播、电视四大传统意义上的媒体而言的，被形象地称为"第五媒体"。新媒体环境的形成得益于网络环境的成熟和日新月异的计算机技术的发展。在新媒体环境下，数字期刊、数字报纸、数字电视、数字电影、数字广播、手机短信、网络、桌面视窗、触摸媒体等逐步走进了千家万户，这就使得图书馆的传统资源优势失去了往日独占鳌头的地位，因为纸质文献已不是用户查找资料、获取信息的唯一途径，作为"信息中心"的图书馆也不再是用户获取信息的首选场所，图书馆的生存与发展受到了新媒体的挑战。图书馆必须要转变观念，创新发展。

但是，不论外部环境如何变化，不论信息载体多么复杂，图书馆基础理论和基本技术仍然是支撑图书馆发展变革的基础。学习和掌握图书馆基础知识，提高为读者服务的基本技能，提升图书馆在新媒体环境下的竞争力等等，这是每个图书馆馆员义不容辞的责任和义务。我们在 2009 年编辑出版了《图书馆馆员学习与岗位培训教程》丛书，为当时各类图书馆的馆员职业培训和学习提供了帮助。在此基础上，针对当前新媒体环境特点，我们编辑了一套《新媒体环境下图书馆业务培训教程》，以满足图书馆业务培训和馆员学习的需要。

这套丛书包括：图书馆利用基础、图书馆基础资源建设、图书馆读者业务工作、图书馆期刊业务与研究、图书馆网络化基础、图书馆参考咨询工作基础、图书馆信息研究与服务。该丛书不仅涵盖了图书馆各项基础业务工作，而且还介绍了图书馆高层次文献信息服务工作，如情报分析与研究、科技查新服务等。本套丛书可以满足图书馆馆员的继续学习和技能培训需求。尽管编者尽最大努力把最新的信息呈现给读者，但是由于网络信息动态更新、毫秒处理的特点，当我们的书出版时也许其中一些内容又有新信息了，但这丝毫不影响该套丛书的参考使用价值，因为图书馆的变化和发展都是以其基础理论和基本知识为依据的。

这套丛书在编写过程中得到了同行专家和图书馆界同仁的鼎力支持和帮助，中国科学院国家科学图书馆的博士生导师初景利教授对本套丛书提出了宝贵意见，在此表示衷心感谢。

该套丛书由蔡莉静策划，编写各册提纲，组织作者编写，并完成了整套书的统稿工作。在此过程中，得到了河北科技大学图书馆和燕山大学图书馆相关领导的支持和帮助，在这里表示诚挚的谢意。

　　由于编者水平所限，难免书中有疏漏或错误，请广大读者不吝批评指正。

2013 年 6 月

# 前　言

　　期刊工作一直是图书馆的一项基础性工作，对于图书馆期刊工作者来说，了解期刊的基本属性、特点，熟悉期刊采访、分类、编目等工作内容，熟练使用电子期刊，并能对期刊工作进行研究，是一位合格的期刊工作者应该具备的素质。

　　新媒体环境下，图书馆期刊工作的手段和服务方式发生了许多变化，读者利用期刊的方式也不同于传统图书馆。这就要求图书馆期刊工作者必须进行知识更新，学习和掌握新媒体环境下期刊工作的各种技术，以便更好地开展期刊服务与研究。为此，我们针对新媒体环境的特点，结合当前图书馆期刊工作内容和方式以及读者利用期刊的形式，编写了这本面向图书馆期刊工作者的图书。

　　本书共分六章，第一章 期刊概述，第二章 期刊的产生与发展，第三章 期刊的采访与分类标引，第四章 期刊编目，第五章 期刊的引文分析，第六章 中文期刊数据库。其中，第一章、第二章由蔡莉静编写，第三章、第四章由马兰编写，第五章、第六章由鄂丽君编写。蔡莉静承担了全书的统稿工作。

　　由于编者水平所限，书中难免有不妥之处，敬请读者批评指正。

编　者

2013 年 6 月

# 目　次

# 第一章　期刊概述

## 第一节　期刊的定义

### 一、期刊的概念

报纸和期刊，统称报刊，是连续出版物的重要组成部分。在期刊诞生的早期，报纸和期刊的界限并没有明确的划分，形式差不多，很容易混淆。有些属于期刊性质的出版物，当时也往往称为报纸，或者统称期刊。后来报纸逐渐趋向于主要刊载有强烈时效性的新闻报道与时局评论，期刊则主要刊载小说、论文和各种专题文章，二者在内容上的区别越来越明显。在形式上，报纸的版面越来越大，而期刊则要经装订、加封面，趋向于图书的形式。从此以后，在人们的观念中，逐步将报纸和期刊区分为两个不同的概念。这里所说的"报纸和期刊"，就是今天人们对其性质、特征认识后的通常的称谓。

期刊，有时候又称杂志。主要是从英文"magazine"、"periodical"、"journal"三个词翻译过来的。"periodical"的含义比较广，通常包括报纸（newspaper）与杂志（magazine）。它们都属于广义的连续出版物（serials），在国外，它有代替"periodical"的趋势。"magazine"一词来自阿拉伯文"makhazin"，原意为"仓库"。它第一次被用来称为刊，是1731年伦敦出版的《绅士杂志》，这是英国最早的杂志，它的内容包括诗、小品、论文和其他各式各样体裁的文章，包罗万象，很符合"magazine"的本意。

"杂志"是从日文引进的外来语，在我国比"期刊"一词出现得要早些。1936年出版的《辞海》对"杂志"一词解释为："杂志（magazine）发表众多作者之著述之刊也。英文magazine原意为仓库，借用以名刊物，在示其内容之广博。唯今之杂志，大部分分门别类，各具体系。有专论述政治及社会问题者，有专讨论科学者，有专发表文学者；名称亦各不相同。就出版时期言，有定期、不定期两种：前者有周刊、半月刊、月刊、双月刊、季刊等；后者则以材料之有无为断，出版无一定时期。编辑体裁大抵分为若干栏，将各家著述，按栏分宜。"可见，当时"杂志"一词已经相当通用了。但是，"期刊"一词，当时的《辞源》和《辞海》均未收入，也未作参见词条。可以推知，"期刊"一词在那时还不是一个常用的词汇，后来才逐步通行起来，并慢慢地代替了"杂志"一词。目前，一般使用"期刊工作"、"期刊目录"、"期刊室"等，很少使用"杂志工作"、"杂志目录"、"杂志室"等名称。

国际标准化组织公布的 ISO4－1972（E）《文献工作——期刊刊名缩写的国际规则》中对"期刊"的定义是："定期地或以宣布的期限出版或准备无限期地出版下去的一种连续出版物，通常比年度出版物频繁。每期通常刊登单独的论文、记事或其他著作。报道一般新闻的报纸、会议录、论文或者主要与会议有关的团体的其他出版物都不属期刊范围。"1967 年出版的《英美编目规则》对于期刊的定义与此也基本相同。《韦氏大词典》解释说，期刊是"在规定日期或经一定间隔后出版的杂志或其他出版物"，且补充说，"不用于分部出版的图书，很少用以指报纸。"这一解释尽管不很严密，但它说明期刊与报纸是有区别的。国外一些文献或标准中，对期刊的定义和其范围定义不完全一致，有以"连续出版物"代替期刊的趋势。

1980 年出版的《辞海》（修订本）将期刊定义为："期刊，又名杂志，定期或不定期的连续出版物。每期版式基本相同，有固定名称，用卷、期或年、月顺序编号出版。"我国的国家标准 GB/T 3792.3－2009《文献著录第 3 部分：连续性资源著录规则》中对连续出版物解释为："一种有持续关系的、以独立的卷期或部分以定期或不定期的方式发行的连续性资源，通常带有编号，但无明确的终止日期。"对期刊解释为："一种定期的、出版频率在每年一次以上的连续出版物。通常期刊的内容为各自独立的论文。"

目前，我国图书馆和情报部门对其所管理的文献一般分为"书"、"报"、"刊"。其中的"刊"只是狭义的"期刊"。因此，综合上述情况，可将期刊的概念表述为：期刊，也称杂志，是指有固定名称、每期版式基本相同、定期或不定期的连续出版物。它的内容一般是围绕某一主题、某一学科或某一研究对象，由多位作者的多篇文章编辑而成，按卷、期或年、月顺序编号出版。

## 二、期刊的属性

从期刊的含义中我们可以知道，期刊有以下几个属性。

（1）它有一个相对固定的刊名，如《新观察》、《大学英语》、《读者》等。期刊的题名，一般是比较固定的。即使少数期刊，出于政治、经济、科学技术的发展而引起其内容的增减、读者对象和编辑宗旨的变化等原因，有变动刊名的现象，也至少稳定一段时间并且向读者公开宣布声明。

（2）长期或准备长期连续出版，并有表示各期连续关系的以卷、期或年、月为顺序的编号。

（3）每期都刊载若干作者新创作或加工的若干文献资料。

（4）有一个比较稳定的编辑部门，并在一定的时期内，其内容有一个相对固定的主题、学科范围。

（5）都要标明出版周期（定期或不定期），并按公布的周期出版发行。

（6）在一定的时期内，其装帧、开本、价格基本统一。

（7）一般原编辑单位都不修订再版。

## 三、期刊与报纸的区别

在连续出版物当中，发行量最大、读者最多、对社会各方面影响最大的当属期刊和报纸两大门类。它们之间的区别，是比较容易划分的。

### 1. 外形上的区别

尽管在页数上来说，期刊不一定比报纸多，但期刊是装订成册的，而报纸则是采用大张纸折叠而成。

### 2. 内容上的区别

期刊是较系统地传播某一领域的知识或发表研究成果的出版物，而报纸则以发表有关国内外大事为主要内容（报纸的副刊显然不是报道消息和动态的，但它仅是一种副刊，不能改变报纸以发表消息为主的特点）。

### 3. 出版上的区别

期刊刊期最短的大概是周刊，长的可为年刊，出版周期长。而报纸，每周出版一期，可能已是最长的出版期了，现在大部分报纸是日刊，有些甚至是半日刊。

## 四、期刊学

在我国，期刊的出现可以追溯到将近 200 年以前，从 1815 年外国传教士在国外创办第一种近代中文期刊时起，在相当长的一段时间内，报纸与杂志（"期刊"这一名称出现于它之后）很难划分，大多数名之为"报"，实际上已是报中有刊。至 1890 年，杂志的出版种数已多于报纸，已具备了将期刊分开的初步条件。在此之后，期刊的发展十分迅速。

20世纪20年代中期以后，特别是30年代里，有人将报纸与期刊作了区分。除了按出版周期划分比较明显而常见外，其余划分法未见更多地使用。与连续性出版物有关的新名称尚未出现。"定期刊物"和"不定期刊物"这两个概念的出现，意味着"报纸"、"杂志"、"期刊"已难以完全覆盖当时存在的连续性出版物，因而从出版周期角度进行这样的归纳。它从一个侧面表达了连续性出版物的本质属性——连续性，是颇有意义的。

期刊这一名称出现以后，人们对于期刊的概念、内涵、作用以及与其他出版物的关系等方面进行着不断地研究。20世纪70年代中期以后，我国比较注意对连续性出版物的多标准划分，即按照它的不同属性分别划分为若干个类型。连续性出版物具有多种属性，多标准划分类型是合理的，它开拓了划分思路，使人们得以从不同角度去观察连续性出版物，从而加深了对于它们的认识。

1983年1月29日，国家标准局发布了GB 3469《文献类型与文献载体代码》。作为代码，简单明了是可以理解的，但从文献划分类型看，显得简略与不完善。这就促进人们更加仔细研究探讨期刊自身属性的问题，在这个基础上，产生了"期刊学"这个新学科。适应了国内外对期刊的研究。

不仅我国和西方国家明确提出"期刊学"学科名称，有些国家的学者还提出"杂志学"、"杂志图书馆学"，甚至期刊学的交叉学科"书刊学"等。而且，我国一些学者的学科思维已经延伸到期刊学的分支学科，如：期刊编辑学及其分支学科科技期刊编辑学，期刊类型学及其分支学科，期刊开发学，期刊分类学等，形成期刊学日臻完善的学科体系。

期刊学积淀数百年的发展历史，以数十亿读者为后盾，与广阔的市场经济相联系，具有广泛的研究领域。期刊学的研究内容涉及期刊史学、期刊发展学、期刊文化学、期刊方法论、期刊编辑学、期刊营销学与出版发行学、期刊情报学与传播学、期刊管理学与图书馆期刊学、电子期刊学与信息网络期刊学、期刊广告学等多个分支研究领域。

近年来，关于期刊的概念问题，国内讨论得很热烈。归纳起来主要有以下几种观点：第一种观点为同一说，即期刊等于杂志。第二种观点为包含说。分为两种意见：其一是杂志属于期刊的一种，其二是期刊属于杂志的一种。在本书中，采用第一种观点，即期刊等于杂志。

# 第二节　期刊的构成

## 一、期刊的外表结构

期刊的外表结构，是指期刊编排的版式构造。从版式整体结构来看，期刊都有共同的特点。这样，研究和了解期刊的结构，有助于我们熟悉期刊、管理期刊和研究期刊。

期刊的外表结构一般包括：封面页、封二、题名页、目次页、正文、年度累积索引、封三、封底、版权页、刊脊等。它们在期刊中分别起着不同的作用。

### 1. 封面页

封面是展示期刊外表形象的重要组成部分。期刊的封面有全封面和半封面两种：全封面期刊的整个封面由美术画面构成；而半封面的期刊只是在封面的上半部印有题名、卷期标识以及责任者等，其余部分往往是安排目次，一般学术性期刊都采用这种格式。有些全封面期刊为了吸引读者，在封面上插有本期要目。

封面的题名和卷期标识应该是最突出的部分，它们多数是草书字体，少数是其他字体。有的休闲型期刊为了吸引读者，故意在封面上标有夸大字号"中外传奇"、"惊险小说"等，而将真正的题名隐藏在某一角落。这种故意喧宾夺主的做法，常常使我们认定题名时十分费力。还有的期刊封面，题名一部分"小写"，一部分"大写"，有的文艺期刊甚至将两部分题名完全脱节。有的期刊封面卷期标识的数字为了"艺术"，变成了四不像的字，很难辨认。这些都给我们的期刊管理工作造成了极大的困难，也是违背期刊的编排与规范要求的，需要我们在工作中仔细审视、认真核对。

### 2. 封二

封二是期刊全封面的背面。内容安排上各刊不尽一致，大多数期刊的封二是广告，有些期刊还在封二后面插若干页广告，以至于不好寻找后面的目次页。极少数期刊的封二是刊后语或者插图、照片等，有的下角也安排为版权页。

### 3. 题名页

题名页往往在封面和目次页之间，上面印有题名、卷期标识（多数有第二标识系统）等。国内外的期刊多数没有题名页，往往将目次页的刊眉部分作为题名页。有的期刊，封面上的题名卷期有时与题名页或目次页上的题名卷期不甚一致。遇有这种情况，要认真查实。

### 4. 目次页

期刊的目次页上将文章标题与页码显示给读者。有的目次页自成为一页或数页，有的则与题名页、版权页放在一起。它是读者查找该刊各独立文章的检索点。它的位置多数在封二后或正文前，个别的也有在正文后。目次的排列项目是列举文章题名，然后标明作者及页码。目次中各文章的排列方法有两种，有的按照页码的先后，有的则根据文章内容按照栏目排列。为了清楚起见，分栏目的期刊，或用粗线将不同栏目分开，或直接加通栏标题。一般情况下，期刊常设有各期固定的常设栏目，或者几期变换的交替栏目，这都能从目次上体现出来。为了方便国外读者，大部分学术性期刊常将目次译成另一种文字，通常是英文，这就是外文目次页。外文目次页有的放在目次页的背后，有的放在期刊的最后。

### 5. 正文

正文是期刊的主体，一种期刊质量的优劣，关键在于期刊正文质量如何。期刊的正文是由多名作者的不同文章组成的整体，但也有较少的内部刊物一期只刊载一位作者的文章。为了提示作者、方便阅读，部分期刊在正文的开始有特约文章，介绍本期热点话题，或编有按语或作者提示。

期刊文章的版式设计有三种：一是对凡能排满整版的文章依次顺排；二是对难以排满整版的文章采用衔接版心，即将甲作者文章的前部分排于某页上半部，其余部分另页接起；或者乙作者文章后部分接甲作者文章留下的空白处，并作"接××页"标记，期刊管理人员在指导读者阅读的时候，对此情况应给予提示；三是对不能排满版心的空白安排刊载稿约、启事、动态或者简单图案等，以作"补白"。对于期刊管理人员来说，补白不能放过，它往往包括编辑者的重要信息。有的期刊正文后附有作者简介，以沟通读者与作者的联系；有的期刊正文每页刊眉上都标有题名、卷期，以便复印与剪裁。正文页码的编排，有五种情况：第一种情况是正文独立编页码；第二种情况是目次页、版权页甚至封面等连在一起统编页码；第三种情况是各期独立编页；第四种情况是一年或一卷统一编页；第五种情况是既有全年或一卷的总页码，又有该期的分页码。

### 6. 累积索引

累积索引是将某一阶段（一年或数年）的若干期的文本题名、责任者及刊期、页码等按一定顺序编排起来的阶段索引。其多数分栏编排，构成阶段性总目次。它的作用是更方便查检阅读。它的位置通常是在某年最末一期或者次年最早一期的封三前。目前，国内外多数学术期刊都有年度累计索引。在利用时，应向读者重点推荐。有些动态性期刊或核心期刊，常常在一定的刊期中连载本学科的论文要目，有的甚至以散页的形式出现，应注意装订，加强管理，防止散失。

### 7. 封三

封三是期刊封底的反面。大多数期刊的封三是广告，少数刊登告读者、书讯启事、图片、版权页等。

### 8. 封底

封底是期刊的最后一页，它与封面连接折叠而成。封底除提示作用外，就是与封面一起对期刊有护封作用。封底的内容有征订启事、广告、稿约、图片、版权页等。个别期刊封底是"白版"，或者直接印刷正文，即无封底。

### 9. 版权页

版权页是记载该刊编辑出版有关情况的记录。它包括：期刊题名、责任者、卷期、印刷单位、出版时间、期刊代号、发行部门及定价等。有的还印有创刊时间。它的位置多数在封底上，也有在封二、封三、目次页或题名页背面的。版权页是期刊登记、分类、编目的重要信息依据。

### 10. 刊脊

刊脊是封面和封底的连接部分，相当于图书的书脊。"骑马装"的期刊没有刊脊，"折叠装"的期刊才有刊脊。刊脊较厚的期刊，上面多数印有题名、卷期、总期号以及编辑出版单位等。当封面、题名页、版权页的说明或记录出现歧义时，刊脊的参考价值就突出起来。此外，有的期刊还有插页、勘误表等。

## 二、期刊的内容结构

期刊的内容结构，是指除版式结构以外的各个主要组成部分。这些要素，再加上版式结构，就构成了一种完整的期刊。认识期刊的组成要素，是识别期刊、了解期刊的重要一环，也是做好期刊工作的起码要求。

1. 题名

题名，又称刊名，是人们对每种期刊的命名，也是识别期刊的主要标识。期刊题名，包括期刊的正题名、并列题名、共同题名和副题名等。

2. 责任者

责任者，是指团体和个人对期刊负有责任者，就是我们通常所说的主办者、编辑者、出版者、发行者等。

3. 版本

期刊版本是特指说明期刊版本类型的文字，包括：地区版本（如"港澳台版"、"国际版"等），读者对象版（如"学生版"、"企业家版"等），特殊版式或外形说明（如"缩微版"、"图画版"等），语种版本（如"英文版"、"德文版"等），时间版本（如"上午版"、"周末版"等）等。

4. 刊期

刊期，又称"期率"、"出版频率"等，是指期刊出版周期或间隔时间的长短，可以分为日刊、周刊、旬刊、月刊、双月刊、季刊、半年刊和年刊等。表示方法有如下几种。

第一种：在期刊的适当位置用文字标明，如《情报资料工作（双月刊)》、《南京师大学报（季刊)》等。

第二种：刊期含在刊名中，如《南方人物周刊》、《周末》、《新华月报》、《文摘旬刊》等。

第三种：用出版时间序列表示，如月刊用"某年某月号"表示；季刊用"春、夏、秋、冬"表示。

第四种：刊期含在出版日期中，如"每周逢二、五出版"是"周二刊"；"每月5日、15日、25日出版"是"旬刊"；"逢双月10日出版"是"双月刊"等。

英文中，用 Weekly（周刊）、Decimally（旬刊）、Monthly（月刊）、Quarterly（季刊）、Annuals（年刊）等表示。除 Quarterly 外，其余各词可相应地加 semi-（半）、bi-（双）等前缀词，如 Semi-monthly（半月刊）、Bi-monthly（双月刊）等。

5. 出版序列

期刊的出版序列，包括数序和时序。它有三种情况：一是既有数序，也有时序，如"1991年第五期"、"1991年5卷3期"等；二是只有数序，无时序,如"五卷 6 期"、"五辑"、"总第 128 期"等;三是只有时序,无数序,如"1989 年 5 月号"、"1992 年,春"等。

数序,是指期刊连续出版时所给的数字顺序。期刊的数序单位有卷、期和辑等。卷与期是经常连续的。外文中"卷"为:Volume(英)、Tome(法)、Band(德)、Tom(俄),"期"为:Number(英)、Heft(德)、ВЫЛУК(俄)。

时序,是指期刊连续出版时给的时间顺序。时序的单位名称主要有年、月、日。英文的时序单位名称:年为 Year,月为 Month,日为 Day,它们常以数字代替,如 in June Nineteen Eighty-Two 写成 1982. No. 6。

6. 刊号

刊号,是指期刊的代号。期刊的刊号主要包括国际标准刊号和中国标准刊号两种。

国际标准刊号,简称 ISSN,于 1975 年作为国际标准 IS3297 正式公布,它是国际标准连续出版物编号(International Standard Serial Number)的简称。在此之前,美国全国标准协会(ANSI)的 Z39 委员会编订了"标准连续出版物编号"(SSN)。国际标准化组织第 46 技术委员会 1971 年 5 月在里斯本全体会议上,批准了以 SSN 为基础的 ISSN,并分了一组给美国鲍克公司在编《乌里希国际期刊指南》和《乌里希国际不定期连续出版物及年鉴指南》中试用。

由国际连续出版物数据系统(International Serial Data Systems,即 ISDS)对每一种经过申请的期刊所分配的一个固定不变的标准号码,它只代表一种期刊,只能用一次,具有特殊作用。国际标准刊号是以 ISSN 为前缀的由 8 位数字组成的期刊代号,开始时按当时所掌握的期刊和其他连续出版物的字顺编号,10 余年后,变成没有统一的字顺次序,而仅是个流水登记号,也不能反映国别和类别。为了补救其不足,一些国家在实际应用时,在 ISSN 前加上了国家代号,如美国 US,英国 UK,法国 FR。我国是将其与中国统一刊号配合使用。国际标准刊号的组成,在形式上是 2 段,实际上是 3 段,最后一位数字是供电子计算机校对差错的校验号。国际标准刊号全世界通用。如:ISSN 0252 - 3116(中国,《图书情报工作》),ISSN 1340 - 5551(日本,《电气学会志》)。在前一个例子中,0252 为第一段;第二段是"311",由 3 位数字组成,是第一段号码相同期刊的流水号,"6"是校验号。具体的校验方法是:

将前七位数字分别按顺序乘以 8、7、6、5、4、3、2(称为加权因数),

其积之和除以 11（称为模数），如果余数与校验号之和是 11（或者 11 减余数之差等于校验号），或者其积与校验号的数值之和能被 11 整除，证明该国际标准刊号是正确的，否则就是错误的。如果其积之和能被 11 整除，其校验号为"0"；如果校验号是 10，则以"x"代替，ISSN 仍然为 8 位数字。例如：以 ISSN 0252－3116 为例

$$0 \times 8 + 2 \times 7 + 5 \times 6 + 2 \times 5 + 3 \times 4 + 1 \times 3 + 1 \times 2 = 71$$

$$71 \div 11 = 6 \cdots\cdots 5$$

$$5 + 6 = 11$$

根据以上验算，可以证明该国际标准刊号是正确的。为了便于阅读和书写，前四位和后四位数字之间用"－"连接。书写时，以"ISSN"起头，并与后面的数字空一格。

凡是公开发行，并在政府有关出版部门注册登记，有期刊登记证号的期刊，均可向 ISDS 中国国家中心（设在国家图书馆内，1986 年 6 月开始办理 ISSN 的分配工作）申请取得该号。ISSN 应印在期刊明显位置。当期刊改名时，应重新申请 ISSN。ISSN 一经取消，便永远不能再用。

ISSN 的作用是多方面的，主要有识别题名、进行检索等作用。

中国标准刊号，由国家技术监督局批准，自 1989 年 7 月 1 日起在全国实施。它是由国际标准刊号 ISSN 和国内统一刊号 CN 两部分组成，其格式为：

ISSN×××× － ××××CN×× － ××××/yy

如：图书情报工作，ISSN 0252－3116 CN 11－1541/G2

在国内统一刊号部分，"CN"为中国国别代码，号码由期刊登记号和分类号两部分组成。期刊登记号是国内统一刊号的主体，它由定长的 6 位数字组成，即由地区代号（2 位数字）和序号（4 位数字）组成。分类号是补充成分，中间用斜线"/"隔开，用以说明期刊的专业学科范畴。地区代号是依据国家标准，我国行政区划编码表（OB2260－82），取其代码（参见表 1－1）。序号定长 4 位，各地区编号一律是 0001～9999，共计 1 万个；报纸编号一律是 0001～0999，共计 1 千个；期刊编号一律是 1000～9999 个，共计 9 千个。为了方便国家新闻出版总署管理，期刊编号目前仅限使用 1000～4999，共计 4 千个，5000～9999 目前暂不使用。

分类号是依据《中国图书馆分类法期刊分类表》的大类表划分的。其中，出于 G、O、T 三类类目设置较细，期刊较多，可用到二级类目（参见表 1－2）。中国标准刊号结构更加科学，更加严密，既面向国际，又面向国内，具有中国特色，符合中国国情，为统一排架、期刊登记排序创造了有

利条件。因其具有唯一性，为期刊的计算机管理应用提供了迅速、准确的检索手段。

7. 邮发刊号

我国多数的期刊交给邮局发行，由邮局给予期刊编制代号，这种代号称邮发代号。简称 POSN（Post Office Serial Number）。它是由地区号、种次号两部分组成，中间用短横线"－"隔开。一个地区有相连的两个代号，单号为报纸，双号为期刊（参见表 1－3）。

表 1－1　国家统一刊号地区代码

| 地区 | | 代号 | 地区 | | 代号 |
|---|---|---|---|---|---|
| 华北 | 北京 | 11 | 中南 | 河南 | 41 |
| | 天津 | 12 | | 湖北 | 42 |
| | 河北 | 13 | | 湖南 | 43 |
| | 山西 | 14 | | 广西 | 44 |
| | 内蒙古 | 15 | | 广东 | 45 |
| 东北 | 辽宁 | 21 | | 海南 | 46 |
| | 吉林 | 22 | 西南 | 重庆 | 50 |
| | 黑龙江 | 23 | | 四川 | 51 |
| 华东 | 上海 | 31 | | 贵州 | 52 |
| | 江苏 | 32 | | 云南 | 53 |
| | 浙江 | 33 | | 西藏 | 54 |
| | 安徽 | 34 | 西北 | 陕西 | 61 |
| | 福建 | 35 | | 甘肃 | 62 |
| | 江西 | 36 | | 青海 | 63 |
| | 山东 | 37 | | 宁夏 | 64 |
| | | | | 新疆 | 65 |

表 1-2  《中国图书馆分类法期刊分类表》

| 分类号 | 分类 | 分类号 | 分类 |
|---|---|---|---|
| A | 马克思主义、列宁主义、毛泽东思想、邓小平理论 | Q | 生物科学 |
| | | R | 医药、卫生 |
| B | 哲学、宗教 | S | 农业科学 |
| C | 社会科学总论 | T | 工业技术 |
| D | 政治、法律 | TB | 一般工业技术 |
| E | 军事 | TD | 矿业工程 |
| F | 经济 | TE | 石油、天然气工业 |
| G | 文化、科学、教育、体育 | TF | 冶金工业 |
| | G0 文化理论 | TG | 金属学与金属工艺 |
| | G1 世界各国文化与文化事业 | TH | 机械、仪表工业 |
| | G2 信息与知识传播 | TJ | 武器工业 |
| | G3 科学、科学研究 | TK | 能源与动力工程 |
| | G4 教育 | TL | 原子能技术 |
| | G8 体育 | TM | 电工技术 |
| I | 文学 | TN | 电子技术、通讯技术 |
| J | 艺术 | TP | 自动化技术、计算机技术 |
| K | 历史、地理 | TQ | 化学工业 |
| N | 自然科学总论 | TS | 轻工业、手工业、生活服务业 |
| O | 数理科学和化学 | TU | 建筑科学 |
| | O1 数学 | TV | 水利工程 |
| | O3 力学 | U | 交通运输 |
| | O4 物理学 | V | 航空、航天 |
| | O6 化学 | X | 环境科学、安全科学 |
| | O7 晶体学 | Z | 综合性图书 |
| P | 天文学、地球科学 | | |

表1-3 我国大陆地区邮发代号

| 地区 | 代号 | | 地区 | 代号 | | 地区 | 代号 | |
|---|---|---|---|---|---|---|---|---|
| | 报 | 刊 | | 报 | 刊 | | 报 | 刊 |
| 北京 | 1；81 | 2；82 | 江苏 | 27 | 28 | 青海 | 55 | 56 |
| 上海 | 3 | 4 | 浙江 | 31 | 32 | 新疆 | 57 | 58 |
| 天津 | 5 | 6 | 福建 | 33 | 34 | 四川 | 61 | 62 |
| 辽宁 | 7 | 8 | 河南 | 35 | 36 | 云南 | 63 | 64 |
| 吉林 | 11 | 12 | 湖北 | 37 | 38 | 贵州 | 65 | 66 |
| 黑龙江 | 13 | 14 | 湖南 | 41 | 42 | 西藏 | 67 | 68 |
| 内蒙古 | 15 | 16 | 江西 | 43 | 44 | 宁夏 | 73 | 74 |
| 河北 | 17 | 18 | 广东 | 45 | 46 | 重庆 | 77 | 78 |
| 山西 | 21 | 22 | 广西 | 47 | 48 | 海南 | 83 | 84 |
| 山东 | 23 | 24 | 陕西 | 51 | 52 | | | |
| 安徽 | 25 | 26 | 甘肃 | 53 | 54 | | | |

8. 中国期刊的国外发行代号

这是中国国际图书贸易总公司（原中国国际书店）将我国期刊向国外发行时，为了使内部管理规范化，方便国外读者订阅，所编制的序列期刊代号。

国外中国期刊代号构成分为两部分：一是刊期标识，用英文字母表示，如：W（weekly）为周刊；SM（semi-monthly）为半月刊；M（monthly）为月刊；BM（bi-monthly）为双月刊；Q（quarterly）为季刊；SA（semi-annual）为半年刊；D表示报纸。二是序号，按该公司接到向国外发行的期刊先后顺序排列。它的作用主要是方便国外读者订阅中国期刊，对我国国内期刊工作没有实际意义。如《图书情报工作》的国外代号：M215，其中"M"是刊期标识，表示是月刊；"215"是序号，表示该公司向国外发行的第215种期刊。

另外，各国期刊有各国的刊号；期刊进出口业务部门也会编制自己的一套刊号，如我国中国图书进出口（集团）总公司，简称中图公司和中国教育图书进出口公司，简称教图公司就是如此。

# 第三节　期刊的类型

期刊的种类很多，据统计，2011 年全国共出版期刊 9 849 种。对这些林林总总的期刊，可以按不同的方法区分成各种类型，便于从各种角度来认识和研究期刊，有利于期刊的选择、搜集、整理、组织、评价、保存和利用。

## 一、按照内容划分

### 1. 科学技术类

以学术研究和技术交流为目的，主要发表学术论文、科技报告、实验报告等原始文献的期刊。这类期刊约占期刊总数的一半左右，是科研人员不可缺少的参考文献，故誉为"科学文献的基础"。各高等院校、学术团体、科研单位所主办、出版的刊物一般均属此类。例如：《北京大学学报》（北京大学）、《数学学报》（中国数学会）、《药学学报》（中国医学科学院药物研究所）、《建筑学报》（中国建筑学会）、《水利学报》（中国水利学会）等。

### 2. 情报通信类

主要是指情报传递和情报报道性期刊。包括各种通讯、快报、动态以及我国各专业情报网编辑出版的刊物。例如：《地质科技动态》、《电子工业技术动态》、《水利水电快报》、《冶金建筑情报》、《电信快报》、《绝缘材料通讯》等以及英文刊物中的 Information、Bulletin、Newsletter 等。

### 3. 科普类

以普及科学知识为目的，以青年学生和业余科学爱好者为主要阅读对象而出版的期刊。其内容具有通俗性和趣味性等特点。例如：《知识就是力量》、《天文爱好者》、《科学画报》、《海洋世界》、"Popular Science"（大众科学）、"Model Engineer"（模型工程师）、"Popular Mechanics"（大众机械）等。

### 4. 文学艺术类

以刊载文学艺术类的作品为主，例如以发表小说为主的有《人民文学》、《收获》、《钟山》、《花城》、《小说月报》等，以刊载其他艺术门类作品方面的有《中国书法》、《美术》、《电影艺术》、《音乐研究》等。

### 5. 检索性类

指由专业机构或情报部门对原始文献进行二次加工,按照一定的规则编成的,用于查找文献的工具性期刊。这类刊物在"信息爆炸"的今天,对于各类专业人员全面了解和及时查找所需资料,起着极为重要的作用。因此,各国对于这类刊物的出版都非常重视。

这类刊物通常有目录、索引和文摘三种。例如:《全国新书目》、《全国期刊索引》、《半导体文摘》、《分析化学文摘》、《中文科技资料目录》、《国外科技资料目录》等。

### 6. 时事政治类

指传递最新信息、制造舆论、宣传报道政府政策、指导政治生活的期刊。例如:《红旗》、《瞭望》、《半月谈》、《世界知识》、《共产党员》等,英文刊如:"Newsweek"(《新闻周刊》)、"Time"(《时代》周刊)、"US, News and world Report"(《美国新闻与世界报道》)等。

### 7. 商业行业类

顾名思义,这类期刊主要是提供市场消息和公司新闻,读者对象为消费者和经销商。我国近年来也出版了不少这类刊物,如《化工商情》、《电子市场》、《食品周报》、《消费者》等。

### 8. 一般类

包括消遣性、趣味性、知识性、时尚性等方面的期刊。例如:《读者》、《知音》、《家庭》、《八小时以外》、《文化与生活》、《东南西北》、《生活百事通》、《时尚》等。这类期刊的特点是面向一般社会群众,内容范围广泛,文章注意可读性、休闲性、消遣性与知识性,而且发行量也较大。例如,2011年《读者》期刊的月平均发行量 900 万册,成为我国发行量最大,亚洲发行量第一,世界发行量第三的大型期刊。

## 二、按照载体形态划分

### 1. 印刷型

是指以铅印、胶印、影印、油印等各种印刷方式出版的期刊。目前,世界上绝大多数期刊仍是印刷型的,而且以铅印为最多。近年来采用比较先进的激光照排、胶印出版的也在逐渐增多。它们具有阅读方便、舒适等优点,符合人们的阅读习惯;缺点是占用库房空间大。

## 2. 缩微型

是指以缩微胶片等形式出版的期刊（国外有的刊物以印刷和缩微两种形式出版）。此外，有的图书馆为了节约空间把馆藏的过期期刊（特别是报纸）制成缩微胶卷加以保存。其优点是容量大而占用空间小；缺点是成本高，阅读时需用专门的阅读机，不大方便、舒适，贮存时对库房条件（如温度、湿度等）要求较高。

## 3. 机读型

是指专用于计算机输入磁盘的一种期刊类型，即将期刊内容制成计算机可读的磁盘，适用于大型图书馆和情报机构作为检索服务的一种手段。

## 4. 视听资料型

是指用视、听等直感手段，如录音带、录像带、幻灯片等形式发行，多用于文艺、儿童等普及性及一些专业性期刊。

## 5. 电子期刊

所谓电子期刊（Electronic Journal），也称为数字期刊，是指以数字形式贮存在光磁等介质（如 CD – ROM、磁盘）上，并可通过计算机设备在本地或远程读取使用的连续出版物。或者说，电子期刊是以连续方式出版并通过电子媒体发行的期刊。经过近 20 多年的发展，电子期刊已从最初的软盘期刊、第二代的 CD – ROM 期刊、联机期刊，发展到现在的第三代的网络化电子期刊。

## 6. 多版制期刊

即一种期刊出版两种或更多的版本。为了加快科研成果的发表，先由作者或编辑者写成较详细的文摘或短文在快报（Express）或通讯（Newsletter, Communications）类型的期刊发表，此即所谓 "短文版"（Short Version）期刊，然后再出版长文版（Long Version）期刊，发表全文。

## 三、按照出版刊期划分

可以分为定期期刊和不定期期刊两类。定期期刊又可以分为年刊、半年刊、季刊、双月刊、月刊、半月刊和周刊等。

例如：《上海天文台年刊》（年刊）、《北京服装学院学报》（季刊）、《林业勘察设计》（半年刊）、《北京大学学报》（双月刊）、《人民文学》（月刊）、《半月谈》（半月刊）、《三联生活周刊》（周刊）。

## 四、按照出版单位划分

1. 学术团体出版的期刊（Learned Societies，Academic Bodies Publishers）

是指学会、协会、研究所及高等院校等编辑出版的期刊。这类刊物一般发表学术团体成员的最新研究成果，因此代表该团体的学术水平。一些国际性或全国性团体出版的期刊一般都具有较高的学术水平，因而为广大研究人员所重视。

这类期刊通常命名为"会刊"或"会志"（Proceedings）、"汇刊"（Transactions）、"学报"（Acta，Journal）、"纪事"（Annals）和"文献集"（Archives）等。此外，也有一些是以学科命名的。我国学术团体的刊物就多以学科命名，如《原子核物理》（中国核物理学会）、《植物学报》（中国植物学会）、《数学物理学报》（中国科学院武汉数学物理研究所）、《光学学报》（中国光学会）、《海洋学报》（中国海洋学会）等。这些团体往往只是编辑者或主办单位，每期的期刊定稿后由出版社（如科学出版社等）出版。

此外，学术团体还出版"通讯"（Newsletter）、"通报"（Bulletin）之类的刊物，其内容以报道最新成果、动态以及会务等为主，对了解一般情况有一定的参考价值。

2. 商业出版社出版的期刊（Commercial Publishers）

商业出版社出版的期刊具有以下三大特征：

（1）在整个学术期刊中，这类期刊所占比例相当大，据统计在 1/3～1/2 左右。有些学术团体主办的期刊，实际委托商业出版社出版，当也属此类。

（2）在内容上，由于出版社（特别是发达国家出版社）重视市场及利润的结果，因而偏重于销路较大的应用技术科学期刊的出版。

（3）出版有规律，容易订购，不易漏期。

在国外学术性期刊的出版史上，由出版商出版的这类期刊在质量上一直处在落后状态，远不是学术团体的期刊的对手。但是，近三十年来，由于学术团体深受经费不足的影响，使得出版商抢占了很多市场。目前，美国的学术出版社（Academic Press，Inc）、英国的培加蒙出版社（Pergamon Press Ltd）、德国的施普林格出版社（Springer – Ver – Lag）、荷兰的埃尔塞维尔科学出版集团（Elsevier Science Publishers）等，这些世界著名的出版机构都出版了大量的拥有很高学术水平的期刊。

截至 2011 年年底，全国共有出版社 580 家（包括副牌社 33 家），其中，中央级出版社 220 家（包括副牌社 13 家），地方出版社 360 家（包括副牌社20家）；其中很多都出版学术期刊。科技类出版社主要出版自然科学领域各学会主办的学术性期刊，以及少数中级和科普类期刊，如《中国科学》、《自然科学史研究》、《物理学报》、《科学通报》等。科学技术文献类出版社主要出版检索性期刊，包括中国科学技术情报所入藏的《中文科技资料目录》、《国外科技资料目录》、《国外专利文摘》及《专利目录》等。中国社会科学类出版社主要出版社会科学领域的学术期刊，如《中国社会科学》、《中国史研究》、《中国语文》、《民族研究》等。专业出版社则出版有关学科期刊例如《统计研究》（中国统计出版社）、《美术》（人民美术出版社）、《中国专利》（专利文献出版社）、《建筑学报》（中国建筑工业出版社）等。

3. 政府机关出版的期刊（Govermental Bodies Publishers）

是指由各级政府部门所出版的期刊。这类期刊是由国家机关直接拨款，其人事、业务也均由相应的国家机关直接领导，所以这类期刊也称官方期刊。在英、美等国，这类期刊还包括政府主管部门所属的科研机关出版物。如美国原子能委员会发行的《核子科学文摘》（Nuclear Science Abstracts）。美国政府出版的期刊，多由政府印刷局（Government Printing Office，简称GPO）出版发行。英国的官方期刊则多由皇家出版局（Her Majestys Stationary Office，简称HMSO）出版发行。

在我国，各级政府部门出版的期刊数量不多，且均分别由本部门出版。例如：《辅导员》（共青团中央委员会）、《中国土地》（国家土地管理局）、《统计》（国家统计局）、《陕西农业》（陕西省农牧厅）、《河北政报》（河北省人民政府办公厅）等。

4. 厂矿企业的内部期刊（House Organ）

是指由工业、商业和公众服务等企业厂商出版的期刊。这类期刊起着加强产销之间的联系以及宣传企业形象和推广企业产品的作用。这类期刊不仅数量大，而且品种庞杂，行业范围广泛，读者对象也不同，大体可分为以下两种形式。

（1）侧重技术内容的期刊（House Journal）

一些大的企业都有自己的专业研究机构。这些期刊主要刊载研究人员的技术文章和研究成果，其实用性强，参考价值大。例如《国际商业机器公司研制杂志》（IBM Journal of Research & Development）、《国际商业机器公司系统杂志》（IBM System Journal）；英国壳牌国际石油公司的《壳牌国际石油公司沥青评论》（Shell Bitumen Review）；荷兰菲利普电信工业公司的《菲利普技术评论》（Philips Technical Review）和《菲利普电信评论》（Philips Tele-communication Review）；日本东芝公司的《东芝评论》；我国出版的这类期刊有武汉钢铁公司的《武钢技术》、中国银行的《国际金融》、北京电影制片厂的《电影创作》、上海锅炉厂的《锅炉技术》等。

（2）宣传报道性期刊（House Magazine）

主要是宣传、报道公司企业职工的生活和活动、人事变动、业务动态以及生产新闻等。例如，日本三菱重工业公司的《重工画报》（三菱重工グラフ）、日立公司最典型的是《日立》，美国芝加哥太平洋铁器公司的《火箭》（Rocket）等。我国出版的这类期刊有《公路》（贵州金关公路有限公司）。

## 五、按照文献级别划分

可以分为一次文献期刊、二次文献期刊和三次文献期刊。由于每年出版的一次文献数不胜数，在文献的海洋中，仅靠一本一本地翻阅不可能快速、有效地查找到所要寻求的信息，因此信息工作者为研究者提供了二次文献，即书目、索引和检索性文摘等，如我国出版的《中文科技资料目录》等。三次文献主要是一些综述和述评类的文献，是作者经过一次文献的整理后得到的、包含自己观点在内的文献资料，从中可以大致了解到某一主题（或议题）的总体情况。

1. 一次文献期刊

刊载一次文献的期刊称为一次文献期刊，大多数期刊属于一次文献期刊，如《图书情报工作》。

所谓一次文献是人们直接以自己的生产、科研、社会活动等实践经验为依据生产出来的文献，也常被称为原始文献（或称一级文献），其所记载的知识信息比较新颖、具体、详尽。一次文献在整个文献中是数量最大、种类最多、所包括的新鲜内容最多、使用最广、影响最大的文献。这些文献具有创新性、实用性和学术性等明显特征。

2. 二次文献期刊

这方面的期刊有美国的《EI》、《CA》，日本的《科学技术文献速报》和俄罗斯的《РЖ》等国际著名检索刊物。我国则有《中文科技资料目录》、《中国科技期刊数据库》等。

二次文献也称二级文献，它是将大量分散、零乱、无序的一次文献进行整理、浓缩、提炼，并按照一定的逻辑顺序和科学体系加以编排贮存，使之系统化，以便于检索利用，其主要类型有文摘、目录、索引等。二次文献具有明显的汇集性、系统性和可检索性，它汇集的不是一次文献本身，而是某个特定范围的一次文献线索。它的重要性在于使查找一次文献所花费的时间大大减少，二次文献是查新工作中检索文献所利用的主要工具。几乎所有的检索工具都是二次文献。

3. 三次文献期刊

三次文献也称三级文献，是选用大量有关的文献，经过综合、分析、研究而编写出来的文献。它通常是围绕某个专题，利用二次文献检索搜集大量相关文献，对其内容进行深度加工而成。属于这类文献的有综述、评论、评述、进展、动态等，这些对现有成果加以评论、综述并预测其发展趋势的文献，具有较高的实用价值。

## 六、按照语言文字划分

以期刊正文使用的语言文字可分为中文期刊、外文期刊和翻译期刊等类型。

1. 中文期刊

中文期刊当然主要集中在我国出版。其中绝大部分以汉语文字出版，有少量以少数民族语言文字出版。分布在世界各地的华侨和外籍华人也出版一些中文期刊。

2. 外文期刊

是指外国用本国文字出版的期刊。据不完全统计，这些文字有 100 余种之多。以科技期刊为例，其常用文字出版期刊的比例大体是：英文占 60%，德文占 10%，俄文占 10%，法文占 7%，日文占 3%，西班牙文占 2%，其他文种占 8%。英文期刊数量占首位。因为用英文出版期刊的并不限于使用英语的国家和地区，许多非英语国家也用英文出版期刊。例如，日本 4 000 余种科技期刊中，就有约 500 种用英文出版，占 1/8。

我国也出版一些外文期刊，如《北京周报》用英文、法文、德文、西班牙文、日文等文字出版，《中国画报》用英文、俄文、法文、德文、西班牙、意文、日文、阿拉伯文、印地文等文字出版。近年来用英文出版的科技期刊也在不断增加，如 "Journal of Mathematical Research and Exposition"、"Chinese Journal of Mechanical Engineering"、"Chemical Journal of Chinese Universities"、"Acta Oceanologica Sinica" 等。

3. 翻译期刊

是指用本国语言文字翻译的外文期刊。语言文字的差异是影响各国文化交流的障碍，所以各国都有重点地翻译一些外文期刊。其中分为全译本期刊和选译本期刊。

俄罗斯有200余种科技期刊被美国和英国（主要是美国）翻译成英文全译本，其数量居世界之首。美国的一些机构也翻译了我国的一些科技期刊，如《物理学报》、《高能物理与核物理》、《原子核物理》、《低温物理》、《中华医学杂志》等。

与此同时，我国也出版外国刊物的全译本，如美国的《科学美国人》（Scientific American）、《美国科学新闻》（Science News）、《美国政府研究报告通报》（Government Reports Announcements）以及联合国教科文组织总部的《信使》（Courier）等。此外，我国还出版了为数不少的"译丛"期刊，如《地震地质译丛》、《国外林业译丛》、《原子能农业译丛》、《电气传动自动化译丛》等。

必须指出，期刊的属性往往是多方面的，纵横交错的，也就是说，一种期刊可以同时从属不同的类型。例如一种大学学报，它既是学术性期刊，又是学术团体期刊；既是中文期刊，又是印刷型期刊，这要看以什么为主要标准来划分了。所以，我们不能把上述的划分标准看成绝对不变的。

### 七、按照国家划分

可以分为国内期刊和国外期刊。国外期刊又可分为原版期刊、影印期刊和翻译期刊等。

### 八、按照编辑出版单位级别划分

可以分为中央级（或国家级）期刊、省（市）级期刊、地市级期刊和县级期刊等。

总之，划分期刊类型的标准和按照各种标准划分出的各类期刊，是比较而言的、相对的。按照同一个标准划分出来的各类期刊之间，有时也难划一条明确的界限。划分期刊类型，目的是为了从不同的角度，在宏观上认识期刊，为做好期刊工作创造良好条件。

## 第四节　期刊的特点

期刊这种新的文献类型出现在人类文化史上的历史并不算太久，但由于它报道内容广泛，出版周期很短，很快地受到社会的注意和重视，发展迅速，成为与图书并驾齐驱的又一大文献类型。近三百余年来，全世界期刊出版的品种数量很多，在期刊这一大文献类型中又诞生出许多小的类型，从载体到报道方式、出版形式都有很大的变化，但是其最基本的性质却没有变。这就是它紧密参与社会活动，发表社会敏感的、大众关心的话题，丰富大众的文化生活，发表最新研究成果，报道研究动态，交流学术思想，传递知识信息。从期刊的产生和发展的背景到目前期刊承担的任务，我们可以了解到期刊的基本特性，这不仅有助于我们了解期刊与图书的区别，而且对于做好期刊的编辑、出版、发行、经营、收集、管理、使用等各项工作都有很大意义。

具体来说，期刊的基本特性可以概括为以下几方面。

## 一、连续性

连续性是连续出版物的共性，在期刊上表现得尤为突出。期刊从创刊的时候起，就准备无限期地出版发行。有的已创刊 300 多年，现在仍在出版发行。不少期刊都有自己的悠久历史，能够历史地、系统地反映某一学科或某一研究对象的发展过程。例如 1665 年在伦敦创刊的 "Philosophical Transactions" 至今仍在出版发行，是目前世界上刊龄最长的科技期刊，已经有 300 多年的历史。美国全国地理学会主办的《美国国家地理》（National Geographic），1888 年创刊，月刊，报道美国及世界各地的地理情况、名胜古迹、珍禽异兽、重要建筑、风土人情等，图文并茂、资料翔实准确，融科学性、知识性、趣味性于一体，成为世界知名品牌。该刊在编辑方针和印刷制作方面不断创新，注重品牌战略，在世界上很有影响，我国也出版它的全文翻译版。

连续性有两方面含义，一是定期出版；二是从创刊之日起就意欲无限期地长期出版下去。不过有时可能因为政治的、经济的等不可抗拒的原因造成休刊、停刊，这并不是编者的初衷，所以不影响期刊的这一属性。例如，我国 1966 年开始的文化大革命，使大部分期刊停刊，数量从几百种减少到数种，等到 1976 年拨乱反正后，很多期刊又雨后春笋般地恢复出版，特别是改革开放以来，期刊的发展突飞猛进。多数期刊具有稳定的读者，具有相同的题名、每期都有相同的定价、固定的页数和装帧形式，都有卷、期号。期刊的特点是包括多位作者的内容不同的文章，这与图书不同。尽管也有一人编写的期刊，如近年郑渊洁编的《童话大王》，但这是非常罕见的，不具有一般期刊的共性特征。

## 二、及时性

期刊能够以最快的速度将最新的信息传递给读者。这是因为它有稳定的读者群体，有稳定的内容范围，在选材、报道、出版等各个环节高效率短时间，所以它能够发表最新社会问题、最新事物、最新科研成果、最新思想，能及时反映学术研究和生产实践等方面的状况和最新动向。这一特点使期刊特别适合就某一个问题由不同的作者各抒己见，展开学术讨论。期刊也可以发表不成熟的、非结论性的科学探索与发现，为科学研究的持续发展提供交流载体。

## 三、新颖性

期刊含有大量的最新情报信息，是科学和生产的主要情报源。据有关统计，各类科技期刊的情报含量占总科技情报量的60%以上。在历史上许多科学的新发现都是发表在科技期刊上的。科技期刊既然是同行业交流学术研究成果、报道科研动态的，因而其内容一般应当是作者的第一手材料，具有独创性、新颖性，具有新闻、情报价值。越是有特色的期刊，就越应该具有独创性、新颖性（值得注意的是现在的部分期刊缺乏这种特点，人云亦云，抄来抄去）。对每一种期刊来说，办成具有上述特点的刊物应当是责任、是义务。新颖性不仅是科技期刊的特点，即使一些休闲类、普及性期刊，也要十分注意给它的读者汲取新的知识。

国外著名期刊非常重视以读者阅读需要为中心，在内容上不断创新，以保持期刊的长盛不衰。例如，美国《人物》周刊最初主要是一份影迷杂志。进入20世纪80年代，该刊扩大报道范围，加强了对广大民众所关心的重大突发性事件的深度报道，如里根遇刺、旧金山大地震等，社会新闻色彩越来越浓。20世纪90年代，该刊在报道即时新闻的同时，着重加强对癌症、早孕、饥饿、虐待儿童、种族歧视等中长时段社会性问题的报道，力图引导读者全面了解社会，抓住读者关心的热点话题，引起读者共鸣。

## 四、广泛性

期刊的广泛性表现在文章众多、作者不一、形式多样。由于期刊内容是反映同行业活动的记录，所以发表的文章必然很多，而且作者来自各个方面，文章的体裁也不可能千篇一律，有论文、译作、消息、图片、评述、资料，形式五花八门，使期刊非常符合"杂志"这一别称。期刊的每期既然有很多文章，自然就编有目次，而且许多期刊还根据文章情况将它们进行归类列出专栏。如"专论"、"学术动态"、"通讯"等，便于读者使用。期刊往往设立若干栏目，将文章按内容分类在目次中显示，使之更加醒目。如《图书情报工作》就包括专题、理论研究、工作研究、情报研究、知识组织、综述述评、信息技术、电子政务等多个栏目。

期刊的内容所涉及的学科范围非常广阔，人类的一切知识和学科领域，几乎都有相应的刊物。同时，随着现代科学的迅猛发展，学科之间的相互渗透越来越广泛，许多专业连续出版物内容往往超出本专业范围。据分析，有36%的期刊登载非本专业的论文，一个专业的文献有50%登在其他专业期刊上。而且期刊的内容活泼多样，所载文章一般是多作者所写，他们从不同角度、不同观点和方法表现不同的见解。同时，每期可以根据需要设置重点特集，就当前的一些重大问题开展集中讨论。例如，日本的《电气学会志》2003年分别出版了"超电导"、"纳米技术"、"电力系统实时仿真"、"DNA计算"、"21世纪的汽车电子学"、"电车驱动控制"等特集。此外，期刊在正常出版的版本之外，也可以随时编辑出版专集、专号、增刊、特刊或附册等。

需要说明的是，期刊的内容广泛性并不要求每本期刊都办成包罗万象的综合杂志，那样它将失去特色、失去读者。最近几年，随着期刊种类的增加，期刊市场进一步细分的势头很明显。例如，育儿家教期刊正在细分为0~3岁的《妈咪宝贝》、3~7岁的《为了孩子》、0~11岁的《父母必读》和11~18岁的《今日父母》等，发行量逐渐增加。

## 五、容纳性

期刊的容纳性主要表现在三个方面：其一是可以从不同角度报道某一研究课题；其二是有关信息可以连续不断地报道；其三是每期容量是有限的，但是它连续无限期地出版，其容量就可能是"无限"了。这是期刊的本质属性。人类的知识是一条不断发展运动着的长河，它随着人类社会的不断进步而持续向前发展。因此，期刊内容的连续性能够历史地、系统地反映某一学科或某一研究对象的发展过程。例如，以深受业余电子技术爱好者喜爱的《无线电杂志》为例，当我们从20世纪50年代的期刊读到21世纪的期刊，就会看到20世纪50年代、60年代电子管收音机，70年代、80年代的晶体管收音机，80年代的晶体管黑白电视机，90年代的个人计算机等电子技术的发展长河的流淌与发展踪迹。所以说，期刊既有及时性，也有史料性，它是忠实地保存历史面貌的教科书。

## 六、市场性

随着市场经济的发展，我国的期刊发行工作发生了很大变化。从内容上看，休闲类杂志的数量迅速发展。从主办单位来看，完全经费独立核算的单位越来越多。从发行看，公款订阅部分越来越少。这样就使得期刊的内容、形式都越来越适应市场需要。

科学技术类期刊，它的读者群体相对稳定，经费来源包括企业赞助、版面费和广告费。休闲类期刊，主要依靠广告费，而要获得较多的广告费必须有较大的发行量。

相当多的国外著名期刊并不单纯依靠发行收入，而是采取发行与广告经营并举的战略，使期刊获得全方位、综合性的成长。许多期刊的经营甚至更多地依靠广告。比如《商业周刊》，它以期刊、在线网络和商业论坛等多种形式为客户提供广告，具有强大的商业影响力，广告收入可观。越来越多的广告收入将会使中国的期刊价格有一个较大幅度的下降。这将进一步导致期刊发行量上升，促进期刊的良性循环。

图书一般不刊登广告，这也是期刊与图书的一个明显区别。

## 七、有固定的读者对象

这在期刊名称上表现得很明显，既然期刊的内容紧密围绕自己的主题，因而其使用对象就十分明确。这种特征表现在形式上，就是期刊有一个固定的、同行业的人员理解的名称。例如《电焊机》、《中医杂志》等就是以同行业为对象的专业刊物。再如《中国青年》、《支部生活》，就是分别以青年和党员为主要对象的期刊。有一些名称，特别是文学期刊名称，概念形象化，但其含义也可以通过演绎判断得到理解。例如《收获》，表示文学新创作（收获新成果）作品；《昆仑》表示军事文学作品（巍巍昆仑，坚不可摧）；《啄木鸟》则表示反映公安战线的文学作品（啄木鸟专捉害虫）等。

# 第五节　期刊的作用

期刊诞生 300 多年来，得到了迅速的发展，受到各国人民的喜爱，成为各国人民社会生活的不可缺少的重要组成部分。随着历史的发展和社会的进步，期刊的作用也不断变化和发展。早期的期刊只是起着记录与保存人类文化财富的单一作用。从 19 世纪开始，期刊成为传递科学情报的重要工具。发展到今天，期刊在政治、经济、文化和科学技术等各个领域中发挥着重要作用，不同的期刊因其内容、时代、读者对象等不同而不尽相同。概括起来，期刊的作用主要体现在以下几个方面。

## 一、信息传递与信息交流的作用

邓小平同志指出："科学技术是第一生产力。"从当今世界来看，凡是科学技术发达的国家，劳动生产率就高，国家就富强，这就是一个有力的证明。科技文献是一种重要信息资源，而科技期刊是科技文献中最重要的组成部分，是推动经济发展与社会进步的不可缺少的最活跃因素，是普及和提高科学技术知识、推广科学技术成果、探讨学术问题、促进科学繁荣、培养科技人才的有力工具。与科技图书相比，科技期刊有出版周期短、发表文章快、内容新颖、能及时反映科学技术和社会各方面进展的特点；与报纸相比，又有专业性强、信息量大，能更集中、更详细地对某一问题进行深入讨论，并便于保存与查找的优势。记载、传播和积累科技信息是科技期刊的基本功能。

1. 期刊是科学宝库的珍藏，起到"藏之名山，传之后人"的作用

人类的发现、发明、创造的普及、扩散和继承，都得益于将其记录下来，并在实践中不断地完善和发展。于是就有了学校，就有了教育。人类社会发展到今天，任何一项科研工作，几乎都是从查找科技期刊的科技文献入手，直到在期刊上发表科研成果才算结束。我国著名科学家卢嘉锡曾形象地把科技期刊的出版工作看成是科研工作的"龙头"与"龙尾"。在科研人员的一生中，无论研究、写作、教学，还是自我教育都离不开科技期刊的使用。科技期刊是科学技术知识转化为生产力的中介环节。科学思想、科学知识不会自然地转化为生产力，要使科学技术和知识在更长的时间、更大范围内发挥作用，则必须记载与传播它，科技期刊从时间与空间上将科技知识的传播大大地延伸了。从时间上看，人们可以从科技期刊中，查找几年、几十年甚至更长时间的知识；从空间上看，科技期刊可以打破国界，让更多的读者可同时使用它。

2. 期刊是发现和培养人才的"大学校"

期刊，特别是科技期刊在普及科学技术知识，提高读者的科学文化素质，尤其是培养青少年学生对科学和知识的兴趣，提高民族的科学素养等方面，有着不可估量的作用，它将影响一代又一代人的成长。作者发表的论文，如有新的见地和突破，必然会受到国内外同行和研究机构的关注，也许从此他

会脱颖而出，他的研究工作可能对其他的研究者也有所启发。

3. 期刊是开展国际、国内学术交流的有力工具

期刊是交流思想、获取信息知识的重要途径。在当今社会里，国内外的交往越来越多，期刊是最便捷、低成本的信息交流工具之一。通过它我们可以获取自己所需要的信息，还可以将自己的研究成果在期刊上发表、交流。

4. 期刊是探讨学术问题，"百花齐放，百家争鸣"的园地

论文发表出来后，读者如有不同的观点或看法，也可以在期刊上发表，促进大家对真理的探寻。报道最新成果是单向的智慧传播，而争鸣则是对智慧结晶的评价甚至质疑，属于深度的智慧活动，是智慧对智慧的碰撞，是双向的智慧交融。

5. 期刊是反映党和国家有关方针政策的重要阵地

对党和国家方针政策的了解和掌握，有助于事业的发展，这对一个单位、一个企业，甚至是个人都是重要的。科技期刊往往刊发一些对本行业有重大影响的方针政策，是我们学习、贯彻党和国家方针政策的园地，同时也是宣传党和国家方针政策的一个重要的阵地。

6. 期刊给读者以"灵感"、"知识"与"兴趣"

人们称当今的时代为"信息时代"，期刊是人们获取系统、专门、深层次的信息的主要媒介。期刊对科技成果的传播与推广，对推动世界科技文化的交流与进步，起着其他传播媒介无法比拟的重要促进作用。期刊的信息容量可以使科技成果迅速转化为生产力。

科学过程是知识的生产、收集、检验、修改、信息传播、综合、讲授、应用的过程。任何科学发现、技术发明都是建立在前人知识基础上的，而交流信息往往成为发现者、发明人灵感的触发剂，所以有人认为"发明、发现和革新从交流开始"。科技期刊的信息传播较之科技图书和报纸，具有许多特点：它的时效性好、系统性强、连续性强，可以向科学的深度广度展开；它对所有作者、读者开放，公开并且公平对待每一位作者和读者，为发表众家之见提供平台。因而，从17世纪法、英出现最早的科技期刊开始，至今科技期刊已经超过100万种，专业分工越来越细，涵盖科技领域越来越广泛。科技期刊传播着的巨大科技信息量，推进着信息大爆炸。

在这样的背景下，科技期刊已经从单纯发表知识、传递知识，变为生产知识。这就意味着科技期刊的编者要对大量的文献进行选择、引导、汇总、

归纳、编辑、整理、检索等加工工作，以便使知识信息活起来，更好地为读者服务。

早在 100 年前，美国《独立周刊》（Independent）在一篇社论中就指出："期刊从有生以来便代表一种智慧活动。"并将"智慧活动"解释为：能够顺应时代发展并适时地阐述真理；传播健康的知识并提高其效率；普及科学知识并推动其应用；引导读者大众从徘徊、迷茫中看到前进的方向。

一个世纪以来，世界上期刊的智慧活动无论从广度上，还是从深度上都有了巨大的发展。随着市场经济与科学技术的不断发展，期刊正在发挥"生产智慧"的功能。

### 7. 报道领域前沿知识及其应用成果，引导科研（生产智慧）方向

任何科技期刊，都要以报道本领域的最新发现、最新成果为中心，随着科学门类的不断分化，科技人员的不断增加及其素质的不断提高，领域前沿知识及其应用成果的数量必然越来越多，智慧含量也越来越高。

美国《科学》（Science）周刊主编鲁宾斯坦（Elis Rubinstein）认为："科技期刊的作用不仅在于为科学家服务，更重要的是要引导科学家的科研活动和科研方向。"同时，他还对报道的质量提出了极高的要求——"保证最重要的观点和最正确的认识以最快的速度让科学家知道"。这意味着，区别科技期刊生产智慧水平高低的标志是，对领域前沿知识及其应用成果报道的及时、系统、持久还是滞后、零星和偶然。

### 8. 进入重要的科研活动，参与智慧的生产

宏观上看，国家创新体系是由知识创新、知识传播与知识应用三个子系统组成的。美国《科学》周刊，不仅进入重大科研课题的实验室，守候在最新科学成就诞生的现场，及时报道最新的重大发现，而且对重大科研项目投资，直接参与重大科研的立项、研究的全过程，从而获得及时、系统、持久报道最新发现的主动权。

### 9. 精炼、独到的专家点评与编辑立言，可释放与增值论文中的智慧

知识是信息的升华，智慧是知识的精华，智慧来自于智力。智力是指人认识客观事物并运用知识解决实际问题的能力。如果能通过专家点评或编辑立言，将这些隐含的智慧及时、有效地释放出来，便会滋养更多的读者。许多科技期刊辟有专栏、专刊，对科研活动的热门话题进行集中报道。例如，日本的《电气学会杂志》，每一期都有活跃在科研第一线的专家进行评论，每一期都有一个专题。例如，2003 年就有"高频等离子体器件"、"铁路低能耗

技术"、"航天通信技术"等专题，有大学校长、公司负责人、专家们的评论。每一期大约有 70% 的文章是围绕专题展开，此外还有丰富的专栏，如科学解说、现场采访、技术探索、技术报告、学会活动等。

## 二、智力开发和培育人才的作用

除了学术性的科技期刊以外，还有大量的大众文化类期刊。包括科普知识类（如《科学画报》）、文化艺术类（如《大众电影》、《小说林》）、生活类（如《家庭》、《东西南北》）、体育健身类（如《新体育》），文选文摘类（如《读者》、《小说月报》）等，在各方面丰富了大众的文化生活。好的期刊具有启迪人生的作用。大概我们都难以忘记小时候读过《儿童画报》、《中学生》、《我们爱科学》，《科学就是力量》等期刊的感受吧，青少年从期刊中学到了大量书本上没有的知识，丰富了人生的阅历，陶冶身心，健康发展。很多青少年从阅读科普类期刊走上了爱科学、爱艺术、爱体育、爱文学的道路，找到了能够发挥自己的能力兴趣的方向，甚至影响了他们的一生。正是由于德国的《物理学年鉴》发表了爱因斯坦的相对论，才使这一划时代的理论得以面世，开创了物理学的新的一页。科普类期刊不断举行的讲座、竞赛等活动，挖掘、培养了许多科技人才。

文艺期刊也是传播大众文化的重要阵地，文艺期刊的内容紧密结合社会、人生、人情、人性，讴歌真善美、人道主义、荣誉尊严、友谊爱情、事业责任、敬业爱岗、忠勇诚信、侠肝义胆、怜悯同情，鞭挞假恶丑。文艺作品中的这些人类永恒的主题使作家钟情投入，让读者感动倾心。好的文艺作品能够在潜移默化中教读者学会做人的道理，是一个教育人的大课堂。

文学期刊是作品发表的主阵地，作品是文学期刊的不竭资源，而作家则是文化资源的采集者。文学期刊培养年轻作者，是各个期刊的崇高的职业道德。国内外许多有名期刊多年来培养了一批又一批的作家新秀。许多期刊投入力量采用各种形式致力于培养新人，例如组建训练班、举办征文、组织笔会、编辑出版丛书、增刊等。还有许多期刊是休闲类内容，寓教于乐，它丰富了人们的业余生活，提高了人们的生活质量，使人们的业余生活更充实、更愉快、生活质量更高。据美国有关部门统计显示，目前美国人有 1/3 的时间用于休闲，有 2/3 的收入用于休闲，有 1/3 的土地面积用于休闲。世界发达国家目前已逐步进入休闲时代。在我国，北京以及上海、广州、深圳等一些大城市将会率先进入休闲经济社会。2001 年北京、上海、广州等大城市居民的休闲时间首次超过工作时间，同时休闲消费占全部消费的 1/3。在休闲活动中，阅读是很多人的第一选择，期刊因为内容多、分类细，能够满足不同年龄、不同层次的读者的需要，因而休闲类期刊近来发展很快。目前，我国发行量最大的期刊均属于休闲类期刊。

### 三、社会舆论宣传的作用

期刊中有一大类是新闻类期刊，它紧密结合社会形势，带有鲜明的政治观点，是联系群众的桥梁，是宣传政治观点的重要阵地。在我国期刊发展历史上，它曾有过光辉的一页。革命性的期刊为传播马克思主义、传播先进的思想文化，发挥过重要的舆论宣传作用，作出过积极的贡献。例如，早在20世纪初李大钊、陈独秀等人创办《新青年》杂志，团结了一批进步知识分子，以这个刊物为阵地，抨击时弊，传播西方文化，为解放思想，砸碎封建思想的禁锢起了积极作用。李大钊发表的《庶民的胜利》等文章，将马克思列宁主义介绍给中国。鲁迅的《狂人日记》揭露和批判了几千年封建礼教的吃人本质，是反封建的战斗檄文，是文学革命的第一声春雷。在历史上无产阶级领袖都十分重视发挥期刊的作用，如马克思主编《新莱茵报》、列宁主编《火星报》、毛泽东主编《湘江评论》等。

期刊又是教育人民、鼓舞人民的有力武器。建立高度的社会主义精神文明，是把我国建设成四个现代化社会主义国家的重要内容和根本保证，在建设社会主义精神文明中，期刊具有特殊重要的作用。我们知道，在构建和谐社会，全面开展物质文明和精神文明建设中，每天各地除传来生产建设的捷报外，还有许多可歌可泣的动人事迹，新时代的英雄人物不断出现，他们的共产主义思想道德情操闪光夺目，鼓舞着亿万人民发奋图强地建设社会主义。这些新人新事都通过期刊广泛地传播到广大人民群众当中，变成人民群众的巨大精神力量，推动着精神文明的建设。在期刊的宣传下，全国人民学习掀起了一次又一次的学习先进人物，为祖国争作贡献的热潮。例如，抗美援朝中的最可爱的人，保卫珍宝岛的英雄，王崇伦、孟泰；王进喜、李顺达等劳动模范；雷锋、王杰等新时代的英雄；焦裕禄、孔繁森等好党员、好干部；陈景润、袁隆平等科学家，数不清的英雄模范杰出人物，鼓舞教育了广大群众。在报道这些内容方面，报纸具有"快"的特点，而期刊则具有"细"的优势。期刊由于版面充裕，可以集中全面地报道新人新事、英雄人物事迹。除了新闻报道典型文章之外，文学艺术类期刊中，不少优秀作品以歌颂新人新事为主题，用共产主义思想道德情操教育广大读者，起着人类灵魂工程师的作用。

期刊是国家法令、政策传播的有效工具。期刊总是为社会的政治、经济和科学文化服务的。通过期刊，党的各项方针、政策能够得到广泛的传播。如在《求是》、《新华月报》等期刊上经常公布党和政府的各项方针、政策、法规、法令等文件，同时还刊登一些阐述性的文章和参考资料。在各专业性期刊如《环境保护》、《文艺研究》等期刊上也刊登我国有关环保、文艺方面的法令、方针、政策等。

期刊具有舆论监督作用。期刊是抨击落后、打击邪恶的有力武器。这体现了人民群众通过传媒行使管理国家的民主权利，是社会主义民主建设的重要组成部分。通过舆论监督，新闻类期刊必然要同国家的政治生活、经济活动紧密联系在一起，起到弘扬正义，化解社会矛盾，维护社会稳定，让坏人闻风丧胆，聚焦主流社会价值观念的作用。

## 四、保存信息的作用

在学术性期刊上发表的文献大部分是原始文献，它使科研工作者可以迅速掌握和了解本学科的发展动态，并在前人研究的基础上进行探索和创新。据统计，发表在期刊上的科技情报资料约占整个情报源的65%～70%，而且在各国举行的世界性会议，其会议文献至少50%发表在期刊上。科研人员从事任何一项科学研究，只有首先收集和查找有关期刊中的文献，才能少走弯路。例如，美国的一家钢铁公司投资500万美元从事某项技术改造，几十名科学家经过数年研究取得成功。但后来发现，这项技术难关早在几年前已被德国科学家所攻克，只要花5美元就可以复印该项技术的全部资料。

期刊的内容都是当时社会的政治、经济、文化、科学技术、生产实践的真实记录，具有很高的史料价值。我国创办于1872年4月的《申报》，历时78年，有中法战争、中日甲午战争和发生在中国领土与领海上的日俄战争，以及戊戌变法、义和团运动、八国联军入侵北京等重大事件的报道和重大案件的新闻。后来，《申报》的内容不断扩大，包括政治、法律、经济、军事、外交、文化、教育、文学、艺术、交通、新闻出版、科技和工人运动等，资料十分丰富。

期刊在保留人类智力资源和记载史料方面的作用非同小可。由于期刊通常不像图书那样再版发行，所以期刊上的文献就成了一次性的原始资料。这样，期刊就保存了人类智力资源，也就是保存了创作人员的成果，它们即使失去时效，也是文化科学史研究的重要参考资料。成套完整的期刊，可以说是一个巨大的智力宝库。期刊除了其学术性的作用外，还有记事性的作用，许多社会科学方面的期刊，记载了当时社会政治、经济、文化等各方面动态和史料，这是后人研究历史，从事有关课题研究及文艺创作等工作的极其宝贵的参考资料。至于科学史的研究，就更离不开专业性期刊了。所以，许多科研人员对期刊感到极大的兴趣，他们除经常翻阅新出版的现期期刊外，还回溯地查找过期期刊。这是由于期刊中贮存了大量的智力资源，通过系统查找期刊，可以更好地在前人基础上前进，创造新的科研成果。这是图书无法比拟的优点。

# 第二章　期刊的产生与发展

## 第一节　期刊的产生背景

### 一、国外期刊的起源与发展

人类文明的历史，就是伴随着人类创造信息、传递信息的历史。早在纪元前 4 000 年，埃及人就学会了用纸草的叶子书写文字，这恐怕是人类最早的图书。后来，人们学会了造纸和印刷技术，图书的制作、流通、发行得到快速发展，反过来又带动了信息的创造与交流。

早期报纸和期刊没有明确的区别与分工，期刊最早的雏形是报纸。国外的报刊起源于《罗马公报》（Acta Diurna）和"新闻信"。公元前 60 年恺撒就任执政官后，于公元前 59 年，下令逐日手抄布告《罗马公报》颁布于众，内容包括法令、命令、国家大事、战争等。这种《罗马公报》被人们认为是西方最早的具有报刊性质的文献。"新闻信"是手写或印刷的一种书信，据不列颠博物馆收藏的三张受英国伊丽莎白女王之命刊载战争胜利消息的报纸证明，最迟于 15 世纪已有报纸出现。1549 年，英国出版了一种名叫《待蔺议会》（Conncil of Trht）的新闻小册子，已有期刊的雏形。1609 年，德国出版的《报道与新闻》（又名《通告报》）（Aviso – Reletion oder Zeitung）为最早连续出版的报纸。

1588—1598 年，德国法兰克福印刷商米夏埃尔·冯·艾青格尔每年印刷出版两次刊载半年重大事件的文集《书市大事记》，在春季和秋季举行的法兰克福书市上销售。这份半年出版一次的出版物是世界上第一份有固定刊名的期刊。1622 年（一说是 1621 年）5 月 23 日创刊的《每周新闻》（News）（全名为《来自意大利、德意志、匈牙利、波希米 亚、莱茵河西岸地区、法兰西与荷兰的每周新闻》）被认为是英国定期刊物的鼻祖。

生产力在发展，人类需要广泛的社会交往，需要相互了解。当人类社会发展到资本主义阶段时，这种社会交往同了解就更为密切了，特别是科学技术界，在开展科学研究和技术交流中，更是需要加强同行间的接触、交往和了解。在 17 世纪中叶，当时欧洲虽然仍处在中世纪的黑暗时期，但是由于社会生产力的发展，资本主义革命已经开始，生产的发展促进了科学技术研究工作，因而交流技术的工作已成为一种迫切的社会需要。期刊就是 在这种背景下产生的。

在期刊出现之前，科学技术界的同行加强相互交往、了解的途径是会晤与通信。这种信，通常是一个实验的详细报道，或是对某一学术问题的探讨。当信从甲地寄到乙地后，收信人常将此信给与自己一道工作的人传阅。为了流传更广，收信人有时干脆将信复写或刻印出来。这种传单式的信函便是期刊的雏形。在资本主义萌芽时期，科学技术界的学术性团体纷纷建立后，就迫切要求用一种新型文献来报道学术研究成果，交流学术研究经验，反映会员科研动态。

世界上第一种期刊出现在先进的欧洲，而且是科学技术性质的。这绝不是偶然的，它正是适应科学技术大发展这一时代要求而产生的。

1665 年，在法国高级官员科尔贝尔的支持下，法国著名的文学的科学期刊《学者杂志》（1665—1792）创刊。该刊首次在刊名中采用期刊（Journal）一词，被许多专家认为是世界上第一份真正的期刊，其宗旨为报道法国的国外出版的各类图书，有图书目录性质。它创办时是周刊，1724 年改为月刊。1665 年 3 月，英国皇家学会出版会刊《哲学会刊》（1665—），与法国的《学者杂志》被公认为是世界学术期刊的鼻祖。《哲学会刊》曾改名《皇家学会哲学会刊》，现名《皇家学会哲学会刊 B 辑：生物科学》，仍在出版。1731 年，英国出版商爱德华·凯夫创办通俗性期刊《绅士杂志》（1731—1914），首次在刊名中使用杂志（Magazine）一词，题材广泛，小品、诗歌、论文等体裁多样。此外，法国的《法国科学院会议录》、德国的《柏林科学院院报》、1821 年瑞典出版的《物理科学进展年报》、1830 年德国出版的文摘期刊《药学总览》（《化学展览》前身）是世界上较早出版的科技情报期刊。美国最早发行的期刊是富兰克林的《美洲杂志》和《将军杂志》，它们都是模仿英国杂志的月刊出版发行的。

早在期刊问世以前，印刷的书籍作为一种重要的通信媒介已经为人类服务了 200 余年。但是，期刊与图书相比，不但出版迅速，发行量有保证，而且期刊由于有规律地经常地出版，始终紧跟科学技术前进的步伐。正因为期刊具备上述两个得天独厚的优点，在近百年的历史中，它发展迅猛，很快发展成为科技文献上的一支劲旅。据不完全统计，1800 年世界上只有 100 种期刊，1930 年是 500 种，1850 年增至 1 700 种，1900 年很快发展到 5 000 种，经过半个多世纪，到 1962 年全世界已有 35 000 种期刊。我们从 ISSN 国际中心网站（http：//www.issn.org）检索到，截至 2012 年底，ISSN 国际中心共收录了 1 688 275 种连续出版物，这是作为 ISSN 成员的八十多个国家、地区和国际组织自中心（1975）成立以来登记的全部连续出版物数量，也就是说，自 20 世纪 90 年代以来，期刊数量每年以五万种左右快速增长。

日本的第一本定期刊物是柳河春三于 1867 年创办的《西洋杂志》。这是日本近代杂志的先驱，内容主要是翻译介绍欧洲的地理、历史方面的知识和奇闻趣事。1868 年明治维新之初又陆续出现了《明治月刊》等杂志，内容与此类似。这种情况持续五六年之后，才陆续出现了以本国文章为主的杂志，包括政论杂志、宗教杂志、各种学术杂志、汉诗汉文杂志等。明治维新以后，每年以平均创刊 30 ~ 40 种的速度增加。第二次世界大战时，因战争的破坏，1930—1940 年，科技期刊仅增加 278 种。1945 年以后，科技期刊增加很快，1945—1954 年，平均每年增加 180 余种。据 1972 年出版的《日本杂志总览》统计，当时的期刊总数已达 12 969 种，仅次于美国和前联邦德国，居世界第三位。我们从 ISSN 国际中心网站检索到，截至 2012 年底，日本 ISSN 国际中心共收录了 39 686 种连续出版物。

## 二、中国期刊的起源与发展

### 1. 中国近代中文期刊简况

中国近代期刊，最早是由外国人主办的，其中大部分由基督教各教派的布道会主持。第一份中文期刊是由英国传教士米怜（William Milne）和马礼逊（Robert Marison）于 1815 年 8 月 5 日在马六甲创办的《察世俗每月统纪传》。这是一份月刊，木版雕印，每期 5 页，2 000 余字，免费送给南洋一带的华侨和我国内地的知识分子阅读。到 1821 年停刊为止，一共出版 80 多期。1823 年，传教士麦都士（W. H. Medhurst）在雅加达创办《特选撮要每月统纪传》月刊，继承《察世俗每月统纪传》，到 1826 年停刊。1828 年传教士麦都士（据范约翰记载是"基德 [sumuel kidd]"）又在马六甲创办《天下新闻》，这是第一种用铅活字印刷的中文期刊。1833 年，德国传教士郭实腊（Gutzlaf，亦署名爱汉背）在广州创办的《东西洋考每月统记传》，后迁新加坡，到 1837 年共出版四卷，所载内容包括宗教、政治、科学、商业等消息。这是在我国境内出版最早的近代化期刊。

我国早期的期刊特点是基本上都是外国势力通过基督教会、学会和传教士个人的名义创办的。这些期刊已不像过去他们在海外创办的中文期刊那样用大量篇幅宣传宗教，而是根据殖民主义者的政治需要，既宣传宗教，又宣传西方资本主义制度。当时英国传教士李提摩太在《给英驻上海领事白利兰的信》中宣称，只要控制住在中国出版的主要报刊，"我们就控制了这个国家的头和背脊骨"。这些杂志客观上向我国人民输入了资本主义的思想、学说、自然科学知识和先进印刷技术，刺激了我国近代期刊事业的发展。

近代文学期刊从20世纪初开始繁荣起来，如1903年梁启超创办了《新小说》之后，各种文学刊物雨后春笋般不断涌现。《东方杂志》（1904—1949年）是当时影响较大、刊行最久的一种综合性期刊。这时的期刊有了很大发展和变化。内容上既有访稿，又有评论，这是区别于古代报刊最重要之点；栏目上包括政治论说、宗教教义、世界知识、文苑、小说、杂谈、物价和广告等；读者对象面向公众；印刷上采用石印或铅印；版面上注意图文并茂，印数大为增加。

中国人自己创办的科学期刊是《格致新闻》（1898）和《亚泉杂志》（1900）。中国在1896年出现科技期刊以后，由于经济和科学技术落后，科技期刊发展非常缓慢，50余年中，只有1920年（108种）、1936年（102种）、1947年（147种）等少数几年超过百种，到1949年只有40种。1949年以后，随着国民经济和科学技术发展，科技期刊逐年增加，1957年公开发行的科技期刊328种，1990年公开发行的科技期刊已达3 055种。

2. 期刊发展的历程与特点

（1）期刊发展迅速

由于期刊广泛地介入了社会生活，涉及政治、经济、科技、文化，成为人们一种不可缺少的精神食粮，因而，发展速度是十分惊人的，如欧洲仅科技期刊的创刊率在初期平均每50年就增加10倍：

| 1750 年 | 1800 年 | 1850 年 | 1900 年 |
|---|---|---|---|
| 10 种 | 100 种 | 1 000 种 | 10 000 种 |

据英国《世界科学期刊目录》统计，1921年，科技期刊为24 028种，而到了1961年，就高达59 691种，40年间增长数大大超过过去256年的总和。

（2）期刊门类增多

期刊出现的初期内容是综合的，仅仅是为了满足学者、专家交流科技情报，探讨学术问题的需要。随后它广泛地介入了社会，因而出现了为不同社会群体编印的、具有各自不同内容、不同作用、不同形式的刊物。

专门为儿童、妇女、青年等特定人群编印的期刊，也在期刊发展的初期出现了，它们有专门的读者对象，根据这些特定的读者需要，探讨他们的切身问题或满足他们的精神需要，因而发展也较为迅速。中文的儿童刊物《小孩日刊》1875 年在上海创刊，妇女刊物《女学报》和《女子世界》分别创刊于 1902 年和 1903 年，青年刊物《青年》、《上海青年》、《新青年》分别创刊于 1898 年、1901 年和 1915 年。

专科性期刊有 1872 年在北京编辑出版专门报道科学技术和国际知识的《中西见闻录》，又有《农学报》（1897）、《实学报》（1897）、《格致新报》（1898）、《教育世界》（1901）、《外交报》（1901）等，此后专科性期刊更是迅速发展了起来。

文艺性刊物，著名的《小说月报》也在 20 世纪初的 1901 年创刊了。专门性的画报《瀛环画报》则早在 1877 年创刊。文艺性刊物适合广大读者阅读，后来更发展成为一个庞大的期刊种类。

仅就上面粗略的介绍可以看出，期刊在迅速发展过程中，从内容来说：有综合性的，也有专门性的，有学术性的，也有普及性的；从发行对象来说：有适合广大群众的，也有为特定读者群的（如青年、妇女、儿童等）；从形式来说，有文字的，也有画面的；从刊期来说，有周刊、旬刊、半月刊、月刊等。现代期刊的主要品种已大致齐备，它们在推动社会进步、科技发展、传播知识、提高文化方面都发挥了积极的作用。

（3）期刊分工细化

期刊应科学研究的需要而产生，也必然随着科学技术的发展而发展。早期的期刊，如同早期的科学一样，几乎囊括当时被称作"自然哲学"的全部学科。到了 18 世纪，综合科学很快由化学、生物、物理等单独学科补充，接着化学又划分为理论的和应用的，然后又进一步划分为有机化学和无机化学。现在，对于外行只有微小特征的层析法和糖类化学都各自建立了自己的学科。研究结果表明，维持一种专业期刊的存续，只需要某一领域的 100 名科学家的研究论文就足够了。因此，学科的发展，一方面导致新种期刊不断产生，另一方面又使原有的期刊不断分支，愈分愈细。当然科技期刊的读者范围越来越特定。

据英国《世界科学期刊目录》（World List of Scientific Periodicals）统计，1921 年科技期刊已达 24 028 种。第二次世界大战以后，科学技术迅速发展，在短短的几十年中所取得的成果，超过了人类有史以来直到第二次世界大战的全部成就的总和。特别是近 20 多年中，科学技术的迅猛发展，也大大地促进了报刊事业的发展。据《乌利希国际期刊指南》等有关资料统计，全世界期刊总数为：

| 1960 年 | 1970 年 | 1976 年 | 1980 年 |
|---|---|---|---|
| 20000 种 | 50 000 种 | 60 000 种 | 62 000 种 |

但是，它们所收入的期刊远远少于目前正在出版的期刊总数。

据有关统计，20 世纪的 70 年代前期，全世界出版情报检索期刊有 1 885 种，1980 年已不下 4 000 种。新中国成立后，尤其是改革开放以来，我国的期刊业获得了长足的发展。1949 年，我国仅有期刊 200 余种，总印数 2 000 万册，人均不足 0.1 册；1979 年达 1 470 种，总印数 1 184 亿册，人均 1 册；2001 年发展到 8 725 种，总印数 2 942 亿册，人均 2.2 册。中国期刊协会已经加入了国际期刊联盟，并成为常任理事国之一。

关于 1949 年以前我国总共出版了多少期刊，从国家图书馆（当时的北京图书馆）1961 年出版的《全国中文期刊联合目录》（1833—1949）里可看出个大概，这个目录收录了全国 50 个大型图书馆收这一期间出版的中文旧期刊，共计约有 19 115 种（包括补遗 951 种）。

新中国成立初期的 1950 年 3 月，全国的期刊（不包括非卖品和对内期刊）总数不过 229 种，其中社科期刊 149 种（多为一般性通俗读物），自然科学期刊 80 种（也多为普及性读物），数量的确非常之少。

全世界每年出版科技文献的数量非常大，早在 20 世纪 70 年代就一年出大约 6 000 万页，约合 10 万册。有人曾经作过一个有趣的推算，若每 10 册书占一尺书架，每年增加的书架长度就有 37 千米。特别是近期估计：每 24 小时全世界写出的科学技术论文足够撰成 7 套英国百科全书。科技文献发展太快，人们的阅读能力与时间远远赶不上文献的增长。诺贝尔奖金获得者物理学家 Edward Appleton 曾说过：如果有人安排自己的任务仅仅是了解所有基础科学的杂志，不懈地工作一年，年末时他将发现自己已经落后了 10 年，如果阅读内容扩展到技术文献的话，他将发现自己的工作大约落后了 100 年。

科技文献数量如此之大，人们不可能也没有必要全部阅览。因为不仅同一种杂志上每篇文章的质量高低悬殊、相差甚远，杂志与杂志之间，其好坏优劣也是十分明显的。1956 年，英国科学博物图书馆调查了 87 255 种连续出版物，大约 1 250 种即可满足读者要求的 80%。更近的一次调查是英国国家图书馆外借部进行的，该部 1975 年对 61 333 个连续出版物的外借要求进行统计，发现超过半数的要求集中在不到 10% 的出版物上。也即是说，在期刊的实际利用中，各个学科都存在一批读者利用率既高、引文率亦高的期刊，这些期刊即是该学科的核心期刊。据统计，全世界天文学期刊近 500 种，其中核心期刊 30 余种；医学期刊 6 000 余种，其中核心期刊 100 余种；昆虫学期刊约 500 种，其中核心期刊近 20 种。粗略估计，世界科技核心期刊当在 2 300 ~ 3 200 种之间。毋庸置疑，各个学科的核心期刊也就是该学科价值最高的期刊。

# 第二节  中文期刊的发展

## 一、辛亥革命以前

同欧洲各国相比，我国期刊出现的时间较晚，而且是受欧洲影响并在外国人推动下出现的。前面说过，第一种中文期刊和随后的一些中文期刊是外国人创办的，这些期刊虽然受到中国人的注意，但当时中国仍处在清王朝高压统治下，群众没有权力办报，因而尽管中文期刊开始出现了，并未能引起太大反响。甲午战争以后，清政府内部出现了改良派，推行新政。英国人李提摩太在他的《新政策》这一呈文中，向政府建议："教民之法，欲通上下有四事。一曰，立报馆。欲强国先富民，欲富民必先变法，中国苟行新政，可以立致富强，而欲使中国官民皆知新政之益，非广行日报不为功……"。他所献给政府之策略，其目的当然也有遏止日本势力扩张之意，但他对期刊作用的估价显然已超出世界上第一种期刊之宗旨，反映了期刊的社会作用。

在外来势力推动下，由于维新派的努力，我国第一个期刊出版高潮在辛亥革命前到来了。首先是著名的维新派首领康有为、梁启超在 1895、1896 年创办了《中外汇闻》（北京）和《时务报》（上海）。在不到 20 年的时间里，仅上海一地就有 55 种期刊出版。同一时期，由于清王朝的高压统治，除维新派、保皇派观点的社会性期刊可在国内立足外，革命派的期刊只能在海外出版。例如：同盟会的报刊，如《民报》、《四川》等由于是著名的革命党人孙中山、吴玉章等主持的，只能在东京编辑出版。

## 二、辛亥革命到抗战前夕

辛亥革命结束了几千年的封建王朝，它对中国人民的思想与文化生活产生了巨大的影响。不久爆发的十月革命将马克思主义传播到了中国，我国出现了新文化运动，揭开了新民主主义革命的序幕。中国期刊的发展进入了新阶段，出现了第二个高潮。当时出版的期刊不仅数量上有了飞跃的发展，质量上也起了根本的变化。陈独秀、李大钊、钱玄同等编辑出版的《新青年》（1915）和《每周评论》（1918）等，勇敢地举起了反帝反封建的旗帜。五四运动以后，传播马列主义和介绍俄国十月革命的期刊在全国各地不断涌现，如周恩来在天津出版的《觉悟》、毛泽东在长沙主编的《湘江评论》，此外还有《向导》、《共产党月刊》、《劳动周刊》、《少年》、《劳动者周刊》、《劳动声》、《五七日刊》、《少年中国》、《北京大学学生周刊》、《学生周刊》、《星期日》、《浙江新潮》、《新生活》等。这些刊物为我国无产阶级领导的新民主主义革命作了思想上和舆论上的准备。

伟大的革命先行者孙中山亲自写发刊词的《国民》，梁启超主办的《大中华》，进步民主人士主办的《新生周刊》、《光明日报》等相继出现。

这一时期，学术性期刊也纷纷创刊，早期的有创刊于 1904 年的综合性社会科学学术刊物《东方杂志》，此外还有《科学》（1915）、《清华学报》（1915）、《北京大学月刊》（1919）、《史地学报》（1921）、《自然界》（1926）等。

中国共产党成立以后，党中央直接或间接领导创办了大批无产阶级报刊。1922 年 9 月 13 日，党中央在上海创办了第一个机关报《向导》周报；次年 7 月 1 日，党又在广州出版了中央政治机关刊物《前锋》月刊；随后中国社会主义青年团机关刊物《中国青年》于 1923 年 10 月创刊；1925 年 6 月 4 日创办了《热血日报》，这是党的第一份日报；建党初期其他党报、党刊还有《劳动周刊》、《工人周刊》和《先驱》等。

第一次国内革命战争时期，党在苏区创办的报刊主要有《红色中华》（1931）、《青年实话》（1931）、《斗争》（1933）等。党在白区创办的报刊主要有《布尔什维克》（1927）、《红旗》等。

20 世纪 30 年代，鲁迅以报刊为阵地，率领左翼文化战线进行反对国民党文化"围剿"的斗争。他主编或参与编辑过 19 种报刊，如《语系》、《莽原》及左联刊物《萌芽》、《拓荒者》、《巴尔底山》、《前哨》等。

1936 年，即抗日战争前夕，我国报刊出版事业达到了一个高峰。根据《全国报馆社调查表》统计，1936 年我国出版报纸 633 种，总发行量达 130 459 万份；期刊 1 271 种，总发行量达 3 584 万册。

1931 年日本帝国主义侵入我国东北后，各地出版了许多积极主张抗日的刊物，如《红旗周报》、《读书生活》（李公朴主编）、《华北烽火》、《黄埔潮》、《现代知识》、《世界知识》等。

革命的报刊主要有邹韬奋主编的《生活》（周刊）、《大众生活》（周刊）、《生活日报》等。

### 三、抗战期间至 1949 年前

1937 年以后，全国人民奋起抗战，创办了许多救亡刊物，如《抗战》三日刊（邹韬奋主编）、《战线》（章汉夫、艾思奇主编）、《文化抗战》、《战时联合旬刊》、《战时大学周刊》、《救亡周刊》、《中华公论》、《呐喊》等，同时还有中华全国文艺协会主办的《抗战文艺》、《抗战新闻》和《自由中国》。其他重要文艺刊物有《文艺阵地》、《抗战文艺》、《文艺战线》、《作家》、《光明》、《中流》、《烽火》、《野草》等。当时这些刊物在宣传抗战、打击敌人的气焰、反对妥协投降和动员全国人民取得抗战胜利方面起了重要作用。抗日战争和解放战争期间，由于战争频繁、人民生活不安定，学术期刊没有多大的进步，只有社会性期刊有所发展。这一时期内，革命和进步刊物创刊有 900 余种，一部分在国民党统治区出版，另一部分在根据地出版，如《八路军军政杂志》、《解放》等。

解放战争时期，争取和平与民主的浪潮促使报刊的出版发行发生了变化。在解放区，发行了很多文艺刊物，如陕甘宁边区主办的《群众文艺》、晋冀鲁豫边区主办的《文艺杂志》、东北解放区的《文学战线》、华北解放区的《华北文艺》等。在上海有茅盾主编的《文联》半月刊和《小说月报》、郑振铎主编的《文艺复兴》，还有《民主文艺》、《人民文艺》、《文艺与生活》、《戏剧生活》、《诗与文》等。北京地区有《中国作家》、《北方月刊》、《文艺时代》、《文艺与大众》等。

但是在解放战争的特殊形势下，全国的期刊数量仍不多。到 1949 年，全国的期刊数只有 257 种。

### 四、1949—1966 年

新中国成立后至 1956 年，在接受旧社会沿袭下来的期刊业并对之进行必要疏导整顿的同时，不断组织创办为社会主义服务的新刊物。期刊品种从 1949 年的 257 种增长到 1956 年的 484 种（其中科技期刊由 1949 年约 80 种增长到近 200 种），总印数从约 2 000 万册增长到约 3 500 万册，表明新中国期刊事业渐呈起色。1956 年，思想、文化领域里"双百方针"提出，使期刊出版也如沐春风，一度活跃。1957 年，部分期刊受到了不公正的对待，遭到批判，有的被迫停刊或改组。1958 年，期刊事业"拔苗助长"，发展太快，超越了我国经济和文化科学发展的实际水平。经过 20 世纪 60 年代初的几年调整，我国期刊事业又逐渐走上健康发展的道路。在 20 世纪 50、60 年代之交中国刊坛确曾结出过累累硕果，它们为 20 世纪中叶中国期刊史留下了光彩记录。给人们深刻印象的期刊有不下数百种（1965 年出版的期刊已达 790 种，其中科技期刊有 400 余种）。影响较大的，如时事政治类的《学习》、《红旗》、《人民画报》、《解放军画报》、《新观察》；特定群体类的《中国青年》、《中国妇女》、《小朋友》、《儿童时代》；人文类的《哲学研究》、《历史研究》、《人民文学》、《文艺报》；文化休闲类的《大众电影》、《新体育》、《大众摄影》、《歌曲》；科技类的《中国科学》、《中华医学杂志》；科普类的《无线电》、《科学画报》、《知识就是力量》、《大众医学》等。一些创刊于 20 世纪前半叶的知名刊物，如《科学》（1915 年创刊）、《世界知识》（1934 年创刊）、《中学生》（1930 年创刊）、《考古学报》（1936 年创刊）等，在新中国成立后继续出版，焕发出新的生命力。以上为代表的众多刊物，从各自角度起到了为新中国成立后意气风发的中国人民武装思想、探索创造新世界之路、发展经济与科技教育、增强凝聚力、培养高尚道德情操以及滋润精神生活的作用。这些刊物在思想上尽管无法避免"左"的历史烙印，但其中不少佳品堪称一个时代的精神花朵。同时更应指出的是，通过一代期刊人的努力，为我国期刊事业日后奋起疾飞做好了思想、经验、队伍、读者以及发行等方方面面所需的必要条件。

## 五、文革期间

文革期间，我国的期刊遭到了毁灭性的破坏，1969 年中国大陆地区只剩下 20 种刊物，成为近百年来中国期刊发展史上发行量最少的、最凋零的年代。

## 六、改革开放以来

1976 年粉碎"四人帮"后，尤其是 1978 年在中国共产党十一届三中全会后，我国期刊事业拨乱反正，继承优秀历史传统，在党的解放思想、实事求是方针指导下和改革开放大环境中顺势而起，呈现出前所未见的繁荣。

20 世纪 80 年代，特别 70 年代末及 80 年代前期，是中国期刊发展最迅猛的时期。1978 年期刊品种为 930 种，1985 年已近 5 000 种，1989 年超过 6 000 种。2002 年，期刊品种总数突破 9 000 种，其中社科类期刊与科技类期刊约各占 1/2，期刊发行总量在 30 亿册左右。2002 年被称为中国杂志年，平均每两天就有一种新杂志问市，杂志成了一个新的传媒"金矿"。期刊发行量由1978 年的年总发行约 7 亿册，1988 年 25 亿册发展到 2002 年的 30 亿册。期刊工作者由于挣脱"左"的思想藩篱，在办刊思想上豁然开朗，期刊质量也因之逐渐提高。大家对于如何把握期刊个性、办出特色，如何满足读者求知、求乐、求美的需要，如何以贴近现实、创新、新颖的内容、画面吸引读者等方面，进行了积极探求，积累了越来越多的经验。期刊上刊登的令读者关注和喜爱的有深度、开阔视野的好文章、好画面显著增多，在期刊开本、装帧设计等方面也摆脱了多年一贯的旧模式，拓新意识增长，创作手法活跃，期刊市场面目日新月异。更值得重视的是，一部分刊物由于不仅善于把握历史机遇，而且肯于在办刊追求上着力施展，因之逐步形成被广大读者认可的响亮品牌，占据了难以撼动的市场优势。期刊在 20 世纪 80 年代的这些进步，使进入改革开放历史新阶段的广大群众获得更多的信息渠道、更多的新鲜知识和更多的精神食粮，为有中国特色社会主义的经济建设、文化建设起到强劲的舆论支持、信息沟通和精神凝聚的作用。中国期刊的品种在 20 世纪的80、90 年代得到了迅速发展，期刊品种大为增加。

目前，中国期刊的种类已遍及各种学科、职业及社会活动领域，其专业分工之细及社会覆盖面均超过了其他各种传媒。中国期刊的发行量在 20 世纪80、90 年代创下了历史新纪录。这一时期人均占有期刊 2 册，虽不算高水准，但与新中国成立初期人均占有期刊数不足 0.3 册、20 世纪 50、60 年代最高时为 0.7 册（1960 年）、"文革"期间近于零相比，进步显著。20 世纪 80、90年代，大发行量的期刊陆续有所增加，据统计 1999 年年初超 100 万册发行量的已达 25 种，最高期发量至 400 万册。中国发行量最大的期刊是《读者》，2004 年发行突破 800 万册，创历史新高。中国期刊的编辑质量在 20 世纪 80、90 年代提高最为明显。以众多"精品"为标志的优秀期刊，在期刊手法的运作上纵横驰骋，对期刊媒体内在规律的把握日臻熟练。中国期刊生产制作的技术条件，在 20 世纪 80、90 年代也发生了根本变化。旧的手工操作正由电脑操作代替，胶印已取代铅印。光盘期刊与网络期刊相继兴起，仅出版的中国学术期刊（光盘版）即收入期刊达 3 500 余种，网上期刊发展也如雨后春笋。中国期刊作为出版产业，其实力有了明显增长，越来越多地活跃在市场上的期刊不断丰满自己的经济羽翼。这些刊物正在培育、运作大市场，从单刊经营到群刊经 营并向期刊出版集团化迈进。

进入 21 世纪，我国期刊的总体形势发生变化，加快了市场化的发展。种类突破 9 000 种，其中科技类 4 500 种，总印数 4 亿；社科学术类 2 500 种，印数 6 亿，真正市场类刊物仅 1 600 种，但发行达 9 亿册。可见，市场类期刊的发行量远大于前两者。近年来，大量的非市场化期刊加速向市场化期刊转化。

期刊市场变化的根本原因在于读者的成熟。广大期刊读者已经逐步走出只有饥渴而无选择的初期阅读阶段，见识广了，对期刊价值则要进行判断和选择。读者在文化吸纳上领悟贯通，拒绝期刊里的糙品、劣品、赝品；角色由被动转为主动，令期刊制作者不敢稍有懈怠。这一切形成对期刊发展十分有利的良性需求环境。

各类期刊为在市场上站稳脚跟，则必须不懈地追求读者要求的精品，以精品在竞争中取胜，这是各种期刊越来越悟出的共识。精品不仅表现于内容精彩、包装豪华的高级刊物，也表现在虽通俗却言近旨远、虽朴素却雍容大气的大众型刊物上。近10年来，不同类型刊物都竭力在各自分工和定位上追求自身完美，大家在立意、深度、格调、文采、意境、特色等方面力臻完善，对画面语言运用得更为丰富，在印刷和装帧上趋于讲究。市场上因之精品迭出，琳琅满目，这成为进入21世纪以来中国期刊走向成熟的显著标志。

在中国现有的期刊中，赢利的期刊大致有三种情况。

第一种是政策性赢利期刊。这一类期刊主要是一些发行量较大的政府背景杂志，杂志社具有先天的优势，这类杂志分两种：一种像《半月谈》、《求是》等发行过百万的杂志，它们相当于期刊市场中的"人民日报"、"新闻联播"；还有一类是行业性或教育类杂志，如《中国税务》、《小学生天地》之类。

第二种是发行类赢利期刊。这一类期刊主要是一些市场运作非常早的杂志，像《故事会》、《知音》、《家庭》、《读者》等，这些杂志仅靠发行就能获得较大的赢利。例如《读者》每期发行的码洋就高达上千万元，除去全部成本，每期出售杂志的收入就非常可观。这类杂志受到消费者欢迎，从一开始就是完全靠内容，所以至今这一批杂志仍然 是以"内容为主"。但这一类杂志目前已经开始多元发展，从广告到相关产品的拓展，都有较大的发展。

第三种是广告赢利类期刊。这一类期刊主要是20世纪90年代中后期开始大量崛起的期刊，其代表的期刊是《时尚》、《瑞丽》等。它们单本的成本价很高，光印制成本可能就达到甚至超过其发行收入。因此，从发行来说，获利不多甚至可能会赔本。但支撑它们赢利的广告额却非常巨大，《三联生活周刊》一年广告额高达几千万元，《时尚》更是已经超亿元。目前吸引大多数投资者的，主要是这种依赖广告收入获取赢利的期刊。

## 七、台湾与香港地区概况

近半个世纪以来，台湾地区报刊事业发展也比较迅速，并于1982年9月16日，将计算机用于报纸排版，由《联合报》正式开始使用。

台湾期刊，1990年已突破3 000种大关。从1950年的144种，到1985年已增加到2 869种，36年时间增加了20余倍。随后，这种增长势头逐渐饱和，

44

并在 3 500 种上下徘徊多年。其内容越来越专题化，综合性报刊现已不再畅销了。由于科技的进步和竞争等原因，期刊的外观质量大为提高。台湾期刊的经营呈现出多元化的趋势，电视业、报业、社团、商界等都参与期刊竞争，使之管理日益企业化、电脑化，改变了文人办刊的现象。

有着"东方之珠"美誉的香港面积虽不大，却有 49 份日报、多份电子报章和 722 份期刊，两家本地免费电视节目服务持牌机构，三家本地收费电视节目服务持牌机构，13 家非本地电视节目服务持牌机构，一家政府电台和两家商营电台。其中报业部分，共计有 23 份中文日报、13 份英文日报、8 份中英文双语日报和 5 份日语报章。中文报章中，有 17 份以报道香港和世界新闻为主，4 份集中报道财经新闻，其余是专门报道赛马消息的马经报纸。

# 第三节　电子期刊

随着计算机技术、网络技术和多媒体技术的飞速发展，一种新的期刊形式——电子期刊应运而生，并呈现出勃勃的生机。电子期刊迅速发展，网络电子期刊资源种类繁多，面对浩如烟海的信息量，期刊读者如何迅速获取有价值的情报，图书馆管理人员如何管理好这些信息，是近年来产生的新问题，本节将要探讨这些问题。

## 一、电子期刊的概念

电子期刊（Electronic Journal）又名电子杂志（Electronic magazine）或数字化期刊（Digitized Periodical）。目前关于电子期刊尚无公认的定义，对其众说纷纭，比较典型的有如下几种。

（1）所谓电子期刊，就是数字化期刊，即以数字形式贮存在光、磁等介质上，并通过计算机设备本地或远程读取使用的连续出版物。

（2）有连续出版物的一般特征，有统一题名，按一定周期分期编号，连续出版的，具有电子型出版物的一般特征，专供计算机识读、受控运行和加工处理数据的特殊编码形式的资料。

（3）在电子媒介中产生，仅仅通过电子媒介得到的期刊。

（4）一种以数据形式呈现的期刊。

除此而外，还有其他一些观点，但是无论哪种观点，都认为电子期刊是以连续方式出版并通过电子媒体发行的期刊。经过近 30 余年的发展，电子期刊已从最初的软盘期刊、第二代的 CD － ROM 期刊、联机期刊，发展到现在的第三代的网络化电子期刊。

所谓网络电子期刊，是指从投稿、编辑出版、发行、订购、阅读乃至读者意见反馈的全过程都是在网络环境中进行的，任何阶段都不需要用纸。网络电子期刊是最重要的信息源，也是最有发展前途的电子期刊，愈来愈多的期刊都开始在网络上出版发行。

期刊从发行方式看，有两种形式：一种是纸媒体的期刊同时发行电子版，另一种是只有电子版，没有相对应的纸媒体出版物，后者也称为纯电子杂志。纯电子期刊（Electronic – only journal）也称网络期刊，它是完全以电子化、数字化形式组稿、审稿、制作、出版、发布，并以刊登学术论文、学术信息为主要内容。它改变了传统期刊的概念和表现形态。

## 二、国外电子期刊的发展

从 20 世纪 60 年代初美国化学文摘服务社采用计算机技术改进印刷版《化学文摘》（CA），出版磁带版的《化学文摘》算起，电子期刊的发展已经走过了 50 余年的发展道路。早期的电子期刊应用于联机系统检索，又称书目数据库，是与印刷版并行出版的电子期刊。

电子期刊研究项目始于 1978—1979 年间，由美国科学基金会主持的一个研究项目，该项目着重研究在电子期刊系统中，著者、出版者、图书馆员及读者各自所起的作用。

1983 年美国著名的商业期刊《哈佛商业评论》 （Harvard Business Review），既以印刷版发行，又以电子版发行，由世界著名的联机系统 DIALOG 提供全文数据库检索。

20 世纪 80 年代后期电子期刊开始出现在网络上，大多数期刊是通过电子邮件或 FTP 将期刊传递到订户的电脑里。1993 年 Mosaic 成功地推动万维网（WWW）的发展，使人们对 Internet 的态度发生了转变。万维网惊人的发展对电子期刊的数量及发行机制产生了很大的影响，网络电子期刊纷纷改用万维网发行。

## 三、国内电子期刊的发展

我国电子期刊起步于 20 世纪 80 年代后期，发展速度很快。《中文科技期刊数据库》是西南信息中心（原中国科技信息研究所重庆分所）开发的一种光盘型数据库，1989 年建库，先以软磁盘发行，1992 年 6 月以 CD-ROM 光盘产品发行，是我国首例国产中文 CD-ROM 光盘库。该光盘收录中文科技期刊近 5 600 种，从 1997 年起，每 6 个月更新一次数据。此后相继有《中国专利文摘》光盘、《CCBD–CD 中国化学文献光盘数据库》、《中国国家书目光盘》、

《中国生物医学文献光盘数据库》和《中国科技文献数据库光盘》发行。另外，一些新闻单位等也相继出版发行了《新华社电讯稿全文数据库》、《人民日报全文数据库（光盘）》等。

1995 年 8 月由北京大恒图像视觉有限公司与欧洲电脑出版集团 Vogel Verlag 联合创办了 CHIP Special《电脑视野》光盘杂志，它具有超过 600 MB 的贮存容量，达到传统报纸杂志、广播及电视的全部效果。1994 年 4 月，世界上出现了第一种网络中文期刊，接着又有几十种中文期刊上网运行。国内最早的电子期刊是 1985 年 1 月发行的《神州学人》（http：//www. chisa. edu. cn/），这是一个面向海外留学人员的电子刊物。《今日中国》（http：//www. chinatoday. com. cn/ctchinese/index. htm），用 6 种语言发行，是综合性对外报道月刊。

1997 年《化学通报》（http：//www. hxtb. org/asp/index. asp）出版发行网络版，成为世界上化学领域第一种中文电子期刊。同年约有 20 余种中文期刊上网。集中式的中文电子期刊，首推由清华大学中国学术期刊电子出版社 1997 年开始出版发行的《中国学术期刊（光盘版）》，及由其发展而成的《中国学术期刊网络出版总库》。中国期刊网，1999 年 6 月 18 日开通，采用客户/服务器服务模式，服务方式为设镜像站、包库及个人订阅。《中国学术期刊网络出版总库》收录 7 900 种期刊文献，涵盖了大部分中国正式出版的印刷型学术期刊。该电子期刊学科内容包括理、工、农、医、教育、经济、文、史、哲等，分成 10 个专辑，168 个专题。《中国学术期刊网络出版总库》包括全文检索在内的多种检索方式，检索语言为自然语言，支持布尔检索、字段组合检索，检索速度相应加快，可直接浏览原版格式的全文。

由中国科技信息研究所与万方数据公司主办的万方数据知识服务平台（China info）（http：//wanfangdata. com. cn/）中的学术期刊，目前集中了包括《中国科学》、《科学通报》在内的 7 000 余种中、英文电子期刊，它们与印刷版同步上网发行，全文以文本格式显示。目前，China info 系统学术期刊可免费访问。

中国知识基础设施工程（China National Knowledge Infrastrcture，简称 CNKI 工程），是以实现全社会知识信息资源共享为目标的国家信息化重点工程，于 1995 年正式立项。经过多年努力，采用自主开发的数字图书馆技术，建成了我国信息量规模最大的"CNKI 数字图书馆"，涵盖了我国自然科学、工程技术、人文与社会科学期刊、博硕士论文、报纸、图书、会议论文等公共知识信息资源，其访问网址为 http：//www. cnki. net/。

## 四、电子期刊的类型

1. 按内容性质划分

①学术性的电子学报：一般情况下有较正式的编辑群及审查制度，文章需经过评审，刊登学术论文、专栏及评论，常类似于纸本期刊。每期可包括一篇或数篇论文，如果期刊仅有一篇论文或整期文章比较短，则以电子邮件方式及时传递到订户的个人电脑中；若整期内容较多，则以电子邮件发出消息，用户可按有关消息检索所需的内容。通常情况下，将其内容存档于网络服务器中，供用户随时检索。需要指出的，这类电子学报在普通的索引工具中是不收录的。

②电子快报：一般有人负责编辑，内容有短文、新闻性的消息、编者评述，另外还有读者提供的消息，例如，读者对热门话题的意见、工作机会等信息。快报以电子邮件方式发送，周期不大规则，"过刊"常以文件形式存在网络上的服务器中，用户可以直接检索，也可向快报编辑人员索取。

2. 按出版载体划分

①软盘（floppy disk）期刊：20世纪80年代初产生的以微型计算机软盘为载体的出版物，这些期刊主要是计算机科学领域的期刊，例如"Current Contents"。

②光盘（CD-ROM）期刊：CD-ROM期刊是一种只读光盘期刊。例如"ADONIS"及"Business Periodicals on Disc"是典型的CD-ROM期刊，大多数CD-ROM期刊也同时以印刷型出版。例如"Verb Interactive"以季刊形式出版。我国清华大学出版的学术性期刊CD-ROM光盘，学术期刊编辑部先以印刷型纸本期刊出版，尔后再以"光盘"形式发行；中国人民大学编辑的"图书馆学、信息科学、资料工作"印刷型期刊，同时以光盘形式出版"复印报刊资料专题目录"光盘。

③联机/网络化期刊（On Line/Net worked Journal）：被认为是真正的电子期刊，从投稿、编辑、出版、发行到订购与阅读的全过程完全电子化。第一个联机电子期刊是美国科学发展协会与联机图书馆中心共同出版的"The on Line Journal of Current Clinical Trials"，该期刊在收稿24小时内出版，其内容主要是医学研究成果。

当前，联机期刊是重要的电子期刊类型，很多学术性期刊都以网络化的形式出版，例如"Journal Fluids Engineering"等。

## 五、电子期刊的优点

### 1. 传递迅速，获取信息快

电子期刊的传播速度快，刚出版的电子期刊通过校园网、地区网、国家网以及因特网仅需几分钟就可以遍及世界各地，提供给读者使用。在网络环境下信息的传播不受时间、地点、条件的限制，用户通过网络不仅可查阅本馆信息，还可查阅馆外甚至国外信息，从而大大缩短了原始文献传递时差。

### 2. 信息表现形式活泼多样

印刷型期刊只能传递静态可视信息，如文字、图像、表格等，而电子期刊除能传递静态可视信息外，还能传递声音、动画等，使传递的信息更加逼真、形象，易使人接受，大大丰富了期刊的内容和形式。

### 3. 检索方便，容易操作

由于各种媒体的信息统一于机读介质中，可使用计算机检索，所以检索速度快，检索途径多，检索功能全。利用联机网络检索使信息覆盖面广，检索也不受时空限制。对一般读者而言，通常只需简单的几个操作，即可快而准地获得所需的电子期刊信息。篇名、作者、地名、年代、关键词等都可单项或多项组合检索，远比传统纸型期刊的查找速度快，查全率与查准率高。

### 4. 真正实现资源共享

网络上的电子期刊的出现，使信息资源可以同时被众多人使用。如入藏的一套印刷型期刊，同一时间内只能被一个读者利用，而入藏该期刊的电子版光盘，把它放到网络上去，即可被若干个读者同时利用，加上电子图书馆的联机服务方式，使电子期刊比传统印刷型期刊可以服务更多的读者，从根本上解决了拒借的问题，从而实现真正的资源共享。

### 5. 体积小，信息贮存容量大，便于存放管理

一张直径为 5 英寸的光盘可存储 1 亿多文字，电子期刊的收藏体积至少比纸质文献收藏体积缩小 90% 以上。积极收藏电子期刊能够缓解困扰图书馆多年"书满为患、影响利用"的局面。

### 6. 简化期刊管理

纸型期刊由现刊转化为过刊，装订是必不可少的环节。期刊下架装订需要时间，尽管工作人员努力缩短装订周期，也还是在一定程度上影响读者使用，且纸型期刊在使用过程中易损坏、丢失，导致过刊下架装订时，缺期的期刊很多。而电子期刊则可以直接由现刊转化为过刊，不需装订，省时、省

力，又可提高过刊利用率。

## 六、电子期刊的不足

尽管电子期刊具有上述优点，可是还存在以下值得改进的地方。

1. 安全性不足

随着网络的不断普及，其暴露的问题也日渐突出。网络面临着的威胁包括：黑客入侵、来自内部的攻击、不良信息的侵入、秘密信息的泄露、破坏网络信息系统资源、系统瘫痪问题等。网络期刊的出版、销售、发行、订购、付款、阅读、使用都涉及网络的使用，从而使电子期刊对网络安全问题亦十分敏感。目前还没有非常有效的办法，通常只能采取三种策略：防火墙技术、密码术、新一代网络通信协议的研制。

2. 收录的范围小

我国出版的电子期刊回溯时间短，大部分是近些年的期刊，大量过刊的收录需要庞大的工作量。不过随着计算机性能的提高、文件录入设备的进步，这些问题会逐年加以解决。

3. 不能完全替代纸型期刊

受用户观念及阅读习惯的影响，纸型文献依然受到读者青睐。从查阅资料方面利用电子期刊比较方便，但是消遣性、浏览性阅读，还是利用纸型文献更为方便，也更适合人们的阅读习惯。

4. 电子期刊的学术地位有待提高

电子期刊大多缺少印刷期刊那样严格的评审和质量管理。因此，在学术评价和职称评审、晋升中，大多得不到与印刷期刊相同的待遇。由此，反过来又影响高质量的论文来源，因而影响了电子期刊的学术地位。

5. 费用贵

电子期刊的管理与使用要借助计算机、软件及数字化的期刊信息，我国处在社会主义初级阶段，利用电子期刊的花费很高。此外，国民的计算机知识与技术尚未达到普及程度。因此，有相当多的用户因经济和技术条件的限制尚不能使用电子期刊。目前，大多数电子期刊采用收费制，这从一定程度上也限制了电子期刊的使用。

## 七、电子期刊的利用方法

网络环境下电子期刊的使用出现了新的形式。例如：（1）直接通过客户人机界面进行阅读使用；（2）对所获取的电子期刊进行全文转发或剪切后部分转发；（3）将电子期刊套录到网络公用文件系统供他人使用等。

通常，电子期刊的获取途径有以下几种。

1. 因特网上的电子期刊

因特网上的期刊是在网络上编辑和发行的电子杂志，没有与之相对应的印刷本，这些期刊大部分免费，只有小部分收费。

2. 商用数据库

世界上知名的联机检索系统都在快速增加全文数据库的分量，著名的期刊中间商 FAXON 公司于 1991 年成立了 FAXON 研究服务部，该公司从 1990 年开始建立电子期刊数据库，收录 12 万种期刊，每天能输入 3 000 篇文章，并提供电子服务。用户可经由因特网从主题词、作者、刊名、ISSN、出版年等入口进行联机检索，如需原文，FAXON 公司能在 24 小时内用图文传真传给用户。

3. 电子图书馆

一些高校与出版商联合，共同制作期刊全文数据库，人们习惯上称之为电子图书馆。目前，世界上比较典型的电子图书馆有：Merecurty 电子图书馆；CORE 计划；Red Sage 计划；TULIP 计划；ELNET 日文数据库。

4. 光盘

即将期刊制作成光盘来代替印刷期刊。目前由于网络数据库的发展，其光盘版的弊端日益显露，正被越来越多的用户淘汰。

## 八、电子期刊对图书馆馆藏期刊的影响

1. 对馆藏信息资源的影响

传统的期刊工作以"藏"为主，在"藏"的基础上凭借图书馆的资源优势向读者开展服务。馆藏信息资源始终是图书馆赖以生存和发展的基础，馆藏信息资源的结构则决定着图书馆提供信息的方式与质量等。随着电子期刊的不断增多，特别是网络型电子期刊的迅速发展，以纸质书籍、期刊为主的图书馆馆藏结构开始逐渐改变，图书馆"馆藏"信息资源的含义有了观念上的变化。

随着电子文献的大量增加，馆藏信息资源的含义也发生了本质的变化，它应分为两大类：一类是书刊和电子文献；另一类是馆内和网上文献。馆藏信息资源所包含的信息量中，电子和网上的信息量要比书刊和馆内的信息量

大很多。这样，在今后图书馆构筑信息资源结构时，就需考虑两种信息资源的问题：馆内信息源、网络信息源，后一种资源将成为图书馆服务的主要信息源。

就期刊而言，馆藏期刊结构的变化所造成的影响是巨大的，图书馆提供信息的方式、馆藏期刊质量的评定标准，以及对图书馆期刊工作人员的素质要求都会因此而改变。

2. 对期刊采访观念的影响

传统图书馆期刊采访中的通过采访工作拥有对期刊的"所有权"来实现提供服务的方式，随着藏刊结构的改变受到冲击，充分利用网络提供的电子期刊信息，将成为图书馆向用户提供期刊服务的主要手段之一，通过网络存取或提供可存取电子期刊的能力就变得比图书馆自身拥有这些期刊的实体更加重要，而那些本不属于图书馆自身拥有的信息资源，在无形中成为了图书馆馆藏的一部分，有些学者将其称为"虚拟馆藏"。网络化提供了利用虚拟馆藏资源不受时空限制的有利环境，因此，在图书馆期刊馆藏观念上，应由单一馆藏的观念转变为管理和利用网上各种信息资源。许多发达国家都早已认识到充分利用电子信息资源的重要性以及彻底改变图书馆采访观念的必要性。美国研究图书馆协会（ARL）在其 117 次年会上提出新的采访观念，并以此确定了评定图书馆馆藏质量的标准："ARL 成员馆的资格和定级应根据其对联机或计算机网络资源的检索质量来决定，而不是由图书馆采访质量来决定……"所以说，现代化图书馆期刊采访观念中最基本的一点就是：重新定位图书馆馆藏期刊的发展目标，促使图书馆从一馆封闭式的自我建设转变成为网络的、区域的、全国乃至全球的信息资源的掌握和选择。

3. 调整采购策略，确定适应新形势的期刊收藏原则

电子期刊的出现，打破了印刷型期刊一统天下的局面，也为图书馆工作由文献服务向信息服务转化提供了保证。电子期刊和网上期刊有着许多印刷型期刊不可比拟的优点，使原来人工无法做到的短期内检索查阅原文和筛取信息的工作在计算机上变得轻而易举。它占用空间少，传递方便，易于保存，可供多人同时使用，信息贮存量大，检索方便，所以要充分重视对电子期刊的采购。目前，我国出版的中文电子期刊还不多，但它却是将来的发展方向。所以，必须从观念上正确认识电子期刊收藏的必要性，采购人员要关注电子出版业的发展，并逐步扩大电子出版物的比例，以适应信息社会和图书馆事业发展的需要。

# 第三章 期刊的采访与分类标引

## 第一节 期刊的采访

期刊的采访是期刊工作的基础，也是期刊建设的重要环节。由于期刊有不同于图书的特点，所以在期刊的采访工作中，也应该结合这些特点来进行。为了提高期刊的馆藏质量，各个图书馆的期刊采访人员要结合各馆的方针任务及读者的要求，有目的、有计划、有针对性地订购自己所需要的期刊，以便更好地为读者服务。

### 一、期刊采访程序

和图书的采访一样，期刊的采访也有一定的程序，通常要经过如下几个步骤。

1. 搜集征订目录

我国期刊的征订目录一般都使用《全国报刊简明目录》和各个专业期刊的征订目录。期刊的采访人员要经常浏览期刊目录，及时了解出版动态，经常进行读者需求情况的调查。

2. 填写订单汇款，办理订购手续

我国期刊的征订工作一般每年有 4 次，但是一般地说，图书馆都是在每年的 10 月征订一次。采访人员要结合本馆实际和读者需求及时征订。对有特殊需要的读者要及时掌握情况，以便订购时做到胸有成竹。

3. 查询提取期刊，做好验收登记工作

期刊和图书一样也有一个到馆验收过程，这个过程十分重要，它为期刊工作的各个环节奠定基础，因此要求认真负责，做到不出或少出差错。

4. 查询整理收据，办理结账手续

期刊的订购收据是结账时的凭据，要注意妥善保存，及时整理，以便办理结账手续。

下面分别介绍中文期刊和外文期刊的采访过程。

## 二、中文期刊的采访

由于期刊的发行渠道不同，所以各种中文期刊采访技术和方法也略有差异。

1. 邮发期刊的订购

邮发期刊就是通过中国邮政总局发行的期刊，邮发期刊每年征订 4 次。图书馆可以结合本馆的情况在年终，即每年的 10 月份征订一次即可。期刊采访人员拿到征订目录后，要汇总各方面的要求，确定哪些期刊续订，哪些期刊停订，对一些利用率低的期刊要及时调整。

2. 函购期刊

即通过邮局发函订购的期刊。这类期刊的采访比较复杂、零散。首先要随时注意搜集各类期刊的征订信息，既可以通过广告获得，也可以通过已订购期刊中的订单获得。其次，要根据订单正确填写征订信息并通过邮局汇款。

## 三、外文期刊的采访

外文期刊的采访主要是通过世界图书出版公司和中国图书进出口公司进行的。外文期刊通常是不限期的预订，主要征订目录是世界图书出版公司出版的《外文现期期刊目录》和中国图书进出口公司的《外国报刊目录》。其采购方法和手续基本与中文期刊相同，只是一些比较特殊的外文期刊有自己的规定，采访人员可以在订购时参考。

## 四、期刊验收与登到

期刊的验收是指对刚到馆的散本现刊进行检查的工作，而期刊的登到则是对陆续到馆的现刊进行的初步登记。期刊的验收与登到标志着期刊采访工作的结束。

1. 期刊的验收

由于期刊采访的途径不同，因而验收的项目和重点也不相同。例如，邮发期刊验收时应该注意有无破损、是否少页或倒装、是否缺期、是否停刊、合刊或增刊等。如果是函购期刊，则要验收收件地址、单位，核对投寄方式，启封开包后要核对刊期，检查收到的期刊品种、复本、刊数是否与订数相符，核对无误后方可盖馆藏章。有时要对附件进行处理，附件通常是一些收据、订单、勘误表等。

54

外文期刊的验收方法与中文函购期刊的验收方法相同，这里不再赘述。

2. 期刊的登到

期刊的登到就是指期刊到馆原始情况的记录，它可以为管理和利用查询提供第一手资料和依据。一般地说，期刊登到以年代划分，首先输入年代，然后是期刊名，确定属本馆预订的期刊，将其期数、份数登录，如果发现有错发的期刊或缺期的期刊，要及时联系，予以补充，以保证期刊的连续性。

## 五、在线订购

1. 期刊在线订购模式

期刊在线订购套用一般电子商务的模式：信息—订购—支付—确认—配送—售后服务。它们提供的一些具体功能有：向用户提供期刊目录的电子版或虚拟版，以供用户下载、订购；提供多途径检索方式，方便用户检索所需期刊；提供期刊的内容简介、出版信息、部分题录、部分全文，提供封面欣赏及期刊在线评论，以便作为用户选择期刊时的参考；提供期刊栏目介绍、联系方式，方便用户投稿或直接与编辑部的交流；提供该网站的相关资料，使用户了解其渊源，增加亲和力和可信度；提供联系方式方便与用户的交流，以提供特定用户订购计划和要求、对网站的意见和建议等；提供论坛供用户在网上发表对期刊发行、内容等的见解，提供用户之间交流的场地；提供用户注册及特有的优惠政策；对用户提供过往订单的查询和打印，提供 MARC 数据下载服务以方便期刊的规范化管理；网上期刊订购信息的传递；安全认证、数字签名、网上结算和支付，并提供正式发票；期刊配送；缺刊查询及售后服务。

2. 期刊在线订购的程序

一般包括：联机上网，通过浏览器访问期刊在线订购的网站；会员注册；浏览征订书目，特别要关注新刊推荐、专题推荐、销售排行榜和网上期刊评价、网上期刊论坛、友情链接等栏目；根据订购原则选择所需期刊，通常是点击所选期刊后的"放入购物车"、"选购"等标志；可查询购物车，确定后，发送订单；填写电子订单，包括姓名、详细地址、支付方式等；查询所提交订单的执行情况，一定时间期限内可更改和取消订单；网上支付、安全认证、数字签名，可采用电子结算、电子货币支付、计算机账目自动核算，期刊配送查询；索取发票，结账；下载 MARC 采访数据或标准数据到本地期刊数据库中。

## 第二节　期刊的分类

### 一、期刊分类概述

　　一般地说，各类图书馆无论其规模大小，都根据自己的馆藏体系收藏着大量庞杂的期刊。因此，如何使这些期刊多而不乱、有条不紊，以便于管理和使用，同时能够使读者从中找出符合自己特定需要的信息与知识，是图书馆的又一项基本业务。这就需要图书馆工作人员将期刊加以科学、系统化的组织，将无序的期刊变成有序的期刊，让庞大数量的期刊形成一个内在联系的有机整体，使工作人员更加科学地管理，使读者更加简单、有效地利用期刊。根据图书馆的传统，一般来说，期刊的组织管理有两大任务，一个是确定期刊的排架系统，另一个是建立期刊的检索系统。

　　确定期刊的排架系统一般有两种方式：第一种是根据期刊的外表特征，如期刊名称的字顺排架、按流水号排架，还有根据期刊的 ISSN 号、CN 号、邮发代号等进行的排架方式；第二种是根据期刊的内容范围的学科属性和特征进行分类排架。期刊分类排架就是根据一定的标准和规则按期刊的内容范围的学科或专业属性等特征对期刊进行划分，把内容与性质相同的期刊组织在一起，内容和性质相近的期刊安排在毗邻的位置，把内容和性质不同的期刊分开来，加以区分，给予分类标识，以达到把全部期刊科学地组成一个体系的目的。这样科学的划分，使读者能够从所需信息和知识的专业角度来获取，并能更快捷地找到相关或相近的资源。从满足特定读者的特定需要方面看，第二种方法优于期刊的其他排架方式，最大限度地满足了读者的需要。因此，目前大多数图书馆尤其是一些大中型图书馆和高校图书馆都采用第二种排架系统来组织期刊。为此，就要利用期刊的分类方法。但是长期以来，国内各图书馆使用的期刊分类表不一致，有的使用《中国图书馆分类法（简表)》，有的使用《外国报刊目录》中的分类表（主要用于类分外文期刊），有的则根据自己实际馆藏自编符合自己需求的期刊分类表。为了便于统一分类，使图书馆的业务标准化，《中国图书馆分类法》（以下简称《中图法》）编制委员会结合中外文期刊的编辑出版情况编制了《中国图书馆图书分类法期刊分类表》（简称《期刊表》），为期刊的分类向国际标准化发展奠定了基础。《期刊表》经过多次修改后，1987 年 2 月由书目文献出版社正式出版。这是我国第一个专门用于类分国内外期刊的分类表，结束了我国期刊分类借助图书分类法的历史。8 年后，即 1993 年 10 月以《中图法》（第三版）为基础，经过修改后的《期刊表》出版了第二版。1999 年，《中图法》（第四版）出版，但《期刊表》未能同步修订出版，导致很多用户不得不转向使用《中图法》（第四版）类分期刊，给用户制定"使用本"带来不少困难。2010 年，《中图法》（第五版）出版后，为满足广大用户的需求，《中图法》编委会决定对《期刊表》（第二版）进行修订，2012 年 8 月《期刊表》（第三版）正式出版发行。

为了更好地学习使用《期刊表》，我们首先要了解期刊的特点，研究期刊分类的意义和作用。

## 二、期刊分类的意义

原中国科学院院长卢嘉锡院士曾把期刊比作科研工作的"龙头"和"龙尾"。在各类型文献中，期刊以其出版周期短、时效性强、覆盖面广、具有连续性等特点，成为报道最新情报、反映最新科学研究动态和科研成果的最佳信息载体。据统计，人们在科学研究中所获得的有效信息，50% ~ 70% 来自于各种学术期刊，其余信息则广泛分散在其他各种文献类型中；在很多高校图书馆，期刊经费几乎占图书馆经费的一半以上，有的甚至更多，达到了80%；而期刊管理工作人员一般占图书馆人员的1/5。统计表明，2011 年，我国编辑、出版发行的期刊达到了 9 849 种，其内容基本覆盖了社会科学和自然科学领域，出版地区则遍及全国各地，呈现出丰富多彩、蓬勃发展的可喜局面。这些期刊在推动科技进步和社会发展过程中，具有不可替代和难以估量的作用。因此，期刊工作在图书馆的整体格局中居于十分重要的地位，以期刊为对象的采集、加工、整理、存储、传播、期刊信息资源的管理、开发和利用等一系列活动，已成为图书馆工作的重中之重。可见，规范和加强图书馆的期刊分类管理工作是非常必要也是非常重要的。

## 三、期刊分类的标准

我们在对图书进行分类时，所遵循的最基本原则就是要根据图书的内容及学科属性来确定该书的学科属性，应归属何类。期刊和图书都是知识的载体，《期刊表》也正是在《中图法》基础上衍生出来的，因此图书的分类原则、理论和方法大都适用于期刊分类。但是，不能因为图书分类的理论和方法基本适用于期刊分类，就完全照搬图书分类的理论和方法。期刊有其自己的特点，有不同于图书之处，所以期刊分类亦有不同于图书分类之处，应按照期刊自身的特点在类分文献时作不同的处理。

众所周知，无论是综合性的还是专业性的期刊，也无论是学术性的还是普及性的期刊，它们在出版形式、内容范围、体裁选择、阅读对象上都具有与图书大不相同的特点。期刊的内容一般综合性强，每期刊载的文章篇数多，且内容广泛，常常是一种期刊的内容涉及多种学科。为了使这些数量庞大的信息和知识便于管理和使用，就需将期刊加以科学地组织分类，编制与之相符的分类目录并进行分类排架，使数量庞杂、内容丰富的期刊形成一个内在联系的有机整体。因此，类分期刊时一般都遵照"宜简不宜繁"、"宜粗不宜细"的特点和标准。

在传统的期刊管理工作中，不同的图书馆采取了不同的期刊排架方式，除分类号排架外，还有流水号排架、期刊刊名字顺排架、期刊 ISSN 号、CN号或邮发代号排架等。因此，大多数人对期刊分类的意义认识不足，不予重视，这也直接影响了期刊分类工作的质量。其实，期刊分类的特点如"宜简不宜繁"、"宜粗不宜细"只是针对期刊所区别于图书的特点而指出的在期刊分类中应注意的问题，这绝不能成为不重视期刊分类的理由。事实上，由于一些图书馆对期刊分类"宜简不宜繁"、"宜粗不宜细"等特点的误解，在分类过程中常出现粗、细皆不宜的问题。

此外，对期刊排架方法也要慎重选择，虽然期刊排架比较灵活，方法多样，但分类排架优于其他排架方式，是一种便于读者熟悉、查找、利用期刊，便于工作人员推荐期刊和方便管理的科学方法。目前，随着图书馆的不断发展，绝大多数期刊阅览室已完全开架，因此分类排架便成了读者"依类求书"的依据，同时也方便了工作人员的日常管理工作。因此，在现代图书馆中，我们应当重视期刊分类的检索作用和排架功能并积极实施利用起来。

## 四、期刊分类的特点

期刊又名杂志，就说明了期刊的最大特点是内容庞杂。无论是综合性期刊还是专业性期刊，除去内容的范畴有大有小之外，内容庞杂则是共通的。要了解期刊的分类特点就要研究期刊分类与其他类型文献分类，特别是与图书分类不同的地方。

1. "宜简不宜繁"、"宜粗不宜细"

期刊分类的这一特征，是由期刊内容本身所决定的。一般来说，每一种期刊由于都是连续出版的，所刊载的信息量大，内容广泛，概括性、综合性强。常常一种期刊的内容涉及许多领域，因此，作者多，文章多，体裁多，这就是期刊与图书的最大区别。

据对 1 120 种期刊内容所进行的统计表明，涉及七个学科的期刊就占总数的 7%，涉及六个学科的期刊占 13%，涉及五个学科的占 16%，涉及四个学科的占 22%，涉及三个学科的占 16%，涉及两个学科的占 15%，内容集中在一个学科的期刊只占总数的 11%。这就表示，除了最后这 11%之外的大部分期刊都属于多学科的综合性刊物，分类时只能分入某些大类或不同内容所共属的上位类，这就是期刊分类"宜简不宜繁"、"宜粗不宜细"的由来。实际分类工作也是如此。根据对 3520 种中文期刊分类进行统计，其结果是：分入一级类目的有 1 771 种，占 50%以上；分入二级类目的 410 种，占 11%以上；分入三级类目的 686 种，占 19%；分入四级类目的 384 种，占 11%；分入五、六级类目的 269 种，仅占 7%以上。例如，以选收全国报刊重要文章的综合性期刊《新华文摘》来说，它的内容非常丰富，除作者多、文章多以外，体裁也是多种多样的。以文章形式来说，有全文转载的，有以文摘形式刊登的，有综合性报道的，也有目录、索引。以文章体裁来说，有论文，有文摘，也有文学作品；文学作品中又有小说、散文、诗词、剧本、报告文学等。再以美术作品来说，有版刻、油画、中国画等。

总之，内容既是综合性的，形式又是多样性的，这在图书中是不太可能出现的。再如，以专业性期刊来说，新中国成立前出版的《小说月报》不仅有小说，还有论文、随笔、通讯等；不仅有中国作品，还有外国的作品；不仅有白话文，还有文言文。因此，在类分这些文献时不能只按照其中某种学科或部分内容来类分期刊，而要从整体上把握分类。这些期刊的特点，都决定了我们在类分期刊时要把握"宜简不宜繁"、"宜粗不宜细"的量度，满足类分文献的专指性要求，即把文献分入与其主题范围相一致的类目，而不能分入范围大于或小于文献实际内容的类目。

2. 实用性

在用途方面，期刊的情况十分复杂，按文献内容的学科性质进行分类无疑是类分一切类型文献都必须遵循的原则，同时也要使文献能尽其所用。结合各类图书馆的性质、任务和读者的要求将文献分入最有用的类别，以便最大限度地发挥该文献的作用。

以《工程数学》图书为例，如果读者对象是工程技术人员，则可归入 TB11，如果读者对象是以数学专业的工作者为主，则可归入 O29：TB11。这样看来我们在对图书进行归类时关于读者对象方面的因素多放在内容之后来区分考虑。而期刊的情况却恰恰相反，归类时常常出现要突出用途，突出读者对象，以符合实用性的要求，这时内容反而处于次要地位，这就造成了很大的矛盾。例如《中国青年》、《中国妇女》，从内容上来说，它们都是综合性刊物，内容都涉及政治、思想、文化、教育、工作、生活等许多方面，具有知识性、思想性、趣味性的特点，但这两种刊物都有特定的读者对象——前者着重从青年角度论述，主要对象为青年；后者侧重从妇女角度论述，主要对象为妇女。对此特点，《期刊表》对待特定读者对象的期刊设有专类，所以分类时前者应分入 D43 青年、学生类，后者归入 D44 妇女类，而不应该把它们统一归入综合性图书类目。由此我们应注意，在期刊分类的过程中，应注意特定读者的对象，根据需要以特定读者对象进行分类。但是那些专业性的刊物，还是应该以内容的学科属性归类，这是必须予以区别的问题。例如，《当代大学生》以读者对象应归入 D43 青年、学生类，《地震研究》以学科属性应归入 P315 地震学类，《中国地质》同样以学科属性应归入 P5 地质学类。再如，一次文献期刊和二次文献期刊的分类，前者主要按其内容的学科性质分类，后者则按编制方法和用途（如文摘、索引等）进行分类。例如，《计算机应用》应归入 TP39，《人民日报索引》则应归入 Z89。

3. 学科的倾向性

前已提及，一种期刊往往涉及很多的学科内容，如果一概以"相加求和"的方式归入概括、综合性类目，势必使得很大一部分甚至于半数以上期刊集中于此，这样就不能显示分类的作用和优越性，不能满足读者按类查找的需求。所以，期刊分类时还要抓住其学科的倾向性进行归类。期刊载文内容的学科性质是期刊分类的主要依据，如何准确判断期刊内容的学科性质，杜绝或减少分类错误的现象呢？

首先，期刊分类的工作人员应有严谨的工作态度，不能单凭期刊的题名分类，不能将题名作为归类的唯一依据。其次，工作人员要有系统的知识结构，工作中注意积累，多交流，虚心请教，拓展自己的知识领域。再次，工作人员应认真研究期刊编辑部的征稿简则（启事）、征订启事、有关文章以及论述期刊学科性质的专家论文。这也是准确判断期刊载文内容学科性质最可靠的方法。期刊编辑部掌握着自己所办期刊的学科性质，因此他们提供的学科性质准确性最高。

在办刊的过程中，为使更多的作者能够围绕期刊的学科性质选题赐稿，同时也为了方便读者或图书情报部门有针对性地订阅期刊，各期刊编辑部一般都在征稿简则（启事）、征订启事或有关文章中简洁地或详细地介绍所办期刊的学科性质。期刊分类工作人员要经常注意研究这些简则、启事和文章，特别是对于那些学科性质尚不清楚或新创刊的期刊，只有掌握每种期刊内容的学科性质，才能准确地进行期刊分类。期刊分类人员的知识领域是有限的，在期刊载文的学科性质已经渗透到哲学、社会科学、理科和工科各个领域的情况下，任何一名期刊分类人员都不可能通晓所有期刊的学科性质。即使是本馆订购的少则几百种、多则几千种的期刊，也需要一定时间的认真学习、探讨才能逐步掌握。特别是新创刊的刊物，必须设法获取数据，准确判断学科性质后才能分类。例如，《理化检验》这种期刊是分辑出版的，在对物理分册和化学分册归类时，有些图书情报机构把它们分别归到"O 数理科学和化学"大类目中的"O4 物理学"、"O6 化学"，这是学科性质判断有误而造成的分类错误。我们仔细查找一下由编辑部所提供的对本刊物的介绍说明就会发现，该说明已明确指出了该刊的刊载专业范围——"《理化检验——物理分册》为应用性技术刊物。主要报道金属材料的金相检验、金属物理测试和力学性能试验等专业领域的新技术、新方法以及应用性的研究成果。始终追踪材料测试领域的新动向、新热点……"，再结合该刊的主办单位的学科属性，不难看出，该刊的学科性质应属于"TG 金属学、金属工艺"的子类目"TG115 金属分析试验"。再查看化学分册的杂志简介，指出"主要报道材料的化学分析与仪器分析领域的新方法、新技术、新设备……"，由此我们则不难将其正确归类。再如，《地质科学》和《环境地质学》这两种期刊，虽然均刊载有关地质学方面的文章，但两刊都不能归入地质学综合性类目，而要根据各刊的主要专业倾向分别归入 P5 地质学和 X1 环境地学中。

4. 变化频繁

除了内容和用途方面的差异外，期刊在出版上还有一个特点，就是更名、合并、停刊、创刊等现象。据新闻出版总署计划财务司发布的统计数据表明，2000 年我国出版的中文期刊，包括公开出版和内部发行的共有 8 725 种；2003 年编辑、发行期刊 9 074 种；2011 年编辑、发行期刊 9 849 种。随着社会办刊环境的变化和新闻出版行政管理部门政府职能的转变，期刊业呈现全面发展和繁荣的趋势，每年的期刊种类和期刊数量都在增长。但是在长期出版过程中由于受办刊条件、发行量、社会效应、经济利益、市场竞争等诸多因素的影响，一些刊物会做出相应的调整，比如改刊、更名等。有的刊物在更改名称之后，内容也会发生相应地改变。这时就需要期刊分类管理人员及时了解相关信息，做好相应刊物的调整、管理工作。

从期刊的管理角度来说，一种期刊如果仅仅更改了名称，通常不应该作为另一种期刊处理，不用重新分类，但应当将改名前的期刊与改名后的期刊以一定的方式连接起来，著录时在相应的参照卡片或机读目录附注项中加以说明即可；如果期刊内容和形式都有了很大的变化，甚至是完全更改，则应该作为一种新的刊物处理，并重新归类，但这种情况很少发生。一般情况下，期刊的合并和分辑出版的情况比较多，就是几种期刊合并成一种刊物出版，或一种期刊分成两种或两种以上的期刊出版，比如我们前面提到的《理化检验——物理分册》和《理化检验——化学分册》就是由《理化检验通讯》沿革而来。这时内容与原刊相比则有相应的扩大或缩小，当遇到这种情况时，我们在分类过程中应更加注意，在根据其内容和编辑说明及时地调整类号的同时，也要对原来的期刊与新期刊的连接问题作一定的技术处理，即著录中的说明，便于管理和读者的使用。

# 第三节　期刊分类表及其使用方法

## 一、分类表概述

前文已经介绍到，目前，我们类分期刊的依据是国家图书馆出版社 2012 年出版的国家图书馆《中国图书馆分类法》（以下简称《中图法》）编委会编制的《中国图书馆分类法期刊分类表》（第三版）（以下简称《期刊表》（第三版）），这是我国目前最新的一部适用于期刊分类的分类表。该表是在《中图法》第四版、第五版和《期刊表》（第二版）的基础上，根据期刊的特点加以修订而编制出来的。

《期刊表》（第三版）的体系结构和标记制度与《中图法》相同，共分五大部分，22 个大类，《期刊表》中的许多类目或类目注释都是取材于《中图法》中的正式类目，大小类目共有近 2 000 个，其中主表类目 1 500 多个，附表类目 460 多个，约一半以上的类有类目注释，交替类目 79 个。考虑到报纸的分类管理和检索利用等问题，修订后的类表兼具类分报纸的职能，但类表名称仍沿用原名不变。

该分类表包括主表和三个附表（形式复分表、世界地区表、中国地区表）。二级类目包括信息（情报）刊物、综合性知识性刊物、学报、知识普及性刊物、画报、文献目录检索性刊物等。其他类名除略有变动之外，基本大类均与《中图法》的相同，主表体系也与《中图法》一致，只是结合期刊特点作了适当的调整。

该表的分类深度与第二版相同，哲学、社会科学各类最深可达到 4 级；自然科学和工程技术各类最深不超过 5 级。

## 二、主表

《期刊表》（第三版），结合《中图法》第四版、第五版，在该表第二版基础上，对某些类目进行了修订。修订原则是：维持原编体系、结构和标记制度不变，在原编类表的基础上进一步充实、完善、提高。具体变更如下：

1. 对某些类目进行了增补、删改、订正和调整

（1）通过增加新主题类目、扩充下位类等方式新增类目450多个。

（2）对无文献保障或过时或列类不当的类目进行了删除，共删除类目230多个。

（3）为保持与《中图法》（第五版）体例一致，修改类名、类号约160多个类，调整类目体系、改变类目性质约23个类。

（4）为明确类目使用方法或扩充类目使用范围，共增补、修改类目注释约291条。

2. 确定了特别处理的大类、重点修订大类和局部调整大类

（1）对A大类进行了特别处理，规定可采用选择使用法。若不愿集中A大类文献，可按文献性质及学科内容分散处理。

（2）D类、F类、G类、R类、S类为此次重点修订大类。其中，F类增删改类目数量最多。

（3）对E类、F类等进行了局部体系结构调整，为与《中图法》（第五版）体系保持一致，如将原E33/E37各国军事调整为E3/E7，原E4军事后勤、E5各军兵种、E7军事教育、军事训练、E89军事史分别调到E1、E2相应类下；将原F311/F317世界各国农业经济概况调整为F31/F37，原F32/F38农业各部门经济集中到F316有关各类；将原F411/F417世界各国工业经济概况调整为F41/F47，原F421/F485工业各部门经济集中到F416有关各类。

3. 对类目、注释进行规范化处理

完善类目参见注释，补充类目反向参照。首先区分"参见"和"见注"；其次补充需要建立反向参照的注释，修改盲参照的参见注释。

（1）所有注释按类型分段显示，规范了总论、专论注释说明。

（2）增加了说明款目（指示性类目）、明确类目的使用方法，如"D73/D77各国政治"、"E3/7各国军事"等。

（3）保持和《中图法》的一致性，将法律二表原类号D（9）统一改用DF，并与D9同步修订。

### 4. 调整、新增交替类目

共计 21 个, 其中, 新增 9 个, 如 E27 各种武装力量 (各军、兵种), F129 中国经济史, D669 社会生活、社会问题、社会保障、社会工作, N019 法令、法规及其阐述等; 删除 2 个, 如 G769 犯罪青少年教育、工读学校, R179 儿童、少年卫生; 从使用类改为交替类 5 个, 如 TE99 石油、天然气工业环境保护与综合利用, TF09 三废处理与综合利用; 从交替类改为使用类 5 个, 如 C913.5 青年生活及问题, Q91 古生物学, TJ86 航天武器 (太空武器) 等。

## 三、附表

此次修订, 附表新增类目 70 个, 修改类名 25 个, 增补注释 42 条。
附表主要有形式复分表、地区复分表, 下面分别说明。

### 1. 形式复分表

这是为适合期刊出版的实际情况而编制的, 主要用于综合性刊物的细分, 使同一学科内容的刊物可以按出版特征或用途进一步细分。如果一种期刊的内容涉及形式复分表中两种以上区分标准时, 只能选择其中的一种作为复分的依据, 加以标识。《中图法期刊表》(第三版) 的形式复分表新增 -39 信息化建设、新技术的应用, " -79 非纸刊物、试听刊物" 及相应下位类, 共设置 23 类, 其内容包括:

- -0　　学术理论性刊物
- -1　　信息 (情报) 刊物
- -2　　机构、团体、部门、会议工作性刊物
- -3　　科学研究工作及管理
- -4　　教育与普及
- -7　　文献目录、检索类刊物

主表中的任何一级类目均可使用形式复分, 复分时将形式复分号直接加在主类号之后。但是, 如果主表中的个别类目已具有或隐含有形式复分表的某些区分内容时, 无论号码是否一致, 均不能再使用形式复分表。

### 2. 地区复分表

世界地区表和中国地区表统称为地区复分表, 用于主表中注明 "依世界地区表分" 或 "依中国地区表分" 的类目。使用时将复分号直接加在主表分类号之后即可。主表中某些类目的号码已具有世界各大洲的含义, 如果需要在根据地区表来复分, 应相应去掉本表中表示该洲的与主类号重复的号码。

例如在"D 政治、法律"中有如下类目：

D73 亚洲各国政治

D74 非洲各国政治

D75 欧洲各国政治

D76 大洋洲各国政治

D77 美洲各国政治

一般图书馆可依主表进行分类，对于专业图书馆或期刊入藏较大的图书馆或对分类排架较细致严格的情报机构，则可根据自身的性质、任务和刊物入藏情况，依世界地区表对上述类似的类目按国家进行细分。例如：

D7313 日本政治

D7712 美国政治

在"世界地区表"新增 63 个类目，如"19 按语种、人种、宗教、集团区分的地区"，"198 古代地区"，"8 外太空"，"555.5 黑山共和国"等；对"中国地区表"明确了使用说明，增补注释。

经修订的"世界地区表"均通用于《中图法》、《资料法》、《中图法（简本）》和儿童图书馆、中小学图书馆版等版本。

就《期刊表》（第三版）的分类深度而言，哲学、社会科学各类最深可达 4 级，自然科学和工程技术各类最深不超过 5 级。形式复分一般用于主表一、二级类目，专业图书馆或期刊收藏量较大的图书馆，则可根据自己的具体情况，决定形式复分用于哪一级类目。地区复分表也是如此。

# 第四节　期刊分类的基本原则及方法

## 一、分类的基本原则

### 1. 综合性期刊根据其内容直接将其归入各大类

所谓综合性期刊是指期刊内容包括社会科学和自然科学或期刊内容涉及社会科学或自然科学内两门以上的学科的刊物。若单独囊括一门学科，则根据学科性质归入"C0 社会科学总论"或"N0 自然科学总论"里。若是二者兼论则归入"Z 综合性刊物"。例如，《文史哲》应归入社会科学总论 C0；《自然界》应归入自然科学总论 N0；《人民画报》则是应归入 Z6。

### 2. 多科性期刊分类应注意"宜粗不宜细"

所谓多科性期刊实质内容涉及一门学科的各个分支、只能粗分而无法细分的期刊。这里所谓的粗分，也就是通常所说的期刊分类"宜粗不宜细"。但是，"宜粗不宜细"并不是粗分就是好，更不是越粗越好。期刊的分类其实与图书的分类一样，类分的正确与否，主要看能不能准确揭示期刊的学科内容，否则就会给读者检索和图书馆管理带来困难。比如《图书馆学通讯》、《出版工作》、《博物》、《图书馆工作研究》，若只粗分到 G2 信息与知识传播类，就会出现以下序列：

G2/1 图书馆学通讯

G2/2 出版工作

G2/3 博物

G2/4 图书馆工作研究

显然，读者若想查找图书馆学方面的期刊，是不可能去 G2 信息与知识传播类查询的，而这样类分的结果反而使同属图书馆学的期刊《图书馆学通讯》与《图书馆工作研究》分散了。所以，正确的分法应是能准确揭示其学科内容的类目，具体的分类是：《出版工作》分入 G23 出版事业；《图书馆学通讯》、《图书馆工作研究》分入 G25 图书馆学、图书馆事业，《博物》分入 G26 博物学。至于《图书馆学通讯》各期所包括的内容，如图书馆学、分类学、著录工作、读者工作、图书馆自动化管理等图书馆学的分支学科，则不必作为类分期刊的主要依据，只分到其概括性类目图书馆学即可，所谓的期刊分类"宜粗不宜细，宜简不宜繁"就是这个意思。

3. 内容涉及两个分属不同学科主题的期刊，分类时应根据具体情况分别处理

（1）参照《期刊表》和《中图法》有关分类指示或规定进行归类。如《中图法》中"R38 医学寄生虫学"类规定："兼论寄生虫学与寄生虫病的著作入 R53。"因此，在对《寄生虫学与寄生虫病杂志》分类时，应归入"R53"。

（2）如果分类表中没有明确的规定，分类时可按照如下原则进行归类。

①如果两个主题属并列主题，而且同属一个上位类，则可分入它们的上位类；也可针对读者的需要，按期刊名称中主题的排列次序归入第一个主题。这类刊物数量不少，分类时应注意。例如：《海洋与湖沼学报》入 P7 海洋学或 P343 陆地水文学、水文地理学（水相学）。

②如果两个主题属包含关系，即一个主题是另一个主题的上位概念，应归入上位概念的类目，例如：《中国草原与牧草杂志》入 S812 草地学、草原学。

③如果两个主题中有一个是重点主题，则按重点主题归入有关类目，同时对第二主题作附加分类。例如：《化肥与农药》入 TQ44 化学肥料工业，同时给以附加分类号 TQ45 农药工业，其类号为 TQ44 ∔ TQ45。

（3）内容包括三个主题的期刊可归入它们的上位类。例如：《岩石矿物及测试》入 P5 地质学。

4. 目录、文摘、索引的分类

期刊目录、文摘、索引一般称作检索性刊物，这类期刊的分类除了要注意考虑其内容的学科属性外，还应考虑图书情报部门自身的特点和方便读者使用的问题。一般来说，我们把综合性的期刊目录、文摘、索引归入 Z 综合性图书有关各类，专门学科性期刊目录、文摘、索引为方便读者检索有关期刊的资料，应随有关学科期刊一起分类，然后加形式复分表中的 −7 文献目录、检索类刊物；有些图书情报机构有集中此类期刊的传统，即将所有目录、文摘、索引类的期刊都归入 Z 综合性刊物中，然后再与有关各类进行组配。

5. 学报分类应注意的问题

关于学报的分类，按照一般图书馆的传统我们将它总结为两种选择，四种归类。

第一种选择是将学报集中在一起，并按一定的次序排列。集中归类有两个办法：一个是归入教育大类；另一个是归入综合性大类。这种选择不能充分发挥学报类型期刊的作用，而且现在很多高校的学报都同时出版社会科学版和自然科学版，内容完全不同，更多的专门性高校的学报内容则专业性较强，将这么多的学报勉强集中是没有意义的。由此可见，这种选择及两种归类办法是不适宜采用的。

第二种选择是将学报按内容归入各类。这里也有两种办法：第一种办法是严格地各归其类，但这样会造成一种学报由于内容不同的关系被分到不同的类目中去，特别是在学报的编号统一下，这种处理方法使刊物的号码不能相衔接，造成管理上的困难；第二种办法是将刊物集中在一类，再采取互见办法，使刊物中的一部分根据其内容在有关类目中的目录内得到反映。

6. 改刊、合刊、分辑期刊的分类

这类情况我们在第一节期刊分类的意义和特点中已做了简单的介绍。期刊改刊后，若其学科性质及编辑单位没有什么变化，只是名称做了一定的变更，无论其期号是否连续，可归入改名前的类目，分类号应保持不变，在原刊种次号后加辅助区分号予以区分。但若总期号仍连续编排，可视为同一种期刊只是改名而已；若期号改变重新编号，则应作同类期刊的不同品种对待；

若改刊后原刊与新刊相比学科性质也发生相应的改变，则应重新分类。例如，《邮电技术资料》改名为《四川邮电技术》，期刊的内容、编辑单位及总期号不变，分类时仍归入"TN91"，排架号也不变；但是《镇江工业机械学院学报》更名为《江苏工学院学报》，由于院校的合并，其学科范围也相应地扩大，期刊内容发生变化，因此由原农业机械变为理工科综合性学术期刊，分类时应按照新刊处理，并重新按学科性质归类，架位也要发生相应的改变。合刊、分辑后的期刊，一律作新种进行分编。对于分出更名和合并更名这两种情况，应具体问题具体对待。如果某几种刊在一个总刊名下分出许多分册，各分册有独立刊名，应根据各刊物内容单独分配类号。如《国外医学》分出《内科分册》、《外科分册》、《皮肤性病学分册》等刊，各分册类号完全不同。对于两刊或数刊合并的刊物，如果新刊名沿用原刊其中之一的，且卷期号与合并前连续，则类号不变；如合并后新刊内容发生较大变化，则应重新分配类号。

另外，对于学科内容专指度高的期刊，由于期刊分类表的类目较粗，如果按照期刊分类表难以确定期刊的类属，此时可按照其分类体系参考《中图法》的相应类目归类。例如，《按摩与引导》根据《中图法》类目内容归入"R24 中医临床学"。

除此之外，如果期刊的内容包括对某一学科的研究及其应用，分类时，要按照学科属性归类。例如，《数理统计与管理》的主要内容是普及数理统计学及科学管理的知识，可归入"O21 概率论与数理统计"，并加参见分类号C93；《控制理论与应用》可归入"TP1 自动化基础理论"。

## 二、各学科期刊的分类方法

1. A 马克思主义、列宁主义、毛泽东思想、邓小平理论

A 类修改类名，与《中图法》（第五版）保持一致。推荐选择使用法。

规定若不集中 A 大类文献，可按文献性质及学科内容分散处理。马克思、恩格斯、列宁、斯大林的综合性著作及其研究可入 D3 有关各类；毛泽东、邓小平的综合性著作及其研究可入 D2；马列主义、毛泽东思想研究，专论、专题汇编及其研究入有关各类。例如：《马克思主义在当代》若不集中入 A，可归入 D0 - 0；《毛泽东思想论坛》若不集中入 A，可归入 D610；《邓小平文艺》入 I0。

如果集中，有关马列主义、毛泽东思想的学习和研究均入此类。这一大类没有下位类，因此，分类时比较直接，《毛泽东思想研究》、《马克思主义研

究》、《毛泽东思想论坛》等均入此类。有关马克思主义哲学、马克思主义政治经济研究和科学社会主义理论研究应分别入"B0 哲学理论"、"F0 经济理论"和"D0 政治理论"。

### 2. B 哲学、宗教

B0 哲学理论的专题研究，如认识论、价值论、意识论等；哲学流派的综合研究，如唯心主义、经验批判主义（马赫主义）等哲学流派的综合研究。B1/7 世界及各国哲学包括各国哲学研究和哲学史、哲学流派、哲学人物述评。例如：《孔子研究》入 B22；《美国哲学动态》入 B7。B80/84 哲学范畴的各专门学科，包括思维科学、逻辑学、伦理学、美学和心理学。B9 宗教，包括对宗教的分析和研究、宗教理论与概况、神话与原始宗教、世界各宗教、术数、迷信。专论某学科领域的逻辑学、伦理学、美学和心理学，以及宗教文学、宗教艺术、宗教建筑、各国宗教管理事务等各入有关学科。例如：《心理辅导》入 B849；《青年心理咨询》入 B844；《医学心理指导》入 R395；《少林禅苑》入 B94；《西藏民族宗教事务》入 D635。

### 3. C 社会科学总论

此类置于社会科学各大类之首，包括两部分内容：一部分属于社会科学一般性问题，类目编排与形式复分表基本相同；另一部分是具有社会科学属性的综合科学，包括统计学、社会学、人口学、管理学、人才学等。

C0/79 包括社会科学共性问题或内容涉及全部或多个社会科学学科的刊物，包括兼收哲学与社会科学的总论性刊物。凡属于社会科学或人文科学领域中的某一专门学科，包括专论哲学的刊物入有关各类。C8/97 为具有社会科学属性的综合性学科类目，包括统计学、社会学、人口学、管理学、民族学及文化人类学、人才学、劳动科学等。

总论文史哲的刊物入"C0 社会科学理论"。大学哲学、社会科学学报等入"C031 大学学报"类。总论婚姻、家庭、残疾人问题的刊物入"C913 社会生活与社会问题"，例如《家庭》、《中国残疾人》等。总论统计及综合性统计报告、月报、年报等方面的刊物入"C8 统计学"，例如《中国统计月报》归入 C83 统计资料。各专科性的统计刊物入有关各专业的类目，例如《海关统计》应归入 F81。

分类时，应注意各专门学科类目的类目注释，依照类目注释正确归类。例如《管理现代化》应归入 C93 管理学，《企业管理》则应归入 F27 企业经济。

### 4. D 政治、法律

此类包括政治理论、世界和各国的党派、团体、政治事件与时事、政治制度、政治思想教育以及法律等。D0 包括科学社会主义、阶级、阶层、种族、民族、政党、政治团体、国家、社会政治等主题的政治理论，以及公共行政、公共政策等。D1/3 包括国际共产主义运动以及各国共产党的活动、历史、建设理论等。D4 包括世界各国工人、农民、青少年、妇女的综合研究以及组织活动等问题。D5/7 世界和各国政治，可按国区分，包括世界政治与时事、国际形势、各国政治制度、国家机构及行政管理、社会政治团体等。D8 包括国际关系理论、国际问题研究、国际事务、国际组织、联合国、国际关系、各国外交等。

中国共产党及党委机关刊物和理论刊物、党校报刊等均归入"D20 建党理论"。例如，《求是》应归入此类目。以工人、农民、青年、儿童、妇女为读者对象，以及有关团体出版的刊物入"D4 工人、农民、青年、妇女运动与组织"有关各类。例如《北京工人》入 D41；《当今农民》入 D42；《中国青年》归入 D43；《中国妇女》归入 D44。中国政治制度、国家机构、社会组织机构等入 D6 有关各类。《中华人民共和国国务院公报》归入 D62；中国农工民主党刊物《前进》归入 D66；中国地方研究刊物归入 D67，并依中国地区表复分，例如《台湾研究》归入 D675.8。

D9 法律第一分类体系，包括法学理论、法学各部门，各国法律、法制总论及其评论研究。DF 法律第二分类体系同样包括法学理论、世界各国法律（总论）、法学各部门（法律类型），它不同于第一分类体系，各类型法律不先依国区分，满足法律专业单位选用。如：《外国法译评》入 D91；DF1；《监狱管理与实践》D916；DF8。

### 5. E 军事

此类内容的刊物一般包括军事理论、国防建设、军事制度、军事组织、军事技术等。国内公开出版的军事刊物较少，而国外的则较多，《外国报刊目录》收录有 400 余种。分类时，按分类表有关规定归类。E1/7 包括世界各国军事与国防建设、军事制度、军事组织与活动、军事装备工作、后方勤务、作战指挥等。世界各国各种武装力量（各军、兵种）均集中归入 E15，世界各国军事史、战史均集中归入 E19，军事学术史、军事思想史研究入 E09。E8/99 包括军事战略战术、军事技术、军事地形。例如：《军事史林》入 E09；《中国空军》入 E15；《中国军法》入 E2；《现代轻武器》入 E92。

对于军事专业院校也可参考《中图法》（第五版）E 大类的有关类目进行

细分。

### 6. F 经济

F 类包括经济学理论、国内外经济概况、经济管理理论与方法、部门经济四部分的内容。"F0 经济学理论"类收入经济学的综合性刊物，例如《财经研究》可入此；有关各经济学分支学科的期刊，包括政治经济学、经济史，以及各经济流派的刊物，例如《比较经济学杂志》、《经济计量学》等也入此类；专论各国或国际经济的期刊则入"F1 世界及各国经济"，例如《日本经济研究》依世界地区表复分，可归入 F131.3；《国际经济剖析》入 F11；有关经济计划与管理，包括经济管理范畴的理论与方法的刊物入"F2 经济计划与管理"，例如《中国物资流通》的分类号为 F25；"F3/8 部门经济"，基本上是按产业结构区分和排列的，如"F3 农业经济"、"F4 工业经济"、"F5 交通经济"等。总论销售学、广告、橱窗陈列、工商行政管理的期刊入"F71 国内贸易"；中国城乡贸易、集市贸易类刊物入"F723 市场"；中国商品行情类刊物入"F726 物价"；商品介绍类则入"F76 商品学"。

### 7. G 文化、科学、教育、体育

该类为一般所说的文教事业，此大类报刊包括文化理论与各国文化事业、信息与知识传播、科学学、科学研究工作、教育和体育。总论文化和文化工作、文化交流、网络文化、文化事业史等内容的刊物入 G0 和 G1 有关各类；G2 为信息与知识传播业，新闻、广播、电视、出版、图书馆、博物馆、档案馆、文化宫、歌舞厅等各传播媒介及文化娱乐场所的活动、工作及理论研究等方面的刊物分别入 G21/27 各类。例如《中国记者》入 G21；广播、电视节目的刊物宜入"G22 广播、电视业"，例如《广东电视周刊》入此。广播、电视技术内容的刊物则入"TN93 广播"、"TN94 电视"等有关各类；兼论图书馆工作与情报工作的刊物入"G25 图书馆事业、信息事业"；有关文献、图书的研究、宣传与评论的刊物则入"G256 文献学、图书学"，例如《中国科技期刊研究》应入此；有关文献复制方法与设备入"G258.9 图书馆、信息机构建筑和设备类"；有关科学学、未来学、科学研究预测以及科学研究的综合性刊物应入"G30 科学研究理论"；科技管理的刊物应归入"G31 科研工作"。教育类中，各省、市、自治区教育厅（局）编辑出版的关于中小学的教育刊物应归入"G63 中等教育"中。成人教育的刊物应归入 G72。我国中小学各科教学与教学参考的刊物较多，按《期刊表》（第三版）的类目注释，宜入有关各类，亦可入中小学各科教育。大学各科教学的刊物均按学科性质归类，例如《大学英语》应入 H31－4。各种体育运动和文体活动则入"G8 体育"。

气功则入"R247 气功保健、气功疗法"。

8. H 语言、文字

《期刊表》（第三版）H0 未设下位类，新增类目 1 个，如 H319 英语教学。删除类目 5 个，如 H102 汉语规范化、普通话，H11 语音，H12 文字，H14 语法、修辞，H17 方言。增补、修改注释 5 处，如 H0 语音学，H1 汉语，H19 汉语教学，H6 南亚、南印、南岛等语系，H7 印欧语系等。分类时，如果期刊的内容是总论语言学问题或研究各国语言间的区别、词汇的理论与实际的刊物，应归入"H0 普通语言学"；我国出版的汉语翻译、修辞等刊物则应归入 H1 有关下位类。研究中国少数民族语言的刊物入"H2 中国少数民族语言"类；用少数民族语言出版的刊物则应入"Z71 中国少数民族语文刊物"类中。

9. I 文学

有关文学理论和文学作品的刊物均入此。总论文学艺术的刊物也应归入此类。文学作品均应先按著者所属国家分，之下再以文学体裁集中。例如《文学理论研究》应入 I0。在对文学类刊物分类时应注意根据刊物的内容，根据需要按世界、中国、各国的地区区分。中国文学类刊物如果包括作品与评论应入 I20；文学作品与评论则入 I21/299 有关各类；电影、电视故事刊物归入"I235 电影剧本、电视剧本"。如果是兼收戏剧文学剧本与有关戏剧艺术演出内容的综合性刊物则入"J8 戏剧艺术"，这些区别工作人员在分类时应予以区分。

10. J 艺术

有关世界及各国艺术理论综合研究的刊物，以及造型艺术——绘画、书法、雕塑、摄影艺术、工艺美术等，表演艺术——音乐、舞蹈、舞台艺术等，综合艺术——戏剧艺术、电影、电视艺术等的刊物均入此。论述摄影艺术并兼收摄影艺术作品的刊物入"J4 摄影艺术"，专门报道祖国美好山河和建设成就，供一般阅读的综合性知识画报宜入"Z6 综合性画报"类；电影、电视艺术入 J9 相应的类目，电影、电视评论、简介和有关画报也应入此，分类时应注意与"I235 电影剧本、电视剧本"的区分。有关电影、电视技术和设备内容的刊物则应入"TB8 摄影技术"类。建筑艺术、美术考古等归入 TU、K 有关各类。

11. K 历史、地理

本类包括历史和地理两种学科。历史仅收人类社会发展史和与之有关的专门学科——人物传记、文物考古、风俗习惯等，专史、专志入有关各类。本类地理学仅收人文地理学方面的刊物，主要包括历史地理学、文化地理学、旅游地理等，自然地理、经济地理等入 P9、F119.9 有关各类。

类分历史类刊物时，应注意历史分期问题，可参考《中图法》（第五版）K 类相关类目。专门史、事业史、科学技术发展史等入有关专门类目，或在学科（专业）类目的类号后加 "-09" 复分。需要注意的是中国共产党党史刊物均入 D23，而中国地方史、方志等入 K29，并根据需要依照中国地区表复分。例如《华侨华人历史研究》的分类号为 K28；《中国科技史料》的分类号为 N092；《中国农史》的分类号则为 S-09。

地理类刊物除自然地理入 P9 及科技类有关类目外，其他人文地理、经济地理等均入 K91/97 各有关类目。例如《热带地理》的分类号应为 P941.61；《旅行家》的分类号应为 K92。

### 12. N 自然科学总论

有关综合报道科学技术方面内容的刊物以及自然资源调查、考察、自然研究、系统学等学科的刊物均应入此。凡属自然科学总论性文献或自然科学与技术科学的总论性文献均入此类。凡属自然科学或技术科学中的某一专门学科的专论性文献入有关各类。凡属总论自然科学、技术科学与哲学、社会科学理论与方法的文献入 "G3 科学、科学研究" 类。自然科学领域的画报、学报、知识普及性刊物、专利与创造发明的综合性报道等分别归入 N6、N03、N49、N18 等类。有关自然界的综合研究和综合性科学方面的入 N8/94 类。例如《科技开发动态》的分类号为 N1；有关自然科学专利研究和报道的刊物入 "N18 专利与发明创造"，专利文献则入有关学科类目，并加形式复分号 "-18"，有关专利的理论、制度及各国专利工作概括则入 "G30 科学研究理论"；自然资源的开发和保护入 "N8 自然资源调查、考察" 类；有关系统论、控制论、信息论的刊物入 "N94 系统科学"，例如《系统工程理论与实践》入此。

### 13. O 数理科学和化学

本类包括：数学、力学、物理学和化学、晶体学，是研究自然界物质运动最普遍、最基本规律的基础科学，也是其他科学技术的理论基础。因此，总论该学科理论应用到各方面的期刊归入本类相关类，专论本大类所列的某一学科在某一方面应用的期刊，则归入被应用类。中小学数理化教学法、教学辅导入 G6 有关各类。例如：《应用数学与计算数学》入 O29，互见 O24；《南京大学学报（化学、物理学）》入 O-031；《感光科学与光化学》入 TQ57，互见 O43；《中学生理科月刊（初三版）》入 G633。

14. P 天文学、地球科学类

天文学、测绘学、地球物理学、气象学、地质学、海洋学、自然地理学等学科内容的刊物入此类。我国出版的此类刊物较多，在分类时，可根据需要参考《中图法》(第五版)，同时注意类目的注释。总论矿物的地质勘探入P62，各类矿产的普查与勘探入TD82/87有关各类。例如《探矿工程》的分类号为P62；《煤矿机械》的分类号则应为TD82。海洋学包括区域海洋学、海洋基础科学、海洋资源开发和海洋工程方面的内容。但是，有关渔业水产内容的刊物应归入"S9 水产、渔业"的有关类目，海洋生物学入Q17，港湾工程入U65。地貌学、自然地带等入"P9 自然地理学"，总论地理学的刊物入K91/97。分类时，应注意类目注释。例如《中国沙漠》的分类号应为P942，《中国国家地理》则应归入K92。

15. Q 生物科学

有关普通生物学、细胞学、遗传学、生理学、生物化学、生物物理学、分子生物学、微生物学、植物学、动物学、昆虫学、人类学等学科的内容应归入此类。分类时，应注意《期刊表》第二、第三版的类目变化。例如遗传学入Q3，遗传工程入Q78，医学遗传学入R394；有关古生物学的分类，在期刊分类表第二版为P52，第三版为Q91。

16. R 医药、卫生

有关预防医学、卫生保健、中国医学、基础医学、临床医学、特征医学、药学等学科内容的刊物入此类。医药、卫生类刊物种类多，数量大。《期刊表》(第三版)中此类的类目比《期刊表》(第二版)的104个类目，新增类目20个，如R-0一般理论，R192卫生医务人员，R48临终关怀学等；删除类目5个，如R318生物医学工程，R592老年病学等。而且此类期刊的分布很不平衡，包括各省市、各级医药学会出版的综合性、教育性或情报刊物。医学科学院、医科高等院校出版的大量学报类刊物；医药学文摘类、普及教育类刊物的种类也很多。分类时应使用形式复分表复分。例如：《中国高等医学教育》的分类号应为R-4；《大众健康》的分类号应为R-49。医学文摘类刊物一般可按R类各学科归类，并加形式复分号"-7"，也可入综合性刊物类"Z89 题录、文摘、索引"。例如《中国药学文摘》的分类号为R9-7或Z89：R9。由于《期刊表》(第三版)的类目设置较粗，对于具体医学内容无法细分时，可参考《中图法》(第五版)进行归类。

17. S 农业科学

有关农业基础科学、农业工程、农艺学、植物保护、农作物、园艺、林业、畜牧、兽医、狩猎、水产、渔业等内容的刊物入此类。农业刊物也存在出版量大、某一类期刊过于集中的问题，还存在双主题的问题，分类时应注意类目注释，对于类目设置较粗的，也可参考《中图法》（第五版）的相关各类进行期刊的类分。

18. T 工业技术

T 类目庞大，占全表类目的1/3。《期刊表》第三版在第二版的基础上又增加了不少类目，主要是对一些上位类加以细分。此类采用双字母作为二级类目的标记符号，使二级类目能够容纳更多的同位类。类目的内容和排列与《中图法》（第五版）相同，即按照原材料的生产制造、机械加工、电力与通讯、计算机技术、化学工业、轻工业的顺序排列。工业技术类刊物的分类，首先应该熟悉大类的分类体系，了解本大类与相关类目的关系。由于每一类目包含的内容较多，分类时应注意各类目的类目注释和类目范围说明。由于科学技术的迅速发展，期刊分类表编制已经出现了滞后，给此工业技术类期刊的类分带来了一定的困难。在具体分类工作中，可根据工作的需要，参考《中图法》（第五版）对相关期刊进行归类。例如总论工业安全、防火、防暴的刊物《劳动保护》应入 X9 劳动保护科学；如果是专门研究某一技术的安全性则应归入有关各类，如《煤矿安全技术》的分类号应为 TD7。

19. U 交通运输

U 大类包括综合运输、铁路运输、公路运输、水路运输等相关的内容。此类的类目较少，一些概况性内容的刊物在分类时可能会比较模糊，分类时注意类目注释。桥梁、隧道是铁路线路和道路的重要构筑物，但又属于土木工程，分类时，总论土木工程的刊物入"TU 建筑科学"，主要论述桥梁工程或隧道工程的则分别入"U44 桥涵工程"或"U45 隧道工程"。《期刊表》（第二版）删除了 U674 类，第三版又恢复了"U674 各种船舶"，各种船舶、包括军用舰船又改入 U674，分类时应注意。有关运输管理体制和运输计划、运输业建设与发展、运输价格、成本与利润、运输业组织与管理入 F5 各类，凡运输工程与运输经济总论的期刊均入本类。本类还包括各运输工具的制造工程的专用材料、机械和动力装置，以及电气设备、通信设备，但属通用工程材料、机械和设备等方面的期刊，均应分别归入 TB、TG、TH、TK、TM、TN 等类。U6 包括航道工程、运渠（运河、渠道）工程、通航建筑物、助航设备、港口工程，但凡属治河工程或湖泊治理工程则入 TV8。

20. V 航空、航天

有关航空、航天的研究和探索的刊物入此类。V 大类同类目也比较少，分类时也需要按照科学属性进行归类。V1 收总论空间科学研究与探索的刊物，以及有关航空科学技术与航天科学技术综合研究的期刊，包括"飞碟"、"不明飞行物"等探索研究的刊物。总论航空科学技术的刊物入 V2，专论飞机及其他航空器设计、结构、材料、制造工艺等的刊物入 V22/27。总论航天科学技术的刊物入 V4，专论航天器及其运载工具方面问题的期刊则分别入有关各类。例如：《世界航空航天博览》入 V－49；《航天返回与遥感》入 V52；《导弹与航天运载技术》入 TJ7，互见 V46。

21. X 环境科学、安全科学

有关环境科学、安全科学内容的刊物入此，其他相关学科设置了交替类目。分类时根据刊物内容做出正确的归属。例如：总论工业安全、防火、防暴的刊物《劳动保护》应入 X9 安全科学；如果是专门研究某一技术的安全性则应归入有关各类，如《煤矿安全技术》的分类号应为 TD7。

22. Z 综合性刊物

本大类的特点是学科内容的综合性、出版形式的多样性，该类包括学报、普及刊物、画报、中国少数民族语文刊物、盲文刊物、检索刊物等。在前面的内容中已进行了介绍，分类时应注意：综合性学报入本大类，专门学科的学报入有关各类，如需要集中本大类，可采用冒号进行组配复分；检索刊物的归类，分类表中设置了专门类目，也可根据自身的特点和实际需要将检索刊物统一管理，与一般刊物分开处理。无论是集中还是分散的处理，都要保持分类的一致性。以刊载综合性学术研究论文为主要内容的学报入 Z3，专门学科的学报入有关各类，如愿集中于此者，可采用冒号组配编号法。以刊载综合性的动态、消息、进展、预测、述评、快报、信息（情报）研究报告等为主要宗旨和内容的刊物入 Z1，以各年龄段或不同性别人群为读者对象、刊载综合性知识或娱乐性知识内容的刊物入 Z4 有关各类。以提供文献内容梗概和检索手段为宗旨的馆藏文献目录、出版发行目录、期刊检索、题录、文摘等刊物入 Z8 有关各类；也可采用冒号组配编号法集中。若愿入有关各类，可用形式复分表－7 复分。非检索刊物、单纯以提供文献内容梗概为宗旨的综合性文摘刊物应入 Z4，中国少数民族语文刊物、盲文刊物，如愿集中于 Z71、Z73，也可采用冒号组配编号法。若愿入有关各类，可用形式复分表－68、－69 复分。

N～X 类包括自然科学和应用科学的学科类目，基本上按学科分类体系排列。科学技术刊物的刊名与内容学科属性比较具体、明了，因此，熟悉分类表的结构以及学科分类体系是分类准确的关键。

### 三、分类排架号的编制

1. 分类排架号的意义

我们已经掌握了期刊分类表的体系和具体分类的注意事项，由于期刊的特点所决定，难免出现许多种期刊拥有一个相同的分类号的情况。那么如何将这些期刊在书架上占有一定的空间（即通常所说的架位），如何将这些期刊排列成一个有序的组织，形成一定的检索系统，让每一种期刊在期刊架上都有一个固定的位置，使读者和工作人员能准确地按这个位置取刊和归架呢？这就需要排架号，即我们把期刊按照分类进行一定的排列而制定的分类排架号，又称索取号。分类排架号的作用在于确定某种期刊在架位上和分类目录中的位置。使用期刊分类排架号可组织期刊分类目录，组织期刊库或阅览室内的藏书体系，给读者提供检索工具并便于工作人员的管理。因此，分类排架号对于期刊库和阅览室的科学管理，提高期刊分类目录的组织以及阅览室服务质量与水平都是十分重要的。

2. 排架号的编制原则

期刊分类排架号的编制原则是一种期刊一个分类排架号。期刊分类排架号实质上是对同一类目（即同一学科属性）的期刊进行进一步地区分，以达到一刊一号。由此可见，分类排架号是由报刊分类号和刊次号两部分组成的，刊次号是对同一分类号的期刊进行的进一步区分。

3. 刊次号的设定规律

刊次号的设定是有一定规律和要求的。例如：（1）根据不同图书馆自身的馆藏体系和传统，按同一依据或标准对同一分类号的期刊进行区分，以达到一种期刊一个分类排架号。（2）刊次号设定应便于期刊的有序排架，方便排检。（3）刊次号的符号应简单、明了，便于辨认和识别。

### 四、刊次号的编制

目前，各图书馆对入藏期刊的刊次号码一般采用阿拉伯数字、拉丁字母或数字与字母混合号码。刊次号的编制主要依据同类期刊到馆分编的先后顺序（种次号）、期刊名称代码、期刊出版发行代码等。

1. 种次号

使用种次号作刊次号时，一般采用阿拉伯数字编号，种次号的取号步骤如下。

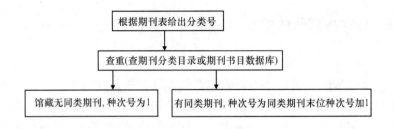

分类号 + 种次号的分类排架格式如下：

| 刊名 | 分类排架号 |
|------|-----------|
| 铸造 | TG2/2 |
| 铸造技术 | TG2/4 |
| 中国铸造装备与技术 | TG2/8 |
| 造型材料 | TG221/1 |
| 模具工业 | TG241/1 |

2. 期刊名称代码

以期刊名称代码作刊次号，必须将期刊名称转化成代码，代码可采用拼音号码或阿拉伯数字表示。

（1）采用拼音代码

①以期刊名称中的第一个汉字的拼音作为刊次号，此种刊次号的缺点是存在刊次号重复的现象。例如《计算机应用文摘》的刊次号为 Ji，而《计算机工程》的刊次号也是 Ji。

②以期刊名称中各汉字首字母作刊次号，如《计算机应用文摘》的刊次号为 JSJYYWZ，《计算机工程》的刊次号为 JSJGC。此种刊次号的缺点是有的期刊名称汉字可能超过 10 个，造成了刊次号长短不一。

（2）采用阿拉伯数字代码

这种方法一般采用四角号码。汉字是方块字，根据汉字的结构按次序取左、右、上、下四个角的代码，组成四角号码。四角号码是用 1～0 代表汉字的 10 种笔形：

0 即"亠"，1 横即"一"，2 垂即"｜"，3 点即"、"，4 叉即"乄"，5 插即"≠或扌"，6 方即"口"，7 角即" 或"，8 八即"八"，9 小即"小或ッ或忄"。其口诀为：

"横一垂二三点捺，叉四插五方框六，七角八八九是小，点下有横变零头。"四角取号按每个汉字的左上角、右上角、左下角、右下角的顺序取 4 个号码。

采用四角号码作刊次号，如果用期刊名首字母号码，同样会存在重号现象。如果用报刊名各个汉字的第一个号码，则刊次号长短不一。

（3）采用拉丁字母和数字混合号码作为刊次号

即用期刊名第一个汉字的汉语拼音首字母，加上同一分类号期刊的入藏先后顺序号，如《计算机工程》的刊次号为 J1，《计算机应用文摘》的刊次号 J2。

经过比较，以上各种刊次号均有优缺点，目前大多数图书馆采用最多的是种次号，也有的图书馆用期刊的四角号码作为刊次号。

复本区分号各图书情报机构可以自行规定，复本区分号一般与刊次号排列，例如：《计算机应用》的两份复本的分类排架号是：TP39/11 或 TP39/1：1 和 TP39/12 或 TP39/1：2。

此外，有的图书馆采用期刊的标准刊号或报刊发行代号作为刊次号。但是，由于有些刊物属于内部发行，没有 CN 号，或者不通过邮局代发，没有邮发代号，这时还需要另外规定特殊的刊次号。

无论使用哪种方式作为刊次号，其前提是要保证期刊分类排架号准确，便于管理和读者的使用，各图书馆可根据自己的实际情况酌定。

期刊分类是期刊管理的基础之一，各图书馆应充分重视期刊的分类工作。由于对期刊分类的粗分问题存在着一些不正确的认识，而且这种认识比较普遍，于是在人员配备上和工作要求上都与图书分类有着不小的差距，以致造成期刊分类参差不齐，严重影响了期刊的管理和使用。因此，做好期刊的分类，管理者在思想上必须对这一工作有足够的重视，克服那种"重书轻刊"的现象。主要分类人员应由熟悉期刊情况、具有相应的学科知识、业务基础较好的人员担任，并保持相对稳定。这有利于积累期刊分类的经验，提高分类的效率，这是期刊管理工作的关键。之所以如此，不仅因为期刊分类是图书馆基础工作采、分、编的一般要求，更重要的是由于期刊分类的特点所决定的。期刊的内容综合性强、概括的学科多，这些特征又是在连续出版的过程中体现出来的，既要熟悉相关学科内容，有一定的学科知识，又要有相当的经验，不然难以科学而准确地类分期刊。期刊分类之后，要对分类进行数量和质量的相应检查，这也是对期刊分类进行科学管理的必要内容，各图书馆可以根据自己的实际情况及根据期刊分类的相应规定，制定出符合自身馆藏实际的具体要求。

# 第五节　期刊的主题标引

## 一、主题标引的意义与作用

主题标引的目的是通过对文献进行主题分析，从文献中客观、全面、准确地提炼出主题概念，然后借助主题词表和标引规则，把主题概念转换成标引词，从而建立主题检索系统。主题标引是文献标引的重要组成部分，它与分类标引一样，都是从文献内容出发揭示文献的方法。主题标引通过对文献赋予主题标识，并利用主题标引的顺序性，将原来无序的文献信息转化为有序的、便于查找的集合，从而为建立主题检索工具和检索系统提供了可能。因此，主题标引是文献检索和利用的关键环节之一。

主题标引是主题检索的基础和前提，这个过程就是利用主题标识建立：(1) 主题目录；(2) 检索刊物的主题索引；(3) 专书或群书的主题索引的过程。这些目录或索引，既可以是手工检索形式的，也可以是计算机检索形式的。

期刊的主题标引，就是对期刊具有检索意义的内容及其他特征进行分析，然后对分析的结果赋予主题词标识的过程。其作用是揭示文献内容，组织和检索文献。期刊的主题，是一组具有共性事物的总称，用以表达期刊所论述和研究的具体对象和问题，即期刊的中心内容。

## 二、主题法及其类型

主题法，是以反映文献的内容为中心，借助于词（包括文献中的自然词汇和词表中经过规范化了的词汇）作为概念标识，并用参照等手段显示概念间的相互关系，从而形成以主题字顺体系为基本结构的文献标引和检索方法。主题法是这种技术和方法的总称，它包括标题法、单元词法、关键词法和叙词法。

### 1. 标题法

标题法是主题法中最早出现的类型。它是用经过规范化了的词语来揭示文献的主题内容，而无论文献是从哪一学科、哪一角度来论述该主题的，全部标题都按字顺排列，而忽略它们之间关系的一种主题标引方法。

这里需要说明的是，标题表中的标题，不是指文献的篇名，而是指经过规范化了的、用以组成标题表的词汇。

标题表是一部标题词词典。它是标题词规范化的工具。标题表的结构包括如下三个部分。

（1）编制说明

说明标题表的编制原则、选词范围和标准、标题词规范化措施、标题形式、参照系统、标题词款目著录格式与排列方法、各种符号的使用、标题标引规则与方法等。

（2）主表

是标题表的正文部分，包括全部标题词和非标题词，并有参照说明和各种注释。全部标题词按字顺排列。

（3）副表

也叫做标题细分表或子标题表，其作用是对主标题进行细分。有通用副表和专用副表两种。通用副表主要有地区细分表、时代细分表、文献类型细分表等；专用副表主要有地方标题细分表、人物标题细分表、机构标题细分表、著作标题细分表、产品标题细分表等。

标题法作为一种检索语言，属于先组定组式检索语言。

2. 单元词法

单元词法，又称元词法。它脱胎于标题法，是对标题法先组定组式标识进行改革的产物。所谓单元词法，是指用单元词组配起来，用以标引文献的主题内容，从而提供检索标识的一种主题法。

单元词，是指一个个最小的、最基本的不能再加以分解的词汇单元，或者说是指分解之后不能表达其特定含义的词汇单元。单元词是构成单元词表的基本组成部分。在单元词表中，单元词是经过规范化了的词汇。

简单的单元词表只有一个字顺表，全部单元词按字顺排列。较完备的单元词表，则由一个字顺表和一个分类词表（单元词范畴表）组成。它的功能，主要是进行词汇控制，提供规范化的单元词，以保证标引用词和检索用词的统一。

单元词法作为一种检索语言，属于后组式检索语言。

3. 关键词法

关键词法，又称键词法。它是将文献中原来所用的、能揭示其主题内容的那些具有实质意义的、带关键性的词抽出，不加规范或只作有限的规范化处理，按字顺排列，以提供检索途径的方法。

关键词，是指那些出现于文献的题名，以至摘要、正文中，对揭示文献主题具有决定意义的、带关键性的词。关键词法是直接利用自然语言的词语标引和检索文献的，不编制关键词表。相反，却编制一种非关键词来控制抽词范围。非关键词是指那些无实际检索意义的词，包括冠词、介词、连词、感叹词、代词，以及某些副词、形容词、动词等。凡是非关键词表中未列的词，都可用来检索和标引文献。

关键词法是一种直接使用自然语言词汇进行文献标引和检索的主题法。其优点是便于文献自动标引，节省人力物力，速度快，缺点是检索效率差。

### 4. 叙词法

叙词法，又称为主题词法。它是一种以叙词作为标识，标引和检索文献的一种方法。叙词又称主题词、描述词，它是一种从自然语言中优选出来的，以基本概念为基础的受控词汇。叙词是构成叙词表的基本单元。叙词表是将文献标引人员或用户的自然语言转换成规范化的检索语言的一种术语控制工具。叙词表包括主表和辅表。

叙词法是多种情报检索语言的原理和方法的综合。它吸收和继承了分类法的类目组配、族性系统，标题法的选词原则、语义参照，单元词法的后组式特点，关键词法的轮排技术等，因此，叙词法是当今主题检索语言的主要类型。

## 三、主题标引的要求

主题标引与分类标引一样，都是从内容着手对文献进行揭示的，两者在文献标引对象、标引要求以及标引技术上，都存在着一定的联系，但是作为一种特定的标引方法，主题标引具有不同于分类标引的特点。对主题标引可以提出多方面的要求，例如标引的准确性、针对性、适用性、成本低等，但最重要的要求是专指性、网罗性、一致性。

### 1. 专指性

也称专指度，是指主题标识与期刊主题概念的相符程度。较高的专指度，有助于提高检准率，满足用户对特定主题的需求。但是，如果专指度过高，也会造成文献分散，影响检全率。因此，应该根据期刊标引和检索的需要，保持适当的专指度，即在准确提炼主题概念的基础上，选择词表中与代表概念内涵和外延最接近的主题词加以转换，在系统允许的范围内达到较高的专指度。

### 2. 网罗性

也称标引深度，是指一篇文献所论述的各个主题概念被确定并转换成检索标识的完备程度。较高的标引深度有助于提高检全率，但检索时产生的虚假组配的可能性增加，导致检准率降低。相反，降低标引深度，可以提高检准率，但不利于从次要主题检索文献，会降低检全率。因此，在对期刊进行主题标引时，不同检索系统应根据其设备条件、服务需要，规定适宜的标引深度。

3. 一致性

是指标引人员对同一主题内容文献标引的一致程度，包括不同标引人员之间的一致性和同一标引人员前后的一致性。提高标引的一致性，有助于集中同一主题内容的期刊，提高检全率和检准率。

主题标引的专指性、网罗性、一致性是相互联系的。必须根据检索特点和需要加以确定，使标引结果既不遗漏有价值的主题，又详略得当；既保持较高的检全率，又保持较高的检准率。

## 四、主题标引的方式

文献标引方式是指根据检索系统的类型与功能要求、文献信息用户的需求，针对特定文献的类型和情报价值，以及成本与效益等方面考虑，为控制文献标引深度而采取的揭示文献内容的方式。不同的标引方式体现着不同的标引深度和文献的组织方式，对主题标引的质量和检索效率有很大影响。标引人员必须根据检索工具和检索系统的要求和期刊类型的特点，选择适当的主题标引方式。

1. 整体标引

整体标引，也称浅标引或概括标引，是以一册图书或一篇文献作为一个标引单元，只概括揭示文献基本主题内容或整体主题的标引方式，对于文献的从属主题、局部主题一般不予揭示。是一种概括揭示文献基本内容的标引。这种标引只揭示文献中具有检索价值的整体性主题内容，不揭示文献涉及的各种从属主题。整体标引通常采用 1~5 个主题词标引，提供文献主题的主要建设途径。整体标引的标引深度最浅、标引词数量最少，主要适用于对普通图书的标引。整体标引主要用于手工检索系统，是综合性图书馆经常采用的基本标引方式。

2. 全面标引

全面标引，也称深标引，是一种充分揭示文献论及的所有重要主题概念的标引。这种标引，不仅要求揭示文献论述的整体主题，而且要求揭示符合检索系统要求的各个从属主题概念。全面标引可以加深对文献内容的揭示程度，有利于提高检全率，适于统一编目机构、大型图书馆、专业图书馆、各类信息机构处理情报价值大的文献，例如论文、科技报告、专利文献等。计算机检索系统宜采用全面标引，使文献中的信息内容得到最充分的揭示。

3. 对口标引

对口标引，也称重点标引或专业标引，是只对文献中适合本单位、本专业服务对象需要的信息内容进行揭示的标引方式，选择文献中有专业针对性的主题因素进行的一种标引，而对于不属于本专业的主题因素则可不予标引。这种标引方式针对性强，但标引深度比较浅，不利于文献资源共享，适用于有明确服务对象的专业情报机构。

4. 综合标引与分散标引

综合标引是一种以整套文献（例如丛书、多卷书、论文集、会议录等）为标引单元进行的概括性标引。这种标引方式，既要赋予其整体性主题因素的主题词，也要赋予其表示文献类型因素的主题词。综合标引可以把按某一专题或为某一目的编制的一组文献集中加以揭示，从而方便读者从整体角度完整检索和使用这些文献。

分散标引是针对综合标引而言的，是专指对丛书、多卷数、论文集、会议录等多篇性文献，除了作总的综合标引外，还必须对其每个独立的分册或篇章，分别进行单独的标引。这种标引方式，充分揭示每种书和每篇论文的重要内容，有助于提高检准率。

一个检索系统是采取综合标引还是分散标引，亦或是两者同时采用，应与采用的文献著录方式一致。

# 第六节 期刊主题标引程序

为了保证标引工作的质量，主题标引工作必须遵循一定的程序。它的步骤主要有选择标引方式、文献主题分析、主题概念转换成主题词、标引工作记录、标引结果审核等。它的工作内容与分类标引相类似，基本步骤是：查重→选择标引方式→主题分析→查表选词→确定主题标识→标范畴号→复核。

## 一、查重

与分类标引一样，对要进行主题标引的文献，必须首先通过刊名目录查重，判定该文献是否已进行过主题标引，了解同一主题刊物的过去标引情况，使同一文献的主题标识前后一致，减少标引误差。

## 二、选择标引方式

标引方式通常是在检索系统设计时确定的，在标引具体文献时根据文献的类型和内容特点加以选择。

## 三、主题分析

在主题标引工作中，主题分析十分重要，它关系到主题标引的准确性、质量与水平，直接影响主题检索的检全率和检准率。主题分析是根据主题标引和检索的需要，对文献内容特征进行分析，提取主题概念的过程。主题分析是主题标引的基础。

在对期刊进行主题标引时，通过阅读了解期刊的主题内容及其学科属性，确定主题的形式及表达方式。所以必须根据主题标引的特点，应用概念分析的方法，对文献主题类型及其构成因素进行分析，并在此基础上对具有标引价值的主题概念进行概括、提炼和取舍。

1. 分析主题类型

主题的类型，根据文献的实际情况，可以有不同的分类方法。从文献主题的数量来说，可分为单主题和多主题。

（1）单主题

是指一种文献所研究和论述的只是一个对象或问题，即一个主题。但单主题又分单元主题和复合主题。单元主题，是指由一个概念单元，即一个主题词即可以表达的主题，例如理论力学；复合主题，是指一种文献的主题，必须有几个主题词进行逻辑积的组配，才能加以表达的一种单主题。其表现形式有：①交叉关系的复合主题，例如"生物形态学"这一主题，用"生物学"、"形态学"两个主题词组配表达；②限定关系的复合主题，例如"英国的石油工业"，用"英国"、"石油工业"两个主题词组配表达；③应用关系的复合主题，例如"激光在医学上的应用"，用"激光应用"和"医学"两个主题词表达；④影响关系的复合主题，例如"造林对气候的影响"，用"造林"、"气候"、"影响"三个主题词组配表达；⑤因果关系的复合主题，例如"铁－铬合金在高温下由盐引起的腐蚀"，用"铁－铬合金"、"高温"、"盐"、"腐蚀"等几个主题词组配表达；⑥比较关系的复合主题，例如"分类法与主题法的关系"，用"分类法"、"主题法"、"关系"三个主题词组配表达。

期刊的单主题即报道内容只有一个主题，是主题标引中常见的主题形式。

（2）多主题

是指一种文献所研究和论述的中心对象不止一个，而是几个具有并列关系的对象，即几个相互并列独立的主题。多主题是由几个单主题组成的，因此分析主题时，必须把多主题分解为单主题。例如："天王星、冥王星和海王星的观测"，分解成"天王星的观测"、"冥王星的观测"、"海王星的观测"三个并列的复合主题。

从文献主题的语法关系来说，有单词式主题，例如自行车、医学等；词组式主题，例如汽车轴承等；句子式主题，例如用电凝聚法处理重金属废水等。

期刊的多主题即报道的内容包括几个单主题。期刊包含的信息、研究和论述的问题很多，特别是综合性期刊，主题内容广泛。人类社会和自然界的事物、现象、活动等，都可以构成主题。例如，数理化、天文、地理、生命科学、文、史、哲等学科理论；地震、灾害等自然现象；各种材料和产品；焊接等工艺过程等。准确选定刊物的主题，文献就可以得到充分的利用，发挥它在科研、生产或重大决策中的作用；如果漏选了文献中有参考价值的主题，则会使文献被埋没而失去了生命力。

主题标引工作中，应注意不能单纯根据刊名确定主题类型，例如《档案与建设》，是档案学的专业刊物，不能确定为"档案"、"建设"两个主题。

（3）确定主题类型的注意事项

确认期刊的主题，首先应全面了解期刊的内容，在此基础上分析、思考如下问题。

①期刊报道哪些题材？文章研究、论述哪些问题？其中主要的、关键的问题有哪些？

一般学术性或专业性、技术性的期刊比较容易回答上述问题，相当数量的学术期刊名称就已经反映了期刊报道的主要内容，而且使用专业或学科的名词术语作为期刊的名称，例如《红外》、《焊接》等。但是，也有一些期刊报道的内容很难甚至不能从名称加以判断，一部分社会科学类刊物就属于这种情况，这时就需要工作人员了解期刊内容，用具有检索意义的名词术语表述。例如，《天鹅》是黑龙江省群众艺术馆主办的报道群众艺术创作的刊物，而不是简单的研究天鹅这种动物的刊物。

对于期刊报道内容，应善于抓住关键问题的所在，赋予主题标识是十分重要的，因为主题标引时，应考虑把期刊最主要的内容向读者报道，而这些内容又是读者所需要的。

②期刊的报道内容是否为特别的产品或仪器设备？是否有对事物或过程

产生超乎平常的影响的技术条件或现象？

科技类期刊有的专门报道上述内容，例如：《稀土》报道稀土材料的综合利用、产品的推广应用等；《制冷技术》侧重报道制氧机（空气分离设备）从设计到应用的技术问题以及低温技术等。

③期刊报道的内容是否包含隐性主题？即期刊没有直接报道，但实际上有所涉及，而且与期刊主题关系密切的主题。读者应从哪些角度查找，刊物中有没有读者所需主题因素？

在应用科学的刊物中，类似的报道是比较多的，这类主题一般单独选出作为分析主题，以满足读者的需要。

④期刊的主题标引有没有其他标引成果提供共享或参考？例如报刊书目数据库、联合目录等。

通过上述一系列分析比较，确定连续出版物中对读者有参考价值、具有检索意义的一组或若干组主题。

## 2. 分析主题结构

主题结构是指构成主题的各个基本主题因素以及它们之间的相互关系。分析主题结构，就是在分析主题类型的基础上，对文献中的复合主题进行分析，查清其构成成分及相互关系，以便在明确主题构成的基础上，对主题概念进行提炼。

主题分析的基本要求有：客观性，客观地分析出文献所实际具有的主题，不掺杂标引人员的主观意向；一致性，分析出的文献主题的全面性与专指性应与文献所实际具有的主题的全面性与专指性基本一致；实用性，充分考虑建设系统目标与用户的需求，选定文献中有检索意义的主题。

根据对文献主题和事物各种特征的属性，可以把《汉语主题词表》中的全部主题词，归纳为 5 个基本范畴面，每个面即为一种类型的主题因素。

A 主体面：即文献研究和论述的关键性主题概念，包括各种事物、学科、问题、现象等具有独立检索意义的一般概念。在期刊中就是那些报道研究对象、材料、方法、过程、条件等均可作为主体因素；

B 通用面：是指和主题因素密切联系，但没有独立检索意义的一般概念，是主体因素的限定与细分，例如设计、结构、测试、调查等；

C 位置面：是指文献研究和论述的对象、问题所处的空间，说明主体因素的位置、空间，例如国家、地区、地名、东方、西方等概念；

D 时间面：是指文献研究和论述的对象、问题所处的时间范围，说明主体因素的时代、朝代、年代等概念，例如古代、现代等；

E 文献类型面：是指文献的类型、形式方面的各种概念属性，说明主体因素采用的文献类型，例如期刊中经常使用的文摘、索引等。

五个组面的主题因素中，主体因素是中心因素的主要检索入口，其余因素则对主体因素起限定和修饰作用。根据 5 种因素的关系，确定主题分面公式为：A 主体面—B 通用面—C 位置面—D 时间面—E 文献类型面。这一公式，既可作为组配次序的依据，也可以用于概括、分析文献的主题构成。

3. 确定主题的数量

期刊报道的内容直接或间接涉及的问题比较多，因此，对于确定标引的主题数量应制定适应读者要求的原则，以便于主题标引人员掌握运用。制定原则时应考虑例如下几个因素。

①检索系统的类型和规模：一般来说，手工检索系统（例如卡片式或书本式书目）主题数量不宜太多，标引 1～3 个主题比较适宜。计算机检索系统的贮存功能和检索速度均比手工检索系统大得多，也快得多，因此标引的主题可以多一些。

②检索系统的性质和服务对象：专业性检索系统（例如专业图书馆）的用户要求揭示期刊中与本专业有关的主题内容，因此，如果期刊中涉及本专业或读者需要的主题，都应选出。

对于主题标引人员来说，只有掌握确定主题数量的原则，才能合理筛选出期刊的主题。在主题筛选的工作过程中，首先选出最能反映期刊内容的主题，然后分析选定其他对读者有参考价者的主题概念。不同的文献信息机构应根据各自的需要拟定标引深度。

4. 主题分析的误差

主题分析误差，是指提炼出来的主题概念与文献论述的主题概念之间存在的人为差异。主题分析的误差主要有：主题概念提炼不全，主题概念提炼过多，主题概念提炼错误。主题分析误差，会导致主题标引误差，使检索工具或检索系统发生混乱，降低检全率和检准率。因此，在进行主题分析时，必须注意和防止这种误差的产生。

## 四、查表选词

主题分析得到的主题概念，是以自然语言的方式表示的，还必须以词表为工具将其转换为规范化的主题词。对期刊进行主题分析后，主题标引人员应根据一定的主题标引规则，通过查找主题表，将主题概念转化为主题词。主题表是主题标引中用于处理和组织期刊内容的工具，是文献检索系统与用户之间的桥梁。

标引文献用词必须是词表中的正式主题词（非控主题词字段除外），书写形式要与词表中的书写形式一致。非正式主题词（即入口词）不能用来标引文献。标引文献用词应优先考虑选用与文献主题概念直接相对应的专指主题词。如果仅选用较为专指的词标引将会影响检索系统的性能时，可用较为泛指的主题词作补充标引，例如，使用设备具体型号标引时，应选用表达设备类型的词作补充标引。

1. 主题表类型

我国图书馆所使用的主题表一般有三种类型：

（1）标题表

对于复合主题在表中已作组配处理的主题表称为标题表，例如《美国国会图书馆标题表》（LCSH—Library of Congress Subject Headings）。目前我国使用较少，而国外普遍使用。

（2）叙词表

叙词表是概括各门类或某一学科领域并由语音相关、族性相关的名词术语组成的规范化的动态词典。我国编制最多，使用较普遍的《汉语主题词表》、《军用主题词表》及各种专业词表（例如《教育主题词表》）等大多属于叙词表。

（3）分类主题一体化词表

这是一种分类表与叙词表对照索引式词表，在描述主题方面有其独特的方式。我国1994年正式出版的《中国分类主题词表》第二卷"主题词－分类号对应表"是其中的代表作。其于2005年9月出版的第二版和电子版，为实现分类主题一体化标引、机助标引、自动标引提供了便利条件，降低了标引难度，特别是电子版，为信息资源标引系统和检索系统提供了公共应用接口和通俗易懂友好的用户检索界面，使其成为知识检索和文献主题（内容）检索平台的重要工具。

2. 《汉语主题词表》主题表结构

主题表由成千上万主题词排列而成，其主表是包括全部主题词（叙词、非叙词）的字顺表，按使用的文字字顺排列。除主表外，一些主题表还编制各种辅助表，例如附表、词族表、多语种对照表等。

（1）主题词款目结构

主题词款目结构是主题词表中的基本结构单元，也称词单元。主题词款目包括：汉语拼音、款目主题词、英文译名、注释项、范畴号、参照项。主题词是主题词款目的主体，在主题词款目中称为款目主题词，简称款目词。它在款目中起标目作用或排检作用。款目词有正式主题词和非正式主题词两种。正式主题词可用来标引和检索文献，非正式主题词不能用来标引和检索文献，只起正式主题词的指引词作用。汉语拼音是为款目主题词顺序而设置的。英文译名主要是用来编制英汉对照索引，在一定程度上也有进一步明确词义的功能。注释用来进一步说明词义，但对词义明确的词则可不加注释。正式主题词的参照项 由参照符号和关系词组成，包括代项（D）、分项（F）、属相（S）、族项（Z）、参项（C），按照实际需要设立，非正式主题词的参照项只有用项（Y）。

正式主题词款目结构如下图 3 - 1：

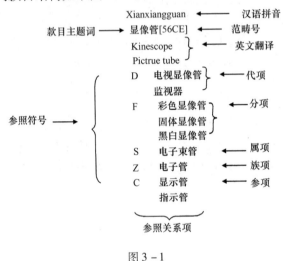

图 3 - 1

款目格式中参照项主要显示款目主题词语表中其他主题词的词间关系，各项关系及参照符号含义见表 3 - 1。

表 3 - 1　参照符号及其含义

| 参照符号 | 简称 | 汉语拼音 | 符号含义 | 词间关系 |
|---|---|---|---|---|
| Y | 用 | Yong | 从非叙词指引到叙词 | 等同关系 |
| D | 代 | Dai | 叙词的同义词 | 等同关系 |
| F | 分 | Fen | 叙词的下分词（狭义词） | 属种关系 |
| S | 属 | Shu | 叙词的上属词（广义词） | 属种关系 |
| Z | 族 | Zu | 叙词所属的族首词 | 属种关系 |
| C | 参 | Can | 与叙词有关的词语 | 相关关系 |

参照系统显示了主题词之间的内在联系，可以帮助使用者了解主题词之间的含义和学科范围，力求准确地使用主题词，达到主题标引与检索的一致性，提高检索的检全率和检准率。

（2）款目主题词的排检方法

所有的款目主题词，严格按汉语拼音字母，逐个字母排比顺序。拉丁字母与汉语拼音字母混排，其他文种字母一律排在汉语拼音字母之后。词中出现括弧、连字符或其他符号，不影响排序。

（3）词表各部分之间的联系

《汉语主题词表》是由主表及各辅助索引组成的有机整体，可以从不同角度查词。因此，要正确、有效地使用它对主题概念进行转换，就必须了解词表各部分之间的联系。

①主表与范畴索引之间，是通过范畴号和汉语拼音联系的。从主表查范畴索引，通过范畴号；从范畴索引查出的词回查主表，通过该词的汉语拼音。

②主表与词族索引之间是通过族首词符号"＊"和汉语拼音联系的。凡Z参照项中的主题词或带有族首词标志的主题词，可按该词的汉语拼音字顺在词族索引中查到。从词族索引回查主表，也按该词的汉语拼音字顺查找。

③主表与英汉对照索引之间的联系，是该词的汉语拼音和英文译名。

3. 查词途径

使用《汉语主题词表》将主题概念转化成规范化的主题词，有下述基本查词途径。

（1）分析出的主题概念比较稳定，能够使用明确的词语形式表达，可以直接查字顺表。

（2）如果期刊涉及的主题概念集中于某一学科，或词语形式无法确定，但知其学科归属，或没有相对应的主题词，这时需要选用近义词加以标引时，可查范畴索引。

（3）从英文期刊分析出的英文词，先查英汉对照索引，再按对应的中文主题词回查主表。

（4）词族索引是按照族首词字顺排列的，一般均须通过其他途径查出族首词之后才能使用。

4. 主题概念的转换

主题概念的转换，包括直接转换和分解转换两种类型。直接转换是一种只需要使用词表中一个主题词就可以表达期刊主题概念的转换。例如：

主题概念：无线电干涉仪

主题词：射线干涉仪

概念的分解转化，是一种根据词表抽词情况，在将复杂主题概念分解成相应基本概念的基础上进行的转换。即当词表中没有与文献主题概念直接相对应的专指主题词时，应优先选用两个或两个以上相关的主题词进行组配标引。主题概念的分解，有两种基本方法：一种是交叉关系概念成分分解法（交叉组配），另一种是种属关系概念成分分解法（方面组配）。

交叉组配：指用两个或两个以上具有概念交叉关系的主题词所进行的组配，其结果是表达一个专指概念。例如：使用"食品保鲜"和"速冻食品"组配，表达"食品速冻保鲜"。

方面组配：即限定组配，指由一个表示事物的主题词和另一个表示事物某个属性或某个方面的主题词所进行的组配，其结果表达一个专指概念，例如：使用"燃气轮机"和"冷却系统"组配，表达"燃气轮机冷却系统"。

组配标引时，应优先选择交叉组配，其次选择方面组配。当交叉组配和方面组配都不能准确表达文献主题概念时，宜使用自由词做补充标引。

## 五、确定主题标识

在完成主题概念转换的同时，必须对主题词进行处理，确定输入检索系统的主题标识。例如：手工检索系统对主题词分组，拟定标题；计算机检索系统为主题词加上联号、职号等辅助符号。

## 六、标范畴号

进行主题标引的同时，还应根据需要确定文献所属的学科范畴，赋予相应的范畴号，以便按学科范畴组织分类检索工具。一个标引单元至少应给出一个范畴类号，必要时可以同时给出两个或多个范畴号。同时进行分类标引的单位，一般也可不给范畴类号，而直接根据分类法号码，建立分类索引工具。

## 七、审核

审核是保证期刊标引质量，减少标引误差的重要保证。审核内容包括：标引方式的选择是否符合检索系统及文献类型的要求；主题概念的提炼是否准确、全面，特别注意文献潜在的用途和隐含概念是否被遗漏；选用的主题词是否确切地表达了文献的主题内容；主题概念的转换与主题标识的确定是否符合所使用的词表规定及标引规则；是否存在标引不足、过度标引、标引不一致等问题；标引结果的记录是否准确、有无遗漏等。主体标识的转换是否符合标引规则，标题的拟定是否符合检索工具的要求等。

# 第七节　期刊主题标引其他事项

## 一、主题标引的规则与方法

在主题标引过程中，时常因标引不当而产生各种误差，例如错标、漏标、过度标引、标引不足、二义性组配、虚假组配等，这些都会直接影响检索系统的效率。为了保证主题标引的正确、一致，防止和减少各种错误，在利用词表对期刊主题进行转化时，必须严格遵守主题标引规则。《中华人民共和国国家标准 GB/T 3860－2009 文献主题标引规则》是文献主题标引的国家标准，该标准适用于各种类型的汉语主题词表进行文献主题标引。该标准对主题分析、主题词的选定、组配标引等均作出规定，保证了期刊主题标引的一致性和准确性，提高了主题标引工作的质量和检索效率。

1. 选定主题词的规则与方法

选词规则，是将从文献中提炼出来的用自然语言表达的主题概念，转换成词表中规范化的主题词的规则。

（1）主题词的选定

要求主题标引人员首先应熟悉主题词表的内容范围、全表和主题词款目的结构、排列方式，同时掌握选词的有关规定或标引规则。具体操作时，应注意选用词表中规定使用的主题词（叙词），其书写形式要与词表中的词型完全一致。非正式主题词，一律不得作标引词使用，只能起指引查找正式主题词的作用。

（2）期刊主题概念的描述

在描述期刊主题概念时，首先选取期刊主题概念相对应的最专指的主题词进行标引。在词表中收有相应的专指主题词时，不得以其上位词或下位词进行标引，以免产生标引过宽或过窄的错误。在词表中没有相对应的专指主题词时，可选用词表中含义最近、关系最密切的两个或两个以上的上位词进行组配标引，不得只用一个上位词进行标引。在词表中没有相对应的专指主题词，也无法用词表中含义最近、关系最密切的上位主题词进行组配标引时，可选用其最邻近的上位词进行标引。在词表中没有相对应的专指主题词，也无法进行组配标引和上位词标引时，可选用含义相近或相关的主题词进行靠词标引。

（3）主题词表的利用

主题词表的编制与修订滞后于学科的发展变化，在待标主题概念未收入词表的新概念或本身具有较大标引和检索价值，而又不适宜采用除标引相应的专指主题词以外的任何一种标引方法时，则可考虑直接采用自由词标引，即增词标引。新增词必须同时履行增词手续，并建立与原词表中有关主题词之间的各种语义参照关系。

标引选词必须遵守专指标引词→组配标引→上位词标引→靠词标引→增词标引的顺序，只有当前一种标引方法不能采用时，才能顺序选择后一种方法，不能前后易位，也不能跳过中间的方法而直接采用后一种方法，否则会影响检全率。

2. 组配规则与方法

组配是显示概念之间关系的方法，是标引和检索的重要环节，是加强被标引和被检索期刊的专指性和多元性的重要手段，简而言之，组配就是对概念逻辑关系的表达。在标引工作中，复杂主题都需要两个或两个以上简单概念组配而成。这些简单概念之间必须存在一种语义关系：主从关系或相关关系。主题法没有了组配就失去了其存在价值。但是在组配的过程中，由于种种原因，往往会产生字面组配、夺标识组配、超级组配、虚假组配、二义性组配等错误组配，必须要遵循主题词的组配规则。

（1）主题词的组配必须是概念组配，而不是单纯字面组配。

概念组配是指参加组配的主题词之间必须符合一定的逻辑关系，而不是简单的字面分析和语义组合，即字面组配。按照概念之间的逻辑关系，概念组配分为概念交叉组配和概念限定组配。

①概念交叉组配：也称类称组配。用来组配的几个主题词之间，凡是具有概念交叉关系者，均属这种组配。组配出来的概念，是原来几个类称概念的特称概念。交叉组配通常以符号"："为组配标识。例如"导电塑料"标引为"导电材料：塑料"。检验概念组配是否是交叉组配的方法，是看组配所得的新概念与用来组配的两个概念能否构成上下位概念的包含关系。如果是上下位概念包含关系，则是交叉组配；如果与其中的一个上位概念构不成上下位概念包含关系，必定是字面组配。

②概念限定组配：也称方面词组配。几个主题词之间，凡具有概念限定关系者，均属这种组配。这种限定关系，主要表现为事物与其各个方面问题之间的关系。对具有这种关系的主题词进行组配，同样可以形成一个专指的新概念。这个新概念，是用来组配泛指概念的方面或特称。限定组配以符号

"—"为组配标识，其适用范围相当广泛。

（2）主题词组配应优先采用概念交叉组配，在不能使用相应主题词进行交叉组配时，才采用概念限定组配。

（3）主题词组配不能越级，即在可以使用相应专指词组配时，不得使用该主题词的上位词或下位词进行组配。

（4）主题词组配时必须选用与文献主题关系最密切、最确定的主题词进行组配。

（5）当某一主题概念在词表中已明确规定相应组代词时，应采用规定的组代词进行标引，不得另选其他主题词组配。

（6）主题词组配结果必须概念明确，具有单义性。凡有可能产生二义性组配时，应通过明确词序、使用职能符号或增词标引方法加以处理，以免产生组配错误。

（7）在词表中有单个的专指主题词时，不得选用组配形式进行标引。

（8）主题词的组配词序，按主体因素、通用因素、位置因素、时间因素、文献类型因素确定。如果标题中出现几个属于主体因素的主题词时，则依对象、部件、材料、过程、操作、工具的次序加以排列。例如："如何使用示波器检测收音机"这一主题，标引词为"示波器"、"检测"、"收音机"。其次序为：

收音机—检测—示波器

（对象）（操作）（工具）

## 二、各学科期刊的主题标引

期刊的标引包括两种情况：一种是以单篇文献为单位进行标引，一种是以每种期刊为单位进行标引。以单篇文献为标引对象时，主要标引关于学科内容的概念，辅之以关于国家地区、时代时间方面的概念。以一种期刊为标引对象时，除要标引学科内容、国家地区、时代时间方面的概念以外，机检系统还要标引"期刊"这个主题词，手检系统因刊物目录自成系统，则可以省略。例如：《数学通报》机检系统和手检系统分别标引为：

机检系统：数学—期刊

手检系统：数学

下面就各学科期刊在手检系统标引时应注意到的问题进行分别说明：

1. 马克思主义、列宁主义、毛泽东思想、邓小平理论研究刊物的主题标引

若刊物中没有专门刊登马列原著或毛泽东原著，则在主题标引时，可根

据刊物内容标引。例如：

《毛泽东思想研究》标引为：毛泽东哲学思想—研究

**2. 哲学社会科学刊物的标引**

一般根据报道内容选词标引。标引时，应注意主题分析，不能单凭刊物的名称确定主题，避免字面组配。例如：

《北京大学学报（哲学社会科学版）》标引为：哲学—大学学报；社会科学—大学学报

《孔子研究》标引为：孔丘—哲学思想—研究

中文社会科学刊物的刊名很多冠以"中国"或省、市、自治区名，标引时应考虑以刊物报道的内容是否侧重于国内或省、市、自治区内。例如：

《中国人口科学》内容为人口科学理论与调查报告等，标引为：人口科学

刊物内容中许多复合主题由两个或两个以上同属一个上位概念的单主题组配而成，这些单主题之间具有交叉并列关系，手工标引时，用冒号"："表示。例如：

《成人高等教育研究》标引为：成人教育：高等教育

**3. 文学艺术刊物的标引**

一般按文艺作品体裁、国别、时代、评论进行标引。例如：

《日本文学》标引为：文学—日本

《戏剧评论》标引为：戏剧—艺术评论

《现代通俗小说》标引为：通俗小说—中国—现代

**4. 自然科学与应用技术刊物的标引**

自然科学与应用技术刊物出版量大、主题繁多，标引时，综合报道类刊物除选用"自然科学"、"应用技术"等主题以外，可根据本单位读者需求进行分析标引。对以具体事物为报道内容的刊物，除标引事物的名词术语外，还应根据报道进行主体因素的限定组配。科技类刊物同样要避免依刊名标引。例如：《无线电与电视》应标引为：电视技术和广播技术。

## 三、机读目录的主题标引

在期刊的机读目录中，各主题字段和子字段都可以作为检索点，著录在相应字段和子字段的主题词都可以进行组配检索，因此机读目录标引应充分利用这个特点，宜采用全面标引、深标引的方式，提供尽量多的、有检索意义的检索点。

1. 主标目的选定

应以作为论述对象的主题词为主标目，标引于＄a子字段（或其他相关子字段）。

2. 主题的复分

属于主题的时间（年代）因素、空间（地区）因素、文献类型因素，如果机读目录格式没有相应的子字段，应标引于对应的子字段，例如在CNMARC中分别标引于＄z、＄y、＄j子字段；其他主题复分，例如事物的性质、状态、过程、工艺、材料等，标引于＄x子字段，不区分先后次序。

3. 多主题的标引

多主题文献的标引，宜重复使用多个字段分别标引不同的主题。

例如：《鸡鸭的规模饲养》

606 ＄a鸡＄x规模饲养

606 ＄a鸭＄x规模饲养

4. 复合主题的标引

在一个复合主题的多个主题因素中，除了论述对象标引于＄a外，其他主题因素（包括从属主题、并列主题、因果关系主题、影响关系主题、比较关系主题、应用关系主题中未标引于＄a的其他关联对象）均可重复使用＄x等子字段标引；也可以使用多个字段分别标引同一论述对象的不同主题复分。

例如：《中印文化比较》

606 ＄a文化＄x对比研究＄y中国＄y印度

例如：《数控磨床的检验与维修》

606 ＄a数控磨床＄x检验＄x机械维修

606 ＄a数控磨床＄x检验

606 ＄a数控磨床＄x机械维修

5. 名称主题标引

当期刊的团体名称、文献题名、地理名称等作为研究对象时，应分别标引于"601团体名称主题"、"605题名主题"、"607地理名称主题"等字段。名称主题的学科主题复分，分别标引于该字段的＄x子字段，凡是在名称主题字段的学科主题复分子字段中没有标引的学科主题，应在606字段加以标引。

6. 自由词标引

在期刊的机读目录标引中，宜充分利用自由词标引来弥补使用主题词标引时，由于主题词表修订不及时、标引专指度低、组配标引产生歧义等方面的不足。

### 四、《中国分类主题词表》

《中国分类主题词表》是分类主题法一体化的情报检索语言，是在《中图法》（第三版）（含《资料法》第三版）和《汉语主题词表》基础上增删修订后编制的分类法－叙词表对照索引式的一体化检索语言，是我国两种使用最广的分类检索语言和主题检索语言的兼容互换工具。它的问世为提高文献分类标引质量，推广普及文献主题标引提供了良好的条件。《中国分类主题词表》不是《中图法》与《汉语主题词表》合订本，它实现了先组语言和后组语言的兼容，其主要功能有：

通过标引数据的转换同时完成分类标引和主题标引，降低标引难度，提高标引质量，节省人力和物力；便于分类检索、主题检索以及由分类号、主题词和自然语言三者组成的混合检索，实现分类检索和主题检索的互补，提高检全率和检准率；为在图书情报机构现有分类目录的基础上补编主题目录或分类目录、字顺主题索引创造了条件；在未编制主题目录和分类目录字顺主题索引的单位，可以直接用作分类目录的辅助工具和主题目录的辅助工具；为建立各个学科或专业检索语言的兼容互换工具，包括建立各学科的分类主题词表或集成词表奠定了基础。

2000 年 4 月起，国家图书馆《中国图书馆分类法》编辑委员会开始对《中国分类主题词表》进行修订，于 2005 年 9 月出版了《中国分类主题词表》（第二版）。

《中国分类主题词表》（第二版）以第一版编制规则和"《中国分类主题词表》机读规范数据库"、"《中图法》（第四版）机读数据库"为基础，以主题词、入口词及参照关系、类目对应关系的增补修订作为本次修订的重点，增补新学科、新事物、新概念的主题词 21 711 条，删除无使用频率的旧词包括修改为入口词的有 12 115 条，增补自然语言形式的入口词 21 000 条，对《中图法》（第四版）类目修订 100 条左右，对旧版的分类号、类名、注释、对应的主题词及其参照关系进行了全面系统的修订，调整和完善了对应表的体系结构。

《中国分类主题词表》（第二版）包括电子版和印刷版。电子版为首次研制，其体系结构是由一个主框架窗体和多个子窗体组成。主窗体通过自动显示滚动条来控制浏览所有子窗体。子窗体是由 3 个文档构成，包括"分类号—主题词对应表"文档，窗口标题简称为"分类表"；"主题词—分类号对应表"文档，窗口标题简称为"主题表"；"词族表"文档，窗口标题简称为

"词族表"。电子版还提供一个在形式上与印刷本基本相同的但不属于子窗体形式的"浏览表"窗体，窗口标题简称为"浏览表"，包括"分类号—主题词对应表"和"主题词—分类号对应表"。

印刷版包括 2 卷 6 册。第 1 卷为"分类号—主题词对应表"（2 册），第 2 卷为"主题词—分类号对应表"（4 册）。第 1 卷"分类号—主题词对应表"与电子版内容完全相同；第 2 卷"主题词—分类号对应表"，省略了电子版的部分内容，例如主题词英译名、名称主题词（包括人名、团体机构名、题名）、类目对应的组配标题（词串）。

"分类号—主题词对应表"是以《中图法》（第四版）为主体，将原《汉语主题词表》中的主题词以及新增主题词对应于相应类目下，它相当于：①一部以主题词作注释的《中图法》（第四版）；②一个体系分类表型的主题词范畴索引。

"主题词—分类号对应表"是以原《汉语主题词表》的字顺表为主体，增加了大量的主题词串（主题词组配形式，也可称为主题词组配标题），将《中图法》的全部分类号对应于相应主题词或主题词串下，它相当于：①一部扩充完善后的《汉语主题词表》；②一部主题词型的《中图法》（第四版）类目相关索引。

《中国分类主题词表》（第二版）共收录分类法类目 52 992 个、主题词 110 837 条、主题词串 59 738 条、入口词 35 690 条，包括哲学、社会科学和自然科学所有领域的学科和主题概念。

# 第四章 期刊编目

## 第一节 期刊编目的意义及特点

### 一、期刊编目的意义

期刊目录是文献目录中的一种，它是向读者揭示、报道馆藏期刊的主要工具，也是馆员了解、管理期刊的主要工具。期刊编目分为期刊著录和目录组织两步。所谓的期刊著录，就是在编制目录时根据一定的著录法，对期刊内容和形式特征进行分析、选择和记录的过程，著录的结果称为款目。款目是反映期刊内容和形式特征的项目组合，一种期刊有一个款目。所谓的目录组织就是将这些款目按照一定的规则排列起来，形成期刊的目录。期刊目录也是一种报道和检索期刊的工具。因此，编目的正确与否直接关系到读者对馆藏期刊的利用。

在期刊的发展初期，其著录内容、著录格式都采用与图书相同的方法。在很长一段时间内，图书馆按照传统的图书馆学观念，并没有把期刊当作书刊文献的一大部类来看待，而是采取了与图书相同的编目方法。其步骤是当期刊积累到一定时期和数量（通常为一年），加工装订成册后，作为一种图书来处理，重新进行个别登记，按照对图书的编目方法进行编目，然后再送去做典藏，而把期刊装订成册的前一段时期内的登记、制片等作为另一项工作看待。显然，这是不合理的，这样做不能准确反映期刊的连续性、馆藏卷、期等特点。我们为各种文献编制目录，其目的就是为了对这种文献进行准确的著录、编排，便于读者通过该目录识别文献，进而快捷地使用文献。期刊这种文献既然不同于图书，它的编目自然有其特殊性，因此与图书的编目有一定的差异和区别。

随着期刊业的迅速发展，期刊数量的剧增，传统的方法已不能适应期刊发展，所产生的矛盾也越来越突出。为了解决这个矛盾，英国图书馆协会、美国图书馆协会、加拿大图书馆协会和美国国会图书馆协会，于 1967 年联合编制了《英美编目条例》（Anglo – American Cataloging Rules），简称《AACR

I》。这是一部具有国际影响、承前启后的编目条例。该规则将报纸、期刊、报告、年鉴、学会会刊、纪要、会议录、汇刊，以及有编号的丛刊合在一起，称之为"连续出版物"，从此结束了期刊沿用图书著录方法进行编目的历史，为期刊的科学编目打下了基础。到 1977 年 ISBD（S）即国际标准书目著录（连续出版物）的问世，进一步使期刊的编目走上科学化、规范化轨道，使编目工作的统一成为可能，同时也为在大范围内实现资源共享创造了必备的技术条件。其 2002 修订版 ISBD（CR）（连续性资源）由 Saur 出版社出版，并在 IFLANET 网上发布。

## 二、期刊编目的特点

著录工作是编目工作的第一步，是目录组织的基础工作，它为组织目录提供材料。根据著录的内容，才能按不同的体系编制出各种类型的目录。著录准确是期刊目录质量的保证。期刊馆藏目录是读者与图书馆工作人员用来了解馆藏情况的重要工具。期刊的著录是对期刊连续出版工作全貌的揭示。由于期刊在长期出版工作中会发生各种变化，因此著录往往不能一次完成。它除了需要对期刊到馆时的实体形态，即内容与形式进行客观描述外，还必须将期刊的变化进行著录，不但要描述出它的过去，还要补充所出现的变化，在这个意义上说，期刊的著录具有动态性。因此，工作人员要密切关注期刊的这些变更，将其完整著录，这不但有助于期刊的管理和利用，还将成为读者全面了解期刊的必要资料。期刊的无限期连续出版这一根本属性，使其在内容和形式上具有明显的特点，完整揭示这些特点则成了期刊编目的特点。具体来说，有如下几个方面。

（1）期刊是连续出版的，出版周期通常是有规则的，并且有卷、期的编号或者年月的标识。

（2）期刊著录应该以整套期刊为著录对象，用综合著录法编制通用综合款目，一般的图书馆都根据实际需要制作相应的题名目录和分类目录。由于期刊内容的特殊性，读者从责任者角度查找期刊的情况很少发生，因此，不必编制责任者目录。

（3）期刊的变化情况要及时补充在著录款目的附注项里，变化的内容有题名的变更、出版机构、编号形式、周期、载体形态和期刊的大小尺寸，这些变化都要及时补著。尤其是停刊、复刊、改刊、合并、分出等重要变化情况，更要及时补著，否则会给读者检索和工作人员的管理工作造成麻烦。

（4）期刊的副刊、附刊、专刊、特刊、增刊、年刊等除按著录规则规定在附注项内说明外，可根据副刊、附刊等分量大小及与原刊的关系等情况，决定是否要单独编目。

(5) 新订购的期刊，在未装订成册前，可进行临时编目，即用登到卡代替正式款目，方便读者了解新增刊物。

# 第二节　著录规则简介

## 一、《文献著录第 3 部分：连续性资源》（GB 3792.3 – 2009），简称《连续性资源著录规则》

《AACR I》将报纸、期刊、报告、年鉴、学会会刊、纪要、会议录、汇刊，以及有编号的丛刊统称为"连续出版物"（Serials）。我国是在 20 世纪 70 年代引进这一概念的。到 1977 年 ISBD（S）即国际标准书目著录（连续出版物）的问世，进一步使期刊的编目走上科学化、规范化轨道，使编目工作的统一成为可能。随着我国编目事业的发展，国家标准局根据中华人民共和国国家标准《文献著录总则》（GB3792.1—83），并参照《国际标准书目著录（连续出版物）》即《ISBD（S）》的原则制定了中华人民共和国国家标准《连续出版物著录规则》（GB3792.3 – 85），该规则 1985 年 2 月发布，并于 1985 年 10 月 1 日开始实施。随着时代的变迁，为适应网络化和文献著录标准化的需要，1978 年 AACR2 出版，1988 年 AACR2 的修订本出版；ISBD（CR）（连续性资源）也在 2002 年由 Saur 出版了修订版。我国也于 2010 年 2 月 1 日开始实施新的连续性资源著录规则（GB3792.3 – 2009），同时废止了旧版的《连续出版物著录规则》（GB/T 3792.3 – 1985）。

《国际标准书目著录（连续出版物）》（ISBD（S））对连续出版物的描述为："印刷或非印刷形式的出版物，以连续分册形式发行，常印有数码或年月标识，并且计划无限期地发行。"连续出版物包括期刊（Periodicals）、报纸（Newspapers）、年刊（Annuals）、报告（Reports）、指南（Directories、Guides）、学会会刊（Transactions of society）、会议录（Proceedings）和有编号的专著丛编（Numbered monographic series）等。我国的国家标准《连续出版性资源著录规则》（GB3792.3 – 2009）将连续出版物定义为："一种具有接续关系的、以独立的卷期或部分以定期或不定期的方式发行的连续性资源，通常带有编号，但无明确的终止日期。"

GB/T 3792.3 – 2009《连续性资源著录规则》规定了连续性资源著录项目及其排列顺序、著录用标识符、著录信息源、著录用文字、连续性资源需要另行著录的原则和著录项目细则等。

国家标准的修订，其目的在于建立和健全我国统一的连续出版物的报道、检索体系，开展国际目录信息交流，更好地开发和利用连续出版物。国家标准的制定，标志着我国连续出版物工作开始走向标准化、规范化。

近年来，由于信息技术、电子计算机技术和通讯技术的飞速发展，图书馆自动化、网络化进程大大加快，特别是国家对教育和科学事业的重视，使我国图书馆事业进入了前所未有的发展时代。目前，我国图书馆事业已经进入了计算机按机读目录格式编目、书目数据库联网、文献信息资源共享的时代。编目工作经历了传统的手工编目—标准化的手工编目—计算机机读格式编目—联机联合编目等阶段。合作编目和联合目录数据库对建立标准、累积更新的编目记录有积极的意义。一个图书馆的原始编目记录输入数据库后，通过网络，其他机构就能够套录其记录，避免了大量的重复劳动。

## 二、《连续性资源著录规则》的内容

1. 范围：介绍规则的主题内容、适用范围和著录对象。
2. 规范性引用文件：介绍规则所引用的规范性文件。
3. 术语和定义：介绍规则中使用的名词、术语的定义。
4. 著录项目和著录单元：列出连续出版物著录的 8 个项目。
5. 著录用标示符：列出著录项目或各单元前的标识符并作使用说明。
6. 著录用文字：对著录时所用文字作出明确规定。
7. 著录信息源：对著录依据的信息源做出规定。
8. 连续出版物需要另行著录的原则：当连续出版物发生主要变化时，需要另行著录新资源。
9. 集成性资源需要另行著录的原则：当集成性资源发生主要变化时，需要另行著录新资源。
10. 著录项目细则：是本规则的重点，它对各项的著录作出了一系列的规定。

## 三、著录信息源

著录信息源是指著录的主要依据。著录信息源是资源本身，若资源本身信息不足，可参考其他信息源。取自资源以外的信息应在附注中说明。

连续出版物特别是期刊、报纸等一般没有单独的题名页，出版物的形式特征信息记录在代题名页即版权页或封面页上。所以，在对期刊著录时首先应该是代题名页（封面页），其次是目次页、版权页或正文第一页（有时正文第一页上有题名）。

封面页记载的内容，无论中文期刊还是外文期刊必有刊名，年、期号，中外文期刊还详略不同地在封面页记载编辑者，主编，出版者，出版年、月，发行者，主办者，国际标准刊号，国内统一刊号，邮发代号，目次或要目，文摘类刊物有的还有文摘号，版本等。有些期刊一般还在封面页记载了期刊的刊名变化内容。

版权页是著录的重要依据。中文期刊版权页记载内容一般包括刊名，编辑者，出版者，印刷者，发行者及发行范围，期刊刊号，出版日期，卷、期号，定价等，有的还包括创刊年等。中文期刊版权页由于期刊发行者的不同，位置也不尽相同，有的在封三、封底，也有的期刊的版权页在书名页左、右方。外文期刊版权页有的在期刊最后一页（日文期刊较普遍），有的在书名页下方或左方，但很少在封底。

除封面页和版权页外，著录的其他信息源还有如下部分：

正文前的其他书页与出版、印刷说明。其中比较重要的是书名页、目次页。目次页一般在书名页后，或者目次作为书名页的一部分，也有的期刊（俄文期刊较多）目次页在期刊的最后一页或封三、封底。

期刊的其他部位（前言、序、编辑说明等）、期刊的书脊也是著录的依据。有一部分期刊在书脊上记载刊名及卷、期号，出版年、月等。过期期刊合订本一般均在书脊印有刊名，年、卷，始止期数等，有的图书情报服务部门根据自己的需要还印上分类排架号，以便于上架和检索查找。

另外，还有一些出版物本身以外的信息，包括各种期刊简介和期刊目录等检索工具，例如《外国报刊目录》、《乌利希国际期刊目录》等。这些工具书可以帮助了解报刊的沿革，即报刊创刊时间、刊期和刊名的变化、期刊的分合休停的情况，也可以作为期刊著录的信息源。

1. 著录依据

连续出版物依据本题名下的第一期，若无法获取，依据所见最早的一期。各项的著录依据具体如表 4－1 所示。

表 4－1　连续出版物各著录项目依据

| 著录项 | 著录依据 |
| --- | --- |
| 1. 题名与责任说明项 | 第一期或所见最早的一期 |
| 2. 版本项 | 第一期或所见最早的一期 |
| 3. 编号 | 每种标识系统的起始和/或终止期 |

| 著录项 | 著录依据 |
|---|---|
| 4. 出版发行项<br>  出版发行或印制地<br>  出版发行或印制者<br>  出版发行或印制日期 | 第一期或所见最早的一期<br>第一期或所见最早的一期<br>起始和/或终止期 |
| 5. 载体形态项 | 全部期 |
| 6. 丛编项 | 全部期 |
| 7. 附注项 | 全部期或资源以外的信息 |
| 8. 标准编号与获得方式项 | 全部期或资源以外的信息 |

2. 主要信息源

（1）印刷型连续性资源

主要信息源是题名页（当缺少题名页时，本部分中的术语"题名页"即代题名页）或代题名页，当连续性资源缺少题名页时，代题名页按以下顺序优先选择：

①分析题名页、封面、卷端、标头、编辑说明页、书末出版说明；

②其他正文前书页、封套以及逐页题名处的相关信息；

③前言、序言、目次、正文、附录等；

④连续性资源以外的任何参考源（例如书目、出版者目录等）。

当书末出版说明有最完整的书目信息时，东方出版物符合以下任何一种情况，题名页位置有正题名的那一页不作为题名页，首选书末出版说明为代题名页：

①只有半题名页（只印有题名或简要题名、无其他内容的页）形式的正题名；

②只有书法形式的正题名，有或无其他书目信息，而书末出版说明中有东方文形式的完整书目信息；

③只有西方语言的题名和/或出版信息。

（2）非印刷型连续性资源

参照 GB/T3792 其他各部分的相关规定，例如，连续性的录音资料参照 GB/T3792.4 非书资料著录规则。

3. 规定信息源

连续性资源各著录项目的规定信息源见表 4-2，对于不同资料类型的连续性资源，应参照 GB/T3792 其他各部分的规定信息源。

如果题名与责任说明项和版本项的数据单元出现不同的信息源，则依据表4-2 的顺序选择信息源，并按所见形式转录。

编号、出版发行项和丛编项的规定信息源是多个信息源的组合，按表4-2 的顺序选择，并按信息源所见形式转录。

取自非规定信息源的信息，如果需要作为著录项中的一部分给予转录时，应置于方括号"［　］"中，缺少题名页时，代题名页视同题名页，相关信息可以在附注项给出。

**表4-2　连续性资源的规定信息源**

| 著录项 | 著录依据 |
|---|---|
| 1. 题名与责任说明项 | 题名页 |
| 2. 版本项 | 题名页，其他序页，书末出版说明 |
| 3. 编号 | 连续性资源整体，国家书目 |
| 4. 出版发行项 | 连续性资源整体 |
| 5. 载体形态项 | 连续性资源整体 |
| 6. 丛编项 | 丛编题名页、分析题名页、封面、卷端、标头、编辑说明页、书末出版说明、连续性资源的其余部分 |
| 7. 附注项 | 任何来源 |
| 8. 标准编号与获得方式项 | 任何来源 |

期刊著录因期刊连续出版的特点，是一项艰巨而复杂的工作。经验丰富的编目专家也要常常警惕连续出版物不可避免的各种变化，探究反映实体的真正线索，做到期刊的准确著录。

# 第三节　期刊著录项目及方法

根据期刊本质属性、形式特征和连续出版物著录规则，它的主要著录项目可以确定为八个大项。根据各个图书馆的实际工作，我们又增添了馆藏项，用以说明本单位对一种期刊的收藏情况。

## 一、题名与责任者项

期刊著录中，题名与责任者项是很重要的一个大项，是识别期刊的主要依据。题名和责任者项是著录期刊的各种题名及其责任者的项目。它包括正题名、并列题名、副题名和关于责任者的说明等四个小项目。关于责任者的说明，则是指对期刊的内容和形式负有编辑、翻译、编排等责任的团体或个人，通常指团体编辑者。正题名是本项的第一个著录单元。无论题名页上的正题名前出现何种著录信息，正题名仍应著录于本项之首。

1. 题名著录

题名即期刊的名称。每种期刊都有一个主要刊名，称为正题名，也称为正刊名。正题名是期刊的主要题名。一个期刊除了正题名外，还有用其他语种（不包括汉语拼音题名）所提的主要题名，形成与正题名的对照，称为并列刊名，著录中称为并列题名。副题名即对正题名的解释、补充和表示特征的说明。有些期刊分辑出版，除有正题名外，各分辑分别有自己的分辑题名。这类期刊的正题名由共同题名和分辑题名两部分组成。

（1）著录依据

期刊题名的著录依据主要是封面页和版权页。如前所述，期刊的封面必有刊名，而且读者一般以封面页刊名为准来识别期刊。因此，期刊的正题名一般以封面刊名为主要依据。其他部分的刊名若与封面刊名不同，可以作为识别题名在附注项中予以注明。

（2）各种题名著录

①正题名：按所题著录。题名有简称和全称时，以简称为正题名，全称为副题名著录。用"："标识。

例如：武医：武汉医学院院刊

②副题名：用"："标识

例如：电工文摘：电讯部分

③并列题名：用"="标识

例如：数学杂志 = Journal of Mathematics

④正题名：副题名 = 并列题名：并列副题名

例如：中国民航：中国民航航机杂志 = CAAC：CAAC Inflight Magazine

⑤正题名/编辑者 = 并列题名/并列编辑者

例如：纺织学报/中国纺织工程学会 = Journal of Textile Research/ Textile Engineering Society of the People's Republic of China

⑥正题名：副题名/编辑者 = 并列题名：并列副题名/并列编辑者 例如：Pumps & their Application：the International Technical Review/European Committee of Pump Manufactures = Pompes et Leurs Applications：la Revue Technique International/Comite European des Constructers de Pompe

（泵及其应用：国际技术评论/欧洲泵制造业委员会）（英、法两种文字题名）

⑦正题名＝并列题名：副题名

例如：放送技术＝Broadcast Engineering：送·受信技术专门杂志

（广播技术：播放·接收技术专门杂志）（日、英两种文字题名）

⑧分辑题名与副刊题名：期刊有分辑题名或副刊题名时，则分别先著录共同题名或主刊题名，中间用"."分隔；有分辑编号和分辑题名时，先著录分辑编号，再著录分辑题名，中间用"，"分隔。格式如下：

共同题名．分辑题名

例如：甘蔗糖业．甘蔗分刊

共同题名．分辑标识，分辑题名

例如：中国科学．A辑，数学

⑨正题名可以包含显著出现在题名页上的简称、首字母缩写或标识语，或由显著出现在题名页上的简称、首字母缩写或标识语组成。

例如：中国WTO报告

（3）正题名的选择

①当题名页上有同一种语言和/或文字的两个或多个不同题名时，按照题名页的排版格式或次序选择正题名。

②当题名页上有多种语言和/或文字的题名时，选择与连续性资源正文语种相同的题名作为正题名，如果不好判断正文语种，则按照题名页的排版格式或次序选择正题名。

③当题名页上有全称形式和简称形式的题名时，选择全称形式的题名作为正题名，简称形式作为其他题名信息。出现在其他信息源上的题名的全称或展开形式，可著录在附注项。

例如：计算机集成制造系统：CIMS

附注：CIMS是"Computer integrated manufacturing systems"的首字母缩写。

④当连续性资源有一个以上不同语种或文字的题名页时，选择与正文语种相同的题名页上的题名作为正题名。

（4）分辑出版的期刊著录问题

此问题在前面各种题名著录中已有说明，根据著录规则的规定，按分辑出版的期刊，著录时应先著录共同题名，然后著录分辑的编号或其他标识，以及分辑题名。著录时注意标识的正确运用。但是，用特定名称单独出版的分辑或副刊，如果分辑刊名比共同刊名或主刊题名更重要，应以分辑刊名或副刊名作正题名，共同题名则作为丛刊名著录。例如《美国机械工程师学会会刊》（Transaction the ASME）各分辑的著录：

题名：Journal of Lubrication Technology（润滑工艺杂志）

丛刊项著录：（Transaction the ASME，Series F）

国内外出版的期刊都存在刊名相同的现象，一般可根据责任者加以识别，若责任者也相同，可根据版本项加以识别。例如，国际铁路联盟（UIC）出版的英文版和法文版《国际铁路》的著录：

Rail International/UIC. —Eng ed.

Rail International/UIC. —French ed.

（5）刊名变化的著录

当连续出版物发生主要变化时，视发生主要变化的资源为新资源，需要另行著录新资源，并以发生主要变化的卷期作为起始卷期。当连续出版物发生的变化为次要变化时，不需要另行著录，只在必要时将次要变化信息记录在附注中。

主要变化一般指题名、版本说明的变化导致题名、版本说明的含义或主题内容发生改变。

次要变化一般是指题名、版本说明在文字上的细微变动不足以造成题名、版本说明的含义或主题内容的改变，以及编辑或主办者、出版或发行者、编号、出版频率、物理尺寸等在连续出版发行过程中发生的变化。

下面就刊名变化的著录分析例如下：

题名的主要变化情况：

①正题名的文字完全改变，无论 ISSN 或主题内容是否更改，为主要变化。

例如：原题名：网际商务（ISSN：1002 - 8046）

新题名：新营销（ISSN：1009 - 8046）

②正题名的文字发生增、删、改或词序变化后，题名的含义或主题内容发生了变化，无论 ISSN 是否更改，为主要变化。

例如：原题名：吉林工业大学自然科学学报（ISSN：1002 - 378X）

新题名：吉林工业大学学报（ISSN：1002 - 378X）

③题名中任何地方的团体名称更名，无论 ISSN 是否改变，为主要变化。团体名称更名是指团体在一个持续时期内，由于历史变迁或职能范围、并入分离、隶属关系等发生变化，发生更名情况而使用了不同名称，后来的团体名称应视为一个新的团体。

例如：原题名：北京中医学院学报（ISSN：0258 - 8811）

新题名：北京中医药大学学报（ISSN：1005 – 2157）

④正题名由共同题名和分辑题名组成时，无论哪部分发生的变化同① ~ ③时，为主要变化。

例如：原题名：中国科学 . G 辑，物理学 天文学（ISSN：1672 – 1780）

新题名：中国科学 . G 辑，物理学 力学 天文学（ISSN：1672 – 1780）

⑤题名的结构发生了变化，无论 ISSN 是否更改，为主要变化。例如由独立题名改变为从属题名，反之亦然。

例如：原题名：国外医学 . 肿瘤学分册（ISSN：1000 – 8225）

新题名：国际肿瘤学杂志（ISSN：1673 – 422X）

⑥一种连续出版物由两种或两种以上的连续出版物合并而成，无论 ISSN 是否更改，为主要变化。

例如：原题名 1：福建党史通讯

原题名 2：革命人物

新题名：福建党史月刊（ISSN：1006 – 2254）

⑦一种连续出版物分成两种或两种以上的连续出版物时，无论 ISSN 是否更改，为主要变化。

例如：原题名：中国科学 . A 辑，数学 物理学 天文学 技术科学（ISSN：1000 – 3126）

新题名 1：中国科学 . A 辑，数学 物理学 天文学：（ISSN：1006 – 9232）

新题名 2：中国科学 . E 辑，技术科学（ISSN：1006 – 9275）

其他主要变化：

①版本说明发生变化后导致连续出版物的内容或范围发生了变化，无论 ISSN 是否更改，为主要变化。

例如：原版本：英语画刊 . —高中版（ISSN：1008 – 8962）

新版本 1：英语画刊 . —高中版，高一版（ISSN：1008 – 8962）

新版本 2：英语画刊 . —高中版，高二版（ISSN：1008 – 8962）

新版本 3：英语画刊 . —高中版，高三版（ISSN：1008 – 8962）

②正题名为通用术语时（例如"通讯"、"简报"、"年度报告"等），与连续出版物有关的主要责任团体更改时，为主要变化。

例如：原责任说明：年度报告 /北京商业银行

新责任说明：年度报告 /北京银行

③题名和/或版本说明的变化为次要变化，但是 ISSN 改变了，应作为主

要变化。

例如：原题名：淮北煤师院学报（ISSN：1000－2227）

新题名：淮北煤炭师范学院学报（ISSN：1672－7177）

④物理载体发生了变化为主要变化。

例如：印刷型载体：高校数字图书馆（只出版纸本刊）

电子资源：高校数字图书馆（改为只出电子版）

连续出版物的题名次要变化细则：

ISSN 没有更改，以下题名的变化视为次要变化。后出现的题名若对资源的识别和检索重要，应著录于附注项。

①题名中的字、词、标点符号的增、删或者词序的变化，不造成资源题名的含义或主题内容的变化，视为次要变化。

例如：题名：外国政治与国际关系（ISSN：1001－2877）

题名变化：外国政治、国际关系（ISSN：1001－2877）

②题名中增加或减少了标识连续出版物类型的术语，或者从一种类型的术语改为另一种类型的术语，视为次要变化。"学报"、"学刊"、"学志"、"画报"、"画刊"、"通报"、"通讯"、"杂志"、"丛刊"、"论丛"、"汇刊"、"导报"、"导刊"等均为表示连续出版物类型的术语。

例如：题名：大学图书馆通讯（ISSN：1002－1027）

题名变化：大学图书馆学报（ISSN：1002－1027）

③题名中包含的团体名称是同一个团体的变异名称时，为次要变化。团体变异名称是指团体在一个持续时期内名称的变化系形式上的变化，应视为是同一个团体的变异形式。例如全称和简称、正式名称与惯用名称、本机构名称与本机构名称前冠上级机构之间的变化，团体中所包含的数字的书写形式的变化以及采用不同语言对同一团体的表述形式等。

例如：题名：山东师大学报．自然科学版（ISSN：1001－4748）

题名变化：山东师范大学学报．自然科学版（ISSN：1001－4748）

④包含在题名中的出版频率发生变化视为次要变化。

例如：题名：大中国半月刊

题名变化：大中国月刊

⑤其他题名信息在出版过程中频繁变更，为次要变化。

例如：题名：江城：文艺月刊

题名变化1：江城：文学月刊

题名变化2：江城：短篇小说月刊

⑥由共同题名、分辑题名等组成的正题名中，增加或取消了分辑标识，

为次要变化。

例如：题名：理化检验通讯．物理分册（ISSN：1001－4012）

题名变化：理化检验通讯．A，物理分册（ISSN：1001－4012）

⑦从属题名变得频繁，为次要变化。

例如：题名：报刊资料索引．2，政治、军事

题名变化1：报刊资料索引．2，政治、法律、军事

题名变化2：报刊资料索引．2，政治、法律

2. 责任说明

责任说明可以是对连续性资源的知识内容或艺术内容的创作或实现富有责任或作出贡献的任何实体（个人或团体）。一般只需要著录负有主要责任的个人和/或团体的名称说明。若有必要，其他责任说明也可著录。

（1）责任说明与如下实体有关：

—文字资料的作者、编写者、编辑者、翻译者、插图者；

—作品的改编者；

—各种数据的收集者；

—主办上述任何作品的机构（团体）或个人。

编目机构可以选择著录连续出版物的个人编者的责任说明。若有必要，应将个人名称著录在附注项。对于不断更新的活页/散页资料而言，若有必要应著录个人编者说明。

（2）一个或多个责任说明

①规定信息源上有多个个人或团体名称，但是在措辞上仅表示一个说明，行使同样的职能，只能按单一责任方式著录。

例如：中国发明与专利/知识产权出版社，中国发明协会主办

②规定信息源上有多个个人或团体名称，在措辞上表示有多个说明或行使不同的职能，按多个责任方式著录。

例如：中国心脏起搏与心电生理杂志/中国生物医学工程学会，武汉大学人民医院主办；中国科学技术协会主管

民商法学/中国人民大学主办；中国人民大学书报资料中心编辑

③出现在连续性资源上但不是出现在题名页上的与附录和其他补充资料或附件相关的责任说明，若有必要，可以著录在附注项。

（3）责任说明的转录

①按照责任说明出现在连续性资源上的形式转录。

②出现在连续性资源其他地方的责任说明，如果需要著录在题名与责任

说明项，应置于方括号内，或者在附注项注明。取自连续性资源以外的责任说明只能著录在附注项。

例如：戏剧丛刊 / ［山东省文化厅主办］

（责任说明取自书末出版说明）

③如果同一个责任说明中有多个个人或团体名称，可由编目机构确定需要著录名称的数量。一般规定为不超过三个，多个名称之间可以用逗号分隔，四个及以上时，只著录第一个，使用"… ［等］"标识省略的部分，并在附注项说明。

例如：标准计量与质量 / 陕西省质量技术监督局 … ［等］ 主办

附注：主办者还有：西北国际计量测试中心，陕西省计量测试学会，陕西省标准化协会，陕西省质量管理协会

④多个责任说明的转录顺序应依据题名页上责任说明的排版顺序，而不是各种说明所隐含的责任范围或程度。如果责任说明不是取自题名页，原则上按其逻辑顺序著录，并置于方括号内。

⑤并列题名和并列责任说明的转录

题名页上出现一个或多个并列题名和/或并列其他题名信息说明，并且也有多于一种语言和/或文字的责任说明时，每个责任说明应著录在与其在语言学上相关的题名或其他题名信息后。不对应于正题名或并列题名的责任说明可以著录在附注项。

例如：哈尔滨学院学报 / 主办哈尔滨学院 = Journal of Harbin University / Sponsor Harbin University

题名页上出现一个或多个并列题名和/或并列其他题名信息说明，但是仅出现一种语言和/或文字的责任说明，应将其著录在最后一个并列题名或并列其他题名信息之后。

例如：国际免疫学杂志 = International journal of immunology / 主办中华医学会，哈尔滨医科大学

题名页上出现多种语言和/或文字的责任说明，但是没有并列题名，只著录与正题名语言和/或文字相同的责任说明。如果该规定不适用，应根据题名页上责任说明的排版顺序著录。不同语言和/或文字的责任说明之间使用空格、等号、空格（ = ）分隔。

例如：Bibliographica belgica / Commission belge de bibliographie = Belgische commissie voor bibliografie

（正题名是德语，题名页上有法语和荷兰语的责任说明）

⑥责任说明的简称

出现在题名页上的团体名称是正题名、并列题名或其他题名信息的一部分，并且是简称形式或首字母缩写形式，该名称的全称或展开形式可以作为责任说明著录。如果全称或展开形式取自连续性资源题名页以外的其他地方，应置于方括号中，取自连续性资源以外，可以著录在附注项。

例如：CCER 学刊/中国经济研究中心学刊编辑部主办

（CCER 是"中国经济研究中心"的英文名称"Center of China Economic Research"首字母缩写）

北京社联通讯/北京市社会科学联合会筹备处

鞍钢／［鞍山钢铁公司］

⑦连续性资源的正题名由共同题名和从属题名组成时，适用于整个正题名的责任说明应著录在整个正题名之后，否则，责任说明应著录在与其相关的共同题名或从属题名之后。

例如：中国医学文摘．耳鼻咽喉科学／北京市耳鼻咽喉科研究所

中华人民共和国地质部地质科技情报／中华人民共和国地质部地质科学研究院主办．矿物原料部分/矿物原料研究所情报室编辑

（4）责任说明的变化

对于连续出版物，如果责任说明中的个人或团体名称在后续的卷期中增加或删除，并且这种变化不需要作为新资源另行著录，应在附注项说明增加或删除个人或团体名称。由通用术语组成的题名，当与其相关的责任说明中的团体名称发生了主要变化，需要作为新资源另行著录。

## 二、版本项

版本项是著录期刊版本情况和与版本有关的责任者的项目。它主要包括对版本类型的说明和与版本有关的责任者的说明两个小项。前者可以区分为：（1）用于说明某一地区特点的版本，称为地区版本；（2）用于说明某一特定内容范围的版本，称为读者对象版本；（3）用于说明某种语言文字特点的版本，称为语种版本；（4）用于说明某一特定时间范围的版本，称为时间版本；（5）用于说明某种特殊制作外形的版本，称为特殊外形版本。期刊的版本项与其他类型文献版本项的不同之处在于不包括关于版次的说明，因为期刊为一次性出版物，大都不再修订、补充或重版。具体著录方式例如下：

1. 地区版本，例如：

．—北京版

．—East ed.（东方版）

2. 读者对象版本，例如：

. —普及版

. —企业家版

3. 语种版本，例如：

. —日文版

. —English ed. （英文版）

4. 时间版本，例如：

. —上午版

. —周末版

5. 特殊外形版本，例如：

. —影印版

. —缩微版

. —盲文版

. —大字印刷版

. —航空版

. —Miniprint ed. （缩微印刷版）

但是，表示卷号或所包括的年份、年月范围的说明（例如：15ed. 1987 年版）不作为版本说明，应著录在卷、期、年、月或其他标识项。

没有出现在题名页上的一般资料类型或特殊资料类型说明不作为版本说明。资料类型说明应作为题名与责任说明项的一般文献类型标识著录，或者作为特定文献类型标识著录在载体形态项。

有规律的修订或频繁更新的说明（例如：修订版，每半年修订一次），应著录在附注项。

专业版本说明应作为从属题名著录。

如果连续性资源上出现了一种以上语言和/或文字的版本说明，应著录与正题名的语言和/或文字相同的版本说明。如果这个标准不适用，选择版式突出的或最先出现的版本说明著录。并列版本说明也可以著录。

例如： . —

英文版 = English ed.

如果各版本有本版责任者，应在版本说明之后著录，并用"/"标识。本版责任者取自连续性资源以外的可以著录在附注项。

## 三、资源特殊细节项

资源特殊细节项是根据我国国家标准《文献著录总则》的第三项"文献

特殊细节项"设置的一个大项目,也是期刊特有的著录项目。本项包含特定资料类型或出版物类型所特有的数据,常用于记录连续性资源的年代和/或编号,依据地图资料的数学数据、音乐资料的乐谱格式说明。

编号项依据题名与责任说明项所著录的正题名的第一期和/或最后一期所载的数字和/或日期著录。本项目著录的日期可能与出版发行项著录的日期一致,也可能不相同。如果著录是依据中间的期,但是能在其他的信息源获取第一期和/或最后一期的编号信息,可将其著录于本项,并置于方括号内。如果无法获取任何有关第一期或最后一期的编号信息,则省略本项。与本项有关、但是无法著录或没有著录在本项的编号信息,若有必要,可著录于附注项。

编号项通过对期刊本题名下首册至末册的卷期编号、年月顺序或其他符号的著录,反映期刊在一个题名下的发行情况。其中,本题名下是首册至末册起讫编号,这一前提,决定了本项的起讫编号既不同于创刊年月的编号,也不同于馆藏项的卷期、年月编号,著录时注意不能混淆。

期刊的起讫卷期、年月如无法查得又难以推算时,本项目可不予著录,并在附注项著录有关说明。

本项著录依据主要是版权页和封面页,同时可参考书名页、编辑说明。各种期刊简介也是重要参考工具。

1. 本题名下第一册和最后一册的卷、期及其年、月,一律用阿拉伯数字著录;期刊上的年份如果不是公历年份,可按原样著录,在其后加注公历年份,并加"( )"。卷、期分别用"vol."、"no."标识。当卷、期标识置于首位时,第一个英文字母应大写。期刊卷、期、年、月的起讫用"-"表示。"-"后空白,没有卷、期、年、月,则表示该刊继续出版。

例如:. —同治 11 年 3 月［1872,4］-

2. 无卷号时,以年份代替卷号,著录时,将年份著录在其号之前。

例如:1959,no. 1(1959,1)-1960,no. 6(1960,6)

改名后的期刊,如果卷、期继续使用前刊的卷、期号,著录时,以新题名的第一册卷、期、年、月著录;如果期刊的刊名不变,但卷、期号改变,著录时,新的卷、期号作为后继标识系统,在第一标识系统之后加空格、分号、空格";"继续著录。有说明文字时,先著录说明文字,后接后继标识系统,其前用逗号","标识。

3. 同时以编号和日期标识,应将出现在第一期上的这两个元素都应予以著录。编号著录在日期之前,日期著录于编号后的圆括号内。

例如:. —Vol. 1,no. 1(1984,1)

如果是以年代卷，则应将年代著录在前，期号著录在后，用于识别的日期置于年代和期号之后的"（）"内，年月之间用"，"相隔。

例如：. —2001，no. 1（2001，6）

4. 一种编号系统包括多个编号和/或日期标识，则将所有的编号和/或日期标识都著录于本项。不同的编号和/或日期直接用空格、等号、空格" ＝"相隔。

例如：. —1995，no. 1 – ＝总 1

（以年代卷，有期和总期两种标识）

. —Vol. 13，no. 1（1995，6，20） – ＝1995，no. 1 – ＝总 20 –

（同时有卷期、日期、年期和总期标识）

5. 所著录的连续出版物已经停止出版，应将最后一期的编号和/或日期著录于第一期的编号和/或日期后，两者之间用连字符" –"相隔。如果第一期的编号和/或日期未知，只著录最后一期的编号和/或日期。

例如：. —Vol. 1，no. 1（1971，1） – vol. 5，no. 12（1975，12）

. —Vol. 1，no. 1（1989，12）（只出版了一期）

. —Vol. 4，no. 3（1892，3）（已停刊，第一期的编号和日期未知）

6. 后继编号序列

如果连续出版物采用了一个新的编号序列，但正题名没有改变，新序列的编号著录于第一个序列的编号之后，两者之间以空格、分号、空格" ；"相隔。如果新序列前带有诸如"新"、"新辑"等标识的说明性文字，则将其著录于编号之前，并用逗号"，"与之相隔。

例如：. —Vol. 1（1962） – vol. 6（1967）；新辑，vol. 1（1968） –

. —No. 1（1948，2） – no. 20（1949，12） ＝ 总 37 – 53；新，no. 1（1950，2） – 新，no. 6（1950，7）＝总 54 – 59

7. 主丛编和分丛编的编号

当分丛编或补编（副刊、增刊）/插页作为从属题名著录时，分丛编或补编（副刊、增刊）/插页的编号应著录于本项，主丛编的编号著录于丛编项。如果不适用，则将与主丛编或主要连续性资源有关的编号信息著录于附注项。

8. 第一期上无标识

第一期没有任何编号标识，但在后续期上出现了期和/或日期标识，可基于这种模式给出相应的第一期的编号，并置于方括号内。如果后续期上也无法获得编号信息，则著录为"［No. 1］ –"或一个年代标识。

例如：. — ［ Vol. 1，no. 1］ –

（后续期编号为第 1 卷第 2 期、第 1 卷第 3 期等）

. —［No. 1］–

（第一期无标识）

. —［1968］–

（一个年度报告）

9. 创刊号/试刊

出现在规定信息源的"创刊号"应视为一种编号系统，应如实著录。同时出现在规定信息源上的日期，应著录在"创刊号"之后的圆括号内；创刊号以后的编号按新的编号序列处理；除了"创刊号"标识外，同时还另有一个或多个其他的编号和/或日期标识的，应将不同的标识都著录于本项。

. —创刊号（1984，1）= vol. 1，no. 1（1984，1）= 总 1；vol. 1，no. 2（1984，2）– = 总 2 –

如果试刊与总期号相连，则视试刊为一种编号系统著录于本项。如果试刊同时有卷期标识，应将"试刊"字样著录于卷期标识之前，并用逗号","与其相隔，试刊以后的编号按新的编号序列处理；如果试刊只有日期标识，则著录"试刊"字样，并在其后的圆括号内注明日期标识，试刊以后的编号按新的编号序列处理。

例如：. —试刊，no. 1（1965，2）– 试刊，no. 2（1965，4）；1966，no. 1 – = 总 3 –

总期号未计算在内的试刊，或该连续出版物无总期标识，其试刊的编号不著录在本项，可在附注项说明试刊情况。

例如：. —Vol. 1，no. 1（1983，3）– = 总 1 –

附注：1980 年 1 – 2 月有两期试刊。

10. 休刊/复刊

休刊后复刊，如果编号连续，则在本项连续著录，有关休刊信息著录于附注项。

例如：. —创刊号（1956，12）= 1956，no. 1（1956，12）；1957，no. 1 — =［总 2］–

附注：本刊 1960，no. 6 后休刊，于 1962，no. 1（1962，4）复刊；又于 1966，no. 2（1966，4）后再度休刊，于 1980，no. 1（1980，2）复刊。

休刊后复刊，如果编号另起，按新的编号序列著录于本项。

. —Vol. 1，no. 1（1964，9）– vol. 3，no. 3（1966，9）；1979，no. 1（1979，3）– 1981，no. 6（1981，11）；vol. 7，no. 1（1982，1）– = 1982，no. 1 –

11. 无法获取第一期和/或最后一期编号信息

若无法获得一种连续出版物的第一期和/或最后一期的编号信息，可将推算的大致编号后加问号"？"并著录于方括号"［ ］"中同时可在附注项说明著录依据。无法推算的第一期（或最后一期）可不予著录，任何关于第一期（或最后一期）编号的信息都可著录于附注项；如果第一期和最后一期的编号信息均无法推断，则省略本项。

例如：. —No. 1（1925） –. ？

附注：已停刊，但停刊编号信息不详

. —［1969？］–

. —［197 –］–

. —［约 1960］–

. — – vol. 28，no. 6（1978，12）

## 四、出版发行项

出版发行项著录的是期刊出版发行乃至印刷情况，它主要包括出版地或发行地、出版者或发行者和出版日期等三个小项目，其中，出版地是指期刊机构的所在地；出版者是指对期刊进行编印、制作的机关团体，不含负责出版的个人。根据 2011 年国务院颁布的修改后的《出版管理条例》规定，出版单位包括"报社、期刊社、图书出版社、音像出版社、电子出版物出版社等"。"法人出版报纸、期刊，不设立报社、期刊社的，其设立的报纸编辑部、期刊编辑部视为出版单位"。目前，我国不少期刊有主办单位，主办单位不等于出版单位，不可混为一谈。出版日期是指期刊排版、印刷的日期，通常以年份表示。当出版地、出版者无法查得时，可分别用发行地、发行者代替。外文期刊如果没有出版或发行的记载，可参考期刊本身的版权登记、印刷等方面的材料加以著录。当上述出版发行资料不全时，可用印刷地、印刷者、印刷日期代替。本项目的著录可帮助读者了解期刊的出版发行情况、出版的来源、期刊的出处等。

传统著录法大都不著录出版者，因而无法区分题名相同而出版者不同的期刊。根据我国《文献著录总则》和《ISBD（CR）》的原则，在本项增加出版者，既可以向读者提供从出版者角度鉴别所需文献的依据，又可以避免图书情报服务机构工作本身的某些差错。著录格式例如下：

. —出版发行地：出版发行者，出版发行日期

. —出版发行地；出版发行地：出版发行者，出版发行日期

. —出版发行地：出版发行者；出版发行者，出版发行日期

119

.—出版发行地：出版发行者；出版发行地：出版发行者，出版发行日期

.—出版发行地：出版发行者，出版发行日期（印制地：印制者）

.—出版发行地＝出版发行地并列说明：出版发行者，出版发行日期

.—出版发行地：出版发行者＝出版发行地并列说明：出版发行者并列说明，出版发行日期

.—发行地：发行者名称，发行日期（印制地：印制者，印制日期）

1. 出版发行地

期刊一般同时刊载有出版、发行或印刷的事项，著录时以出版为主，也就是说，如果期刊刊载出版事项，则发行、印刷事项不必著录。如果期刊中没有出版来源，就依照所刊载的发行事项著录，或者根据本单位需要，著录发行地和发行者，如果出版发行的资料不全，可著录印制项目，有的单位也可根据需要，在出版日期之后著录印刷事项，并用"（）"标识。著录时要著录出版发行机构所在地的城市全称。如果出版地或发行地不是首都或著名的城市，或者是异地同名的出版地或发行地，必须在地名之后加注上级地名，取自规定信息源的附加词用"（）"加以标识，其他来源的应置于方括号内。国别代码可采用《中华人民共和国国家标准国家和地区名称代码》中的两字符代码。出版地或发行地无法确定时，可将推测的地名著录于"［ ］"内，并加"？"表示。无法推测的出版地点，可著录省、市、自治区或国家名称，或估计可能的上述名称，推测的名称应置于方括号内。

在主要信息源中，有两个或两个以上出版地或发行地时，著录第一个地点，其余地点可根据需要选择一个作为第二出版地著录。

如果出现的地名是简称，应予照录，并将其全称补充并后置于方括号内。

连续性资源上出现一种以上的语言和/或文字，应著录与正题名的语言或文字相同的出版发行地的形式。如果这个标准不适用，按规定信息源所载版式或顺序著录最显著的或第一个出版发行地的形式。

例如：.—穗［广州］

.—衡阳（湖南）

.—雪梨［即悉尼］

.—北京；香港：人民美术出版社

.—北京［等］：知识出版社

.—贵阳：贵州人民出版社；成都：四川人民出版社

.—加拿大（出现在规定信息源上的出版地）

.—［新疆］（规定信息源以外的出版地）

．—［上海？］（可能但不确定的出版地）

经推测查考后仍然无法著录出版发行地，应在方括号中著录"出版地不详"字样。

例如：　．—［出版地不详］

对于连续出版物，后续期的出版发行地若有重要变化，可将变化的地名著录于附注项。

2. 出版发行者

出版者和发行者名称一般著录全称，著名的或易于识别的名称，在能够保证易解、明确、不含混且符合国际惯例的情况下，可以简化或用缩写形式著录。如果在题名与责任者项、版本项已著录出版者或发行者全称的，此时著录时可以适当简化。出版者用"："标识。如果团体或个人兼有出版者与印刷者职能，或不能确定是出版者还是印刷者，可作为出版者著录。如果无法确定出版者或发行者的，可著录为"（出版者不详）"。著录发行者名称后，必须加注发行者职能说明"（发行者）"。例如：

．—北京：邮局（发行者）

既有出版者，又有发行者，著录时应省略发行者，若无出版者信息，但是有发行者信息，应著录发行者信息。

对于连续出版物，后续期的出版发行者若有重要变化，可将变化的出版者名称著录于附注项。

3. 出版发行日期

本项著录与连续性资源的出版历史有关的日期。

对于连续出版物，出版日期著录第一期和最后一期的出版年。本项著录的年份与资源特殊细节项著录的日期范围的年份可能相同，也可能不同。

尚在出版中的连续出版物，应著录第一期的出版日期后置一个连字符；已经停止出版的连续出版物，应著录第一期和最后一期的出版年，并以连字符相连；若无法获得起始年信息但已知终止年信息，应著录终止年，并前置连字符。

著录依据的是中间的期，但是能在国际书目或其他信息源获取第一期和/或最后一期的出版日期，可著录于本项，并置于方括号内。

如果无法获取任何有关第一期和/或最后一期的出版日期，则省略本项。有关出版日期方面的信息可以著录于附注项。

期刊的出版日期与卷、期、年、月或其他标识项的日期一般情况下是相同的，但是外文期刊的影印本或重印本可能不同，二者的著录方法相同，用

"，"标识。如果发现主要信息源中出版年份有错误，著录时照录，但必须在其后注明正确的年份，并用"［ ］"标识。著录出版物的第一册及最后一册的出版年份，中间用"－"连接；继续出版的，则应空四格；没有出版年的，可著录版权年或印刷年，在其后加注说明，并用"（ ）"标识。影印本或其他复制本的出版项著录，应著录复制本的出版地、出版者和出版日期。原件的出版地、出版者在附注项中著录。

例如：，1905［即 1950］ －1970

，1960（印刷） －

，1970（版权） －

，［约 1985］ －（大约的日期）

连续性资源不规则的出版日期在附注项说明。

## 五、载体形态项

载体形态项著录期刊本身及其附件的客观物质特征。它包括出版数量和特定文献类型标识、其他形态细节说明、尺寸和附件等四个小项。本项目的著录依据是期刊本身。著录格式和标识符例如下：

．—数量和特定文献类型标识 ：其他形态说明 ；尺寸 ＋附件（附件数量：附件的其他形态细节；附件尺寸）

具体说明如下：

1. 数量和特定文献类型标识

特定文献类型标识表示连续性资源所属的特定资料类型，以书目机构所选择的语言著录。具体资料标识为卷、期、册或其他标识等。

已经停止出版的连续性资源，应在特定文献类型标识前著录书目单位的数量，用阿拉伯数字表示。继续出版的则在标识前空格。

对于印刷型连续出版物，可视情况使用"vol. "（卷）、"no. "（期）作为特定文献类型标识。还在出版发行中的、或虽然已经停止出版但不能确定其数量的，只著录特定文献类型标识。

例如：．—90 vol.

．—vol.

．—no.

对于仍在不断更新的活页/散页文献，应著录为"vol. （散页）"。已经不再更新的散页文献视情况著录为 1vol. （散页）、2vol. （散页）。

2. 其他载体形态细节

其他载体形态细节的著录，应遵循 GB/T 3469 – 2009 文献类型与文献载体代码中有关文献类型的相关规定。

例如：. —vol. : 图，地图

. —缩微卷片 : 图

3. 尺寸

尺寸的著录应参照 GB/T 3792 – 2009 相关部分的规定。

连续性资源的尺寸有变化，可在本项著录较小或最小的尺寸和较大或最大的尺寸，二者之间用连字符分隔，或者在附注项说明相关期或更新部分的尺寸变化。

例如：. —vol. ; 26 – 29 cm

4. 附件（选用）

附件的著录应参照 GB/T 3792 相关部分的规定。每期期刊都有的附件著录在本项，否则著录在附注项。用 " + " 标识。

例如：. —vol. : 图 ; 28 cm + 光盘

. —47vol. : 图，地图 ; 27 cm + 114 张缩微平片（11 × 15 cm）

关于附件资料的题名和责任说明（例如一个插页）或其他特性可以著录在附注项。

# 六、丛编项

一种连续性资源所有的期都在（或计划在）同一种丛编或分编中出版时，本项著录该丛编或分丛编的信息。一种连续性资源所有的期都同时在（或计划同时在）两种或多种丛编或分丛编中出版时，本项应重复著录两种或多种丛编或分丛编的信息。著录顺序依据本项规定信息源的优先顺序。上述情况以外的其他与丛编或分丛编有关的信息可在附注项说明。

它包括丛编正题名、并列丛编题名、丛编 ISSN 号、丛编内部编号（期刊各期使用的同一编号）、分丛编说明以及属于两种以上的丛编的说明等六个小项目。

著录依据在封面页或其他任何部分。丛编名著录方法与题名著录相类似。著录时与普通图书的著录相同。丛编项著录内容与主要格式及标识符例如下：

. —（第一丛编）（第二丛编）

. —（丛编正题名：丛编其他题名信息 /丛编责任说明 ；丛编编号）

. —（丛编正题名，ISSN ；丛编编号）

.—（分丛编正题名＝分丛编并列题名，分丛编 ISSN；分丛编编号）

.—（丛编题名．分丛编题名；分丛编编号）

.—（丛编题名．分丛编标识，分丛编题名）

.—（丛编题名．分丛编标识，分丛编题名，分丛编 ISSN；分丛编编号）

.—（丛编题名．分丛编题名／分丛编责任说明，分丛编 ISSN；分丛编编号）

## 七、附注项

附注项是对上述各项所作的解释、补充和说明，可以处理连续性资源的各个方面，凡是没有在著录项中描述但是又被认为是重要的信息，都可以在此说明；除了关于本部分的著录项目的附注外，还有关于连续性资源的性质、范围等不对应于任何著录项目的附注。它主要包括：（1）关于出版频率的说明；（2）关于题名与责任者的说明；（3）关于出版沿革变化的说明；（4）关于卷、期、年、月的说明；（5）关于出版发行情况的说明；（6）关于载体形态项的说明；（7）关于丛编或分丛编的说明；（8）关于索引的说明。其中，关于出版沿革变化的说明尤为重要。每个附注项均为单独的一项，并依照上列次序著录。

著录时，每个附注项之前均用".—"；例如另起一段时，".—"可省略。其著录的结构形式例如下：

附注．—附注．—附注

或

附注

附注

1. 出版频率说明

如果题名与责任说明项中没有出现资源的出版频率或更新频率，应在附注项说明（必备）。出版频率的起讫年份和其他说明文字，记录在各自出版频率之后的"（）"内。例如：

季刊

月刊（7—8 月合刊）

季刊（1979—1990）；双月刊（1991—）

（表示 1979—1990 年该刊为季刊，1991 年改为双月刊。）

半月刊（2004—）；出版频率多次变化（1950—2003）

2. 题名与责任说明项附注

题名与责任说明的著录主要有以下几个方面：

（1）翻译期刊题名原文的附注：原版的题名原文及其 ISSN 应予著录。例如：

正题名：科学美国人

附注：Scientific American 的中译本

（2）与正题名形式不同的变异题名，例如：封面题名、书脊题名、活页题名、附加题名页题名等，若有必要，应予著录。例如：

.—封面题名：国外特种经济动植物

（正题名：特种经济动植物）

.—1986，no. 1-2 正题名改题：法制心理研究

（正题名：犯罪心理研究）

.—逐页题名：国立中央大学周刊

（正题名：中大周刊）

（3）如果并列题名、副题名以及期刊的性质、范围或语种在出版过程中有变化，也应在附注项注明。例如：

.—还有德、法、俄、日文并列题名

（题名与责任说明项中只著录了英文并列题名）

.—No. 9（1984）起其他题名信息改为：少年文学丛刊

（正题名：未来：儿童文学专辑）

.—2000 年正题名为：戏曲、戏剧研究

（正题名：戏剧、戏曲研究）

.—展开题名为：中国高等教育文学保障系统简报

（正题名：CALIS 简报）

（4）责任者在出版过程中发生变化，也在此项说明。

责任说明附注可以包括以下内容：

a）连续性资源以外的责任说明；

b）个人或团体名称的变异形式、展开形式和笔名等；

c）与作品项联系的、但没有在其他著录项目中著录的个人和团体名称；

d）既不对应于任何正题名，也不对应于任何并列题名的责任说明。

例如：.—原主办者为：辽宁商业专科学校

.—该机构的完整名称为：上海社会科学院世界经济研究所

（正题名：世界经济研究所通报）

对于连续出版物，若有必要，可在附注中说明第一期或所见最早一期以后的责任说明发生的变化。

3. 连续性资源书目沿革附注

我们在介绍期刊的特点时曾介绍过它在出版过程中，会出现改名、合并、分辑等情况，这是在期刊著录过程中经常遇到的问题。期刊的继承、改名著录方法已在题名与责任说明项中作了说明。期刊的合并、改出、分出等情况也应在附注项中著录。资源的书目沿革细节，可随同与其关联的其他资源的编号一起著录。

（1）继承与改为

当所著录的连续性资源继承了先前出版的连续性资源时，应使用附注（必备）说明先前资源的题名。导语为："继承:"。

例如：现代免疫学

附注：继承：上海免疫学杂志 = ISSN 1001 – 2478

当所著录的连续性资源被后续出版的另外一种连续性资源继承，应使用附注（必备）说明后续资源的题名。导语为："改为:"。

例如：女子文学

附注：改为：女子文摘 = ISSN 1672 – 5875

（2）合并

当所著录的连续性资源是由两种或两种以上先前出版的连续性资源合并而成，应使用附注（必备）来说明先前资源的题名，导语为："由：……；与：……合并而成"。

例如：中国农业大学学报

附注：由：北京农业大学学报 = ISSN 0479 – 8007；与：北京农业工程大学学报 = ISSN1000 – 1514 合并而成

当所著录的连续性资源与一种或多种先前出版的连续性资源合并成为一种新的连续性资源，应使用附注（必备）说明与之合并的连续性资源和合并后形成的新的连续性资源的题名，导语为："与：……合并；成为:"。

例如：北京农业大学学报

附注：1996 年起与：北京农业工程大学学报 = ISSN 1000 – 1514 合并；成为：中国农业大学学报 = ISSN 1007 – 4333

（3）分成与分出

当所著录的连续性资源是由一种连续性资源分为两种或多种连续性资源后形成的新资源，应使用附注（必备）说明被分解的先前连续性资源的题名。

导语为："部分继承:"。

例如：中国科学. A 辑，数学 物理学 天文学

附注：部分继承：中国科学. A 辑，数学物理学天文学技术科学 = ISSN
1000 – 3126

当所著录的连续性资源分成两种或多种连续性资源时，应使用附注（必
备）说明后续的连续性资源的题名。导语为："分成：……；和：……"。

例如：中国科学. A 辑，数学 物理学 天文学 技术科学

附注：1996 年起分成：中国科学. A 辑，数学物理天文学 = ISSN 1006 –
9232；和：中国科学. E 辑，技术科学 = ISSN 1006 – 9275

当所著录的连续性资源是从另外一种连续性资源中分出时，应使用附注
（必备）说明分出前的连续性资源的题名。导语为："分自:"。

例如：民国档案

附注：分自：历史档案 = ISSN 1001 – 7755

（4）吸收与并入

当所著录的连续性资源吸收了其他连续性资源，并且没有改变题名，应
使用附注（必备）说明被吸收的连续性资源的题名。若有必要，吸收的日期
也可以在附注中说明，导语为："吸收:"。

例如：山东大学学报. 社会科学版

附注：吸收：山东医科大学学报. 社会科学版 = ISSN 1000 – 5595

当所著录的连续性资源并入到另外一种连续性资源，应使用附注（必备）
说明并入它的连续性资源的题名。若有必要，并入的日期也可以在附注中说
明，导语："并入:"。

例如：山东医科大学学报. 社会科学版

附注：并入：山东大学学报. 社会科学版，ISSN 1001 – 9839

4. 版本附注的著录

期刊复制本的原版的出版地、出版者、出版频率等事项应在附注项中著
录。如果期刊有辅助版，辅助版款目中应著录主要版本的题名。此外，多种
版本，期刊的副刊、特刊、附刊等，以及版本的变化也应在附注项著录。如
果副刊单独著录，则应注明主刊的题名。例如：

. —1997 年起同时出版网络版

. —有多种语言版本

. —本刊为以下刊物的中文版：Reader's digest（U. S. edition） = ISSN 0034
– 0375

5. 编号项附注

用于说明未被著录于编号项的编号细节或被省略的原因，该附注也包括那些未被著录在编号项的复杂的、无规律的编号或对目录使用者重要的编号。主要著录卷、期号的变化，或出版编号无规则、不规则，或期刊休刊、复刊等情况。我国中文期刊复刊等情况相当普遍，应注意予以著录。此外，正式出版前的试刊情况也应著录在附注项。

例如：. —1980 年 1 – 2 月有试刊 2 期

编号项：Vol. 1，no. 1（1980，3） – = 总 1 –

. —1959，no. 1（总 9） – 1961，no. 1（总 54）有总期标识

编号项：1958，no. 1 – 1966，no. 9

. —每年从第 1 期开始编号

. —1995 – 1997 年以春、夏、秋、冬四季作为期号标识，第 1 期为春季号

. —创刊与停刊编号不详，见存最早一期为 vol. 4，no. 1（1932，5）；最后一期为 vol. 4，no. 7（1932，12）

所著录的是一种从属于主要连续出版物的补编（副刊、增刊）或插页，可以用附注说明主要连续出版物的编号信息。

例如：正题名：癌症. 化学治疗专辑

附注：副刊 no. 1（1989，4，15）为正刊的 vol. 8，no. 2（1989，4，15），副刊 no. 20（1998，12，15）为正刊的 vol. 18，no. 6（1998，12，15）

编号项：No. 1（1989，4，15） – no. 20（1998，12，15）

6. 出版发行项附注

本项附注包括连续性资源的其他出版发行者的细节、关于不同的出版发行等信息、不规律出版和附加日期等内容。

例如：. —出版地还有：贵阳、成都和重庆；出版者还有：贵州人民出版社、四川人民出版社和重庆出版社

　　　. —第 4 卷出版于 1939 年，第 5 卷出版于 1946 年

对于连续出版物，第一期或所见最早一期之后出现的出版地、出版者名称的变化，若有必要，可随同相应的卷期编号在附注中说明；如果变化很多，可用一般性附注说明。

例如：. —Vol. 4，no. 1（1984）起出版者改为：科学出版社，出版地改为：北京

（原出版者为：甘肃人民出版社，出版地为：兰州）

. —出版发行者多次变化，2007 年期出版者为《科学》杂志编辑部

## 7. 载体形态附注的著录

在载体形态项中没有反应出来的有关情况，均应在本项中予以著录。例如无规律出版的附件，印刷型连续性资源尺寸的变化等。

例如：. —尺寸在 20 – 30 cm 之间变化

.—1999 年起为双向倒转印刷形式

## 8. 丛编项附注

所著录的连续性资源的所有期同时在两种或多种丛编或分丛编出版，可在丛编项著录这些丛编或分丛编的题名，否则用一般性附注说明有多种丛编或分丛编的情况。有关丛编内部编号的情况，必要时应予以著录，但这种情况在期刊中比较少见。

如果主丛编题名或 ISSN 未包含在丛编项中，则可在附注项说明。

例如：. —（中国报刊经济信息总汇）

附注：主丛编题名：复印报刊资料

可用附注说明主丛编编号和/或主丛编编号和分丛编编号之间的关系，也可以用附注说明丛编或分丛编编号编号的情况。

例如：附注：丛编中每一期编号为 10，20，30 等

如果主丛编与分丛编的识别题名与其正题名不同，应使用附注（必备）著录识别题名。

## 9. 内容附注

内容附注包括内容的罗列及其他内容，例如索引、插页、书目和组成连续出版物各期的各个物理单位。

例如：. —每期包含有经济学参考书目

.—每年最后一期附该卷分类索引

凡期刊有索引的均应著录说明性文字，对于检索性刊物的著录尤应注意。

例如：中国学术会议文献通报

附注：月刊.—本刊继承：国内学术会议文献通报.—每期有分类索引；1990 年改为年度索引

## 10. 著录依据附注

凡不是根据期刊本题名下的第一期著录的，应在附注项中加以说明。一般来说，期刊第一期刊载的有关期刊的事项最详细，而且最准确。其他卷、期可能对期刊中的一些事项没有刊载，上述情况在中文期刊中出现的较多。

例如：

计算机世界 ＝ China Computer World

附注：. —据 1981，no. 1 著录

11. 其他附注内容

除上述附注外，期刊的其他变化均应在附注项反映。例如：

. —American Chemical Society（美国化学学会）

. —Abbreviated key - title：AM. Chem. Soc.

（缩写识别题名：AM. Chem. Soc. ）

. —本刊为化学学会会刊

## 八、标准编号与获得方式附注

国际标准编号与获得方式项是著录国际标准连续出版物编号（ISSN）、识别题名、获得方式和其他代码的项目。其中，ISSN 和识别题名具有鉴别期刊种别的专指性作用，也是判断出版物是否改名的重要依据；ISSN 还具有订购、开账单、控制书目、编制文摘于索引等多种途径。

识别题名（key title，又称关键题名）是由国际连续出版物数据系统（IS-DS）为每一种登记 ISSN 号码的期刊所制定的、区别于其他题名的特定题名。它与该种出版物的 ISSN 不可分离。一个 ISSN 号码只代表一个特定的识别题名，而不代表其他题名。当期刊的正题名是一个与众不同、易于识别的独特题名时，这个题名本身便是识别题名。实践表明，这种期刊占多数。

获得方式是指期刊在社会上的流通价格或方式，含定价、非卖品。其他代码通常指邮局的 POSN（Post Office Serial Number 的简称）等编号，只适用于无 ISSN 号码的期刊。

具体著录格式如下：

1. ISSN 的著录

ISSN 号著录时按所题著录。若确定是印刷错误，则著录正确的，在其后的圆括号中 "（ ）"内注明术语 "纠正的"或等同的其他语种的术语进行说明，错误的标准编号应在附注项中说明。例如：

. —ISSN 0257 - 0173（纠正的）

附注：ISSN 0275 - 0173

2. 识别题名的著录

识别题名由 ISDS 中心负责建立，按期刊上所载顺序与形式记录，应著录原文，例如刊名为非罗马文字（例如日文、汉字等），应进行音译。用 " ＝ "标识。由 ISSN 网络中心分配的识别题名，即使与资源的正题名相同也必须与

相应的 ISSN 一并著录在本项。例如：

　　. —ISSN 0021 – 8871　=　Journal of applied chemistry

　　中文刊名：交通建设（台湾出版）

　　音译名：Chinao – T'ung Chien – She（台湾使用韦氏拼音）

　　. —ISSN 1008 – 9063 = 中国烟草（北京）

　　外文期刊如果在期刊上已标有 ISSN 和识别题名者，在本项目著录中没有记载时，原则上可借助工具书，例如《乌里希国际期刊目录》、《不定期连续出版物与年鉴》等，如查不到可略去。

　　**3. 获得方式与价格的著录**

　　获得方式一般只著录非卖品、内部发行、只供会员、只供交换、免费等说明性文字。订购的不必著录。用"："标识。

　　价格以阿拉伯数字著录，前置官方标准货币符号（见 GB/T 12406 表示货币和资金的代码）。

　　例如：. —非卖品

　　　　　. —每期价格：CNY10.00；每年价格：CNY60.00

　　价格以原货币单位著录，按全年计算价格，在其后加年份，用"（）"表示。外文期刊在国内订购一般用人民币支付，因此价格可同时注明人民币的价值。例如：

　　：￥3.60（1983）

　　：100（1985）= ￥300

## 九、馆藏项

　　GB/T 3792.3 – 2009《文献著录第 3 部分：连续性资源》，简称《连续性资源著录规则》所规定的著录项目无"馆藏项"，但是，图书馆工作实践确需著录馆藏情况。

　　馆藏项是对图书馆所藏期刊的入藏数量的记录，用卷、期、年、月表示。在馆藏系统、完整、不存在缺期情况的图书情报服务机构，本项可不予著录。但是，对那些每年期刊订购、装订变化较大的单位则应予著录，可以让读者全面了解自己所需刊物是否被纳入馆藏系统。

　　以上著录项目的著录来源是期刊的题名页。题名页一般在卷首，有时也在卷末。题名页不完整或无题名页时，可参阅封面、版权页、封底、刊头、刊脊、编者说明等处。题名页与封面或其他部分记载不同时，以题名页为主。关于卷数、尺寸、附件等外形特征的著录来源，以期刊本身的实际情况为准。

# 第四节 期刊目录种类

通过对期刊的著录，形成了许多零散的且各不相关的款目个体。要实现对期刊的有效利用，还必须对这些款目个体进行有序的排列，即依据款目的不同性质的标目，按一定的方法和规则加以组织，形成各种不同性质、不同类型的款目集合体——目录，从而使读者能够利用完整的检索系统，检索到所需的文献。目录按照不同的分类标准有不同的形式。

## 一、按载体形态划分

### 1. 卡片式目录

这是国内图书情报界目前使用较普通的一种报刊目录。这种目录便于登记、更新、改动和查用。但其体积大，容量小，易失散，不便于进行馆际交流。

卡片目录著录的格式见下图：

```
正题名 = 并列题名 ：副题名 / 责任说明；其他责任说明
. - 版本 / 与版本有关的责任说明
. - 卷、期、年、月或其他标识
. - 出版地：出版者，出版年（印刷地：印刷者，印刷年）
文献总数 ：插图 ；尺寸 + 附件
. - （正丛编名，国际标准连续出版号；丛编编号）
附注
ISSN ＝ 识别题名 ：价格 （年份）
馆藏项
```

著录时，要按照上一节所介绍的著录项目依次进行著录。著录项目可区分为主要著录项目和选择著录项目。与图书一样，期刊著录可根据著录主要项目之外的选择项目著录的多少来确定详简级次。各图书馆可根据自身的规模和要求，决定采用著录项目的类型。期刊著录的主要项目有：正题名，第一责任者；版本项；卷、期、年、月或其他标识项；出版地、出版者、出版日期；国际标准连续出版物号；出版频率及部分其他附注。选择项目有：并列题名、副题名或题名说明，其他责任者；印刷地、印刷者、印刷日期；载体形态项；丛编项；附注项。

著录的详简可形成不同的级次，著录级次分为简要级次、基本级次和详细级次。著录全部项目内容为详细级次；著录主要项目和部分选择项目为基本级次；凡款目项只著录主要项目则是简要级次。

一般来说，详细级次的著录方式最便于读者了解和利用期刊，但对著录工作要求较高，著录人员必须具备一定的连续出版物知识，工作量较大，因此比较适用于大中型图书馆采用。国家书目及全国集中编目必须采用详细级次。简要级次的著录方式著录项目比较简单，适用于小型图书馆采用。其他类型的期刊目录，可按图书馆性质、任务、读者对象等自行选择。不过，同一单位编制的目录，其著录的详简必须统一。

著录时，应注意标识符合文字的规范化。例如项目间隔符为".—"，期刊的起讫卷、期、年、月之间用"－"等。而卷、期数、年、月、日期、尺寸或开本、价格等数字，一律用阿拉伯数字。以上都应该依照标准执行。

2. 书本式目录

为了充分利用馆藏期刊，进行情报交流，需要编制书本式目录。书本式目录往往附有各种索引，便于读者查找，而且书本式目录能起宣传馆藏期刊、扩大利用的作用。书本式目录除主要的馆藏目录和订购目录外，另外还编制报刊联合目录、报刊论文索引、文摘和专题目录等。馆藏书本式期刊目录反映一个图书情报服务机构已入藏期刊的情况，收录的期刊可追溯到几十年甚至上百年。书本式目录通常是在卡片式目录的基础上编制的，著录方式也要按著录标准进行。因编制较为费事，且需要印刷过程，编制和更新时间一般要在一年以上。书本式目录一般以分类目录为主，辅以刊名字顺索引。

3. 机读目录

它的全称为机器可读目录（Machine Readable Catalogue，简称 MARC），又称电子计算机磁带型目录。它是 20 世纪 60 年代出现的一种新型载体的目录。机读目录是以代码形式和特定机构记录在计算机存储载体上的、能够被计算机识别和编辑输出书目信息的目录。它是计算机编目后的输出产品。美国国会图书馆自 1966 年开始机读目录的试验，1969 年正式向全国发行 MARC Ⅱ。由于它既考虑了编目自动化的要求，又兼顾了手工编目的现状；既采用了国际书目著录标准，又照顾到自动化编目的可扩充和修改的特点；既立足于一单位的计算机编目要求，又着眼于对不同类型计算机的兼容，因此 20 世纪 70 年代以来，MARC 得到了世界编目界的认可和采用。这种目录的优点是可以进行高速、准确和多元检索，并可通过不同角度编制出各种期刊目录。

我国国家图书馆（原北京图书馆）1986 年开始编制我国的 MARC，1992 年 2

月正式出版了《中国机读目录通讯格式》 (China MARC Format，简称 CN - MARC)。以下作一简单介绍。

（1）格式结构

每个数目记录的格式例如下：

①记录头标区（Record Label）：是一条记录的总体说明，包含处理记录时可能需要的有关记录的一般性信息，即总字符数的记录状态。由 24 个字符组成固定长。

②地址目次区（Directory）：目次区在头标区之后，是记录所有数据字段的标识符、长度和起始位置的标识区。它为可变长，由若干个固定目次字段构成，每个固定目次字段长 12 个字符，总长度为 12 × N + 1，N 为目次个数，最后一个是区的字段分割符个数。

③数据字段区：用三个数字表示，从 001 ~ 905。

第一个数字表示功能，0 ~ 9 十个数字为十个功能块，它们的具体含义如下：

0 标识块，存放记录控制号、国际标准刊号等各种标识号。

1 代码信息块，存放描述连续出版物性质及特征的各种代码。

2 著录块，是书目记录的主体，存放题名、责任说明、版本说明、卷期标识、出版发行、载体形态及丛编等信息，与 ISBD（CR）的第 1 至第 6 著录项对应。

3 附注块，存放各种附注信息，与 ISBD（CR）的第 7 著录项对应。

4 款目连接块，存放与本记录有关的其他记录的信息，达到与相应记录连接的目的。

5 相关题名块，存放除正题名外的其他题名信息，作为数据库的检索点。

6 主题分析块，存放编目员为此记录分配的各种分类号，以及为之标引的主题词。

7 知识责任块，存放对此连续出版物负有知识责任的个人、团体（或家族）的规范名称。

8 国际使用块，存放国际上一致约定的内容，存放馆藏、索刊号等信息。

9 国内使用块，存放国内各系统使用的字段。

第二个数字表示种类，0 为人名，1 为团体名，2 为家族名；第三个数字表示种类的细分，0 为主要责任者，1 为同等责任者，2 为次要责任者。

（2）最低限的必备字段

001 记录控制号

100 一般处理数据

101 作品语种

200 题名及责任者说明（仅@中题名是必备字段）

801 记录来源字段

以上是 CNMARC 规定的必备字段。它是从数据交换的角度规定的，是数据交换所需的最低限字段。CNMARC 字段的设置简单、易懂、流畅，基本不重复且一目了然。虽然字段设置比较简单，但人们可以利用计算机组配、检索的功能，同样可以进行多层次、多途径检索。CNMARC 重视相关文献的连接。将 MARC 中以 4 字段的标识符项由原来的丛书项改为连续款目块。对不同的关系定义为不同的字段，例如对于前名、后名、吸收、合并分别定义为430 字段、440 字段、434 字段、436 字段。总之，从字段设置的总体来看，CNMARC 打破了传统的观念，能够按照各字段的内在联系组织字段，把相同功能的字段组成块。从而对各种信息组织的更科学，更能适应计算机检索。

## 二、按使用对象划分

### 1. 读者目录

提供给读者查找报刊用的目录，包括现刊目录和过刊目录。一般组织为分类目录与题名字顺目录。

### 2. 公务目录

为图书情报服务机构的工作人员进行期刊管理而编制的目录，包括现刊登到目录、过刊目录和排架目录等。一些规模较小的情报单位，往往是一套目录既作读者目录又作公务目录，甚至一种目录既反映现刊入藏情况，也反映过刊入库情况。这时，一定要加强目录的管理，使其不错、不乱、不丢，到一定时候条件成熟时，再根据使用对象的不同进行分离。

## 三、按期刊收藏范围划分

### 1. 馆藏目录

馆藏目录是揭示一个图书馆文献馆藏的检索工具。通常反映的是本馆的收藏情况。读者查阅期刊馆藏目录的目的主要有两点：一是想知道某一个图书馆收藏了哪些期刊，二是想知道某一本具体的期刊，在本馆收藏了没有。如果本馆没有收藏此文献，则可以查阅联合馆藏目录，来了解其他馆是否有收藏。

### 2. 联合目录

联合目录是揭示和报道两个以上图书馆的部分或全部馆藏报刊的目录。

它反映了某一国家或某一国家的某一地区、专业系统的某一学科或全部馆藏的收藏情况，这对采购工作进行协调，尤其是采购外文报刊经费的协调，有十分重要的作用。同时，报刊联合目录的编制对于馆际互借、报刊交换、报刊资源互补、实现报刊资源共享，有其重要的意义。报刊管理部门对这一工作应予足够的重视，各有关领导也应大力支持这一工作。

世界上第一个期刊联合目录是 1859 年意大利米兰地方的期刊联合目录。我国期刊联合目录的编制开始于 20 世纪 20 年代末，1929 年出版的《北平各图书馆所藏中文期刊联合目录》是我国第一部联合目录，也是 20 世纪上半叶唯一的正式出版的中文期刊联合目录。从 50 年代开始，期刊联合目录的编制工作有了发展。1957 年在国家科委主持召开的 第四次扩大会议上，拟订了全国图书协调方案，建立了中心图书馆并成立了全国联合目录 编辑组，为顺利开展全国联合性目录工作提供了组织保证。此后，不到 10 年的时间，我国编制的中外文期刊联合目录的种类很多，有全国性的，也有地区性的，有综合性的，也有专业性的。例如：《全国中文期刊联合目录（1833—1949）》、《全国西文期刊联合目录》及其续编《全国俄文期刊联合目录》、《全国日文期刊联合目录》、《中国科学院图书馆编印全院所藏期刊总目》、《广东地区图书馆馆藏西文科技期刊联合目录》等。这个时期编制的期刊联合目录多属回溯性目录，收录范围以科技期刊为主。"文革"期间，期刊联合目录的编制工作一度中断。"文革"后，各种期刊联合目录陆续出版，除编制回溯性目录外，各省市、专业部门还编制了期刊订购联合目录。例如《1978 年全国预定外文科技期刊联合目录》等。目前，中国高等教育文献保障系统（CALIS）组织编制高校期刊联合目录，已经可以提供网上检索服务。

## 四、按查找的角度划分

### 1. 期刊分类目录

期刊经过分类后，有了按学科排列的一定顺序，对于读者来说，掌握这种目录的使用方法，即可以将同一类的刊物一览无余。对于专业研究工作者来说，这种目录是十分重要的。但是刊物的分类目录，由于刊物自身内容庞杂的特点，不及图书分类目录使用价值高。但对于馆内工作人员来说，刊物分类目录对于采购、分类、参考、咨询工作也是十分重要的，因为它对于平衡各个学科期刊收藏数量，对新刊物进行分类和为读者查找资料，都是必备的工具。分类目录的格式按照 22 个类目的先后顺序排列，例如下：

这种目录，无论是读者用的还是内部业务用的，格式相同。

| D91/3 | 法制博览 |
| I1/1 | 世界文学 |
| I2/2 | 十月 |
| N0/1 | 科技导报 |
| TF/5 | 天津冶金 |

## 2. 刊名字顺目录

同图书书名目录一样，期刊的刊名目录是一种重要目录，读者查找期刊有多种途径，而刊名目录应当说是一个主要途径。刊名目录之所以重要，是由于期刊的刊名一般比较稳定，为读者所熟识和查找信息的常用入口；而且由于在论文引用的文献参考目录中，都要注明是参考何种期刊。从管理的角度来说，通过刊名目录，查找馆内是否入藏该刊，是控制复本的最常用的方法。

刊名字顺目录，顾名思义，是按期刊名称的字顺排列成的目录。读者和工作人员只要了解检字的顺序，就可以迅速准确查找到所需要的期刊。其形式例如下。

例1：按刊物名称首字笔画排列的刊名字顺目录

| N0/1 | 科技导报 |
| D91/3 | 法制博览 |
| I1/1 | 世界文学 |
| TF/5 | 天津冶金 |
| I2/2 | 十月 |

例2：按刊物名称首字四角号码顺序排列

| I1/1 | 世界文学 |
| I2/2 | 十月 |
| D91/3 | 法制博览 |
| N0/1 | 科技导报 |
| TF/5 | 天津冶金 |

两种按不同检字法排成的刊名目录，前者适用于读者，因为读者很容易

掌握按笔画顺序检字的方法，这种目录也称读者用字顺目录；后者适用于馆内工作人员在业务工作中使用，也称为公务字顺目录。

上述两种目录，除去一种期刊一种卡片外，还应当制作若干附加片。例如：刊物更改名称后所制作的互见片（刊名目录）。一本刊物涉及两个学科所制作的分类互助片（分类目录）等。

### 3. 机构名称目录

国内外不少期刊的名字包括编辑出版单位名称，例如：学校校名、学会名称、工厂或企业名称等，有的单位编辑出版多种刊物，而且分属不同学科，例如美国电器与电子工程师协会（IEEE）出版的几十种刊物，内容包括固体电路、计算机、车辆工艺、核科学、地球科学等，一些读者往往把这些单位名称作为检索口。为此，一些图书情报单位编制一套机构名称目录供读者使用。这也是报刊自身的特殊情况所决定的，不过一般图书馆，往往只设前两种目录，即报刊分类目录和刊名字顺目录。

# 第五节　期刊目录编制方法

期刊目录的编制原则与编制方法，基本上与图书目录相一致，但也有它的特点。

目前，大多数图书馆都使用机读式目录。卡片式目录又分为字顺目录和分类目录，目录组织的依据是标目。期刊刊名字顺目录与图书书名目录一样，其汉字排检方法主要有汉字笔画笔形法、拼音法和四角号码法三种；期刊分类目录则因所采用的分类法的不同而有所区别。需要注意的是，由于新学科的大量出现和现代科学相互交叉、相互渗透情况较为普遍，期刊，尤其是学术期刊分类较为困难，同时也给读者以类求书带来不便，不易找到自己所急需的新学科、新技术报刊资料，降低了检索效率。为解决报刊分类目录的这一不足，可通过改善分类目录（例如多设参见片、分类附加片、分类分析片等）和编制主题索引补救，这也是期刊目录组织的特殊问题。本节着重介绍上述字顺目录和分类目录两种检索系统的组织和排列方法。

## 一、字顺目录组织法

字顺目录是指以作为款目标目的题名、责任者名称及主题的特定字顺，按一定的目录组织规则进行排列而组成的目录，它的特点是"以字求书"。

1. 中文字顺目录

中文字顺目录的组织必须以一定的汉字排检法为依据。汉字排检法是从形、音、形音结合等三方面来进行排检的。我国采用的排检法主要有以下三种。

（1）笔画笔形法

笔画笔形法又称笔画笔顺法。这种方法是先按汉字的笔画数进行排列，笔画少的在前，笔画多的在后。笔画相同时再按照笔形的顺序，例如一丨丿等为序进行排列。第一个字相同时，其后各字的排比有三种方法：第一种是用第一个字的方法排比，以此类推。第二种是直接比第二个字以下的笔画数。第三种是比第二个字以下的字数多少。一般来说，取第一种方法较多。笔画、笔形完全相同时，例如：人、入和工、土、士等，依第一、二笔关系的离、接、交为序。第一、二笔的关系完全相同时，依第二、三笔的离、接、交为序，以此类推。笔画、笔形、起笔完全相同时，首笔长在后，短者在前。

笔画笔形法的最大优点是通俗简单，主要缺点是笔画、笔形没有一定的规范，因人而异，影响目录的稳定性和准确性。计算笔画、决定笔形时比较费工。

（2）四角号码法

四角号码法是将汉字作为一个方块，依其四个角笔形结构配置一定号码，再依号码大小确定排列顺序的方法。四角号码的十种笔形代号我们在第三章第四节作了介绍。以此方法我们可以查到汉字的四角号码，例如"十"字为4000，"科"字为2490，"汽"字为3811。排列时，小号在前，大号在后，即"科"、"汽"、"十"。

四角号码法优点是取号迅速，只要掌握十种笔形就能见字给号，缺点是重号太多、造成排检困难、字体繁简变化大、异字同号、同字异号等，因此，这种方法不适合组织字顺目录。

（3）汉语拼音音序法

汉语拼音音序法是按照《汉语拼音方案》所规定的拼音字母顺序排列的一种排检法。

我国目前采用汉语拼音音序法排检汉字的具体方法有如下三种。

1）严格按照《汉语拼音方案》拼写连缀的字母顺序排。

| ji qi ren | 机器人 |
| ji qi ren ji shu yu ying yong | 机器人技术与应用 |
| ji xie qiang du | 机械强度 |

ji xie zhi zao                          机械制造

从上例可以看出，这种排检法完全脱离了汉字结构的制约，类似西文字顺目录组织中"按字母顺序排列，字母与字母相比"的方法，它既不能集中相同的汉字，又不适合我国读者的检索习惯。

2）完全按照《汉语拼音方案》拼写词的音节顺序排列。这种方法是先按各词的第一个字的首字母顺序排比先后，首字母相同再按第二个字母排比，直至最后一个字母。第一个字的字母完全相同，则按声调（阴、阳、上、去）次序排比，第一个字的音节（包括字母及声调）完全相同，再以同样方法排比第二个字，依此类推。例如：

fēn xī yí qì              分析仪器
fēn mò yě jīn jì shù      粉末冶金技术

这种方法以词为排比单元，分离了同一字形的字，也脱离了我国读者的检索习惯，与第一种方法一样较难推广使用。

3）以《汉语拼音方案》拼写每个字的音节顺序排列，辅以笔画笔形。方法是：

①先将首字相同的汉字集中，再按第二字、第三字及以后各字的汉语拼音排比。例如：

huà          《化工机械》
             《化工文摘》
             《化学世界》
diàn         《电测与仪表》
             《电工材料》
             《电工电能新技术》
             《电焊机》
             《电机控制学报》

②首字的音节相同时，则按其声调（阴、阳、上、去）顺序排列。例：

qī           《七色板》
qí           《棋迷》
qǐ           《起重运输机械》
qì           《汽车技术》

③首字的音节及声调完全相同时，按它们的笔画顺序，从少到多排列。例：

jī           《机械制造》
             《激光杂志》

140

④首字的音节、声调及笔画数完全相同时，再按它们的笔形一丨丿的先后顺序排列。例：

mó　　　　　　　　《摩擦学学报》
　　　　　　　　　《模具技术》

这种排检法的优点是：紧跟我国文字改革、汉语拼音的发展方向，符合当前读者使用目录的实际，可提高目录的稳定性与准确性，但必须在掌握汉语拼音方法和声调，并能正确掌握汉字的正确读法基础上进行。从长远看，它不失为一种较科学、稳定性较强的排检方法。

2. 西文字顺目录组织

在西文期刊的目录款目中，书目信息是用拼音文字记载，这种文字结构比方块汉字简单，因而款目排检方法也相对简单，只需以拼音字母顺序排检即可。

（1）基本排检规则

①按字母顺序，单元字符串与单元字符串相比进行排列。按字母顺序排列一般有两种方法：一是按字母顺序，字母与字母相比（letter – by – letter）；二是按字母顺序，词（即单元字符串）与词相比（word – by – word）。目前国内外大都采用"单元字符串与单元字符串"相比（即词词相比）的排检方法。现把两种方法加以比较：

| word – by – word | letter – by – letter |
| --- | --- |
| New Hampshire | Newark（N. J.） |
| New Haven（Conn.） | New castle（N. S. W.） |
| New York（N. Y.） | New foundland |
| New York（state） | New Hampshire |
| New Zealand | New Haven（Conn.） |
| Newark（N. J.） | Newman，Arthur |
| New castle（N. S. W.） | Newport（Isle of wight） |
| New foundland | NewSPAPERS |
| Newman，Arthur | New York（N. Y.） |
| Newport（Isle of wight） | New York（state） |
| NewSPAPERS | New Zealand |

②数字排列于字母前，英语字母系统排列在非罗马字母系统之前。

③标点符号及非字母系统的标记符号（& 符号及数字字符串中某些类似标记，如划分千位数的逗号除外）不作为排比因素。

④不考虑大小写形式，等同排列所有字母。

基本规则综合使用实例：

$ 20 a week

112 Elm street

150 Science experiments step—by—step

1918，the last act

130 000 kilowatt power station

A.

A. A.

A. B. C. programs

Aable，Marie

AAUN news

$ and Sense

Camp—Fire and Cotton—field

Camp Fire Girls

Camp fire，Thomas J.

Camp fire adventure stories

LIFE

Life—a bowl of rice

LIFE—ORIGIN

Life，spiritual see SPIRITURAL LIFE

Muellen，Abraham

Muellenbach，Ernst

（2）特殊排检规则

①缩写：缩写形式的字符串均按款目上出现的书写形式排比。如果各缩写首字母有空格、破折号、连字号、斜线或句号隔开，则各首字母作为一个单独的单元字符串处理；当各首字母间无任何标点符号，仅由其他标记或符号联系时，则将它们作为一个单独的单元字符串排比。如：

Concord（Mass.）

The Concord Saunterer

Con Cord（Va）

CONCORD（VT.）

142

Doctor Comes Quickly

Doctor Brents Wandlung

Dr. Christien's office

Dr. Mabuse der spieler

②首冠词：凡首冠词属个人名称或地名的组成部分时，则作为一个单元字符串排比。机关团体名称、题名、及主题词具首冠词，并不属上述情况时，一律不予排比。几种主要西文文种冠词如下表4－3。

表4－3　西文文种冠词

| 文种 | 定冠词 | 不定冠词 |
| --- | --- | --- |
| 英文 | The | A，An |
| 德文 | Der，Die，Das | Ein，Eine |
| 法文 | Le，La，L'，Les | un，une |
| 西班牙文 | EI，La，Lo，Los，Las | Un，Una |
| 意大利文 | Il，Lo，L'，La，Gli，Gl'，I，Le | Un，Uno，Una，Un' |

③上下角字母与数字的排列：当一个单元字符串附有上下角字母或数字时，应将这些字母或数字与其所依附的字母或数字同等排列，它们之间用空格。如：

$CO_2$ = CO 2

$Na_8$ = Na 8

$37_s$ = 37 S

$49_{Ca}$ = 49 Ca

④名称前缀的排列：前缀属于人名或地名的组成部分。若单独分写时，则作为单独的单元字符串处理；当与名称紧连（包括无空格的省略号和"，"）时，则与其紧连的部分一起作为一个单元字符串进行排列。例如：

Darby，William

De Alberti，Amelia

De，Harinath

Mac Alister，James

M'llVaine，William

⑤数字的排列：数字字符串按其数值自小至大的顺序进行排比。小数按位数相比进行排列。如果小数不与一个整数组合，则排在"1"前；分数作为一个字母按"分子/分母或整数空格分子/分母"排列。例如：

.300 Vickers machine gun mechanism

1；0 fur Dich

13/4 Yards of silk

1. 3 acers

13 is one

⑥日期的排列：题名中的日期按数字排列；年代档的日期，如主题的副标题，或在人名后的生卒年按公元纪年排列，公元前（BC）的日期在前，公元后（AD）的日期在后；缩写，如 b.、d.、及 fl . 略去不计。例如：

Brown，John，1610—1679

Brown，John，1610—1680

Brown，John，1800—1869

Brown，John，b. 817

Brown，John，d. 827

Brown，John，A.

概括的年代或以词表示的年代，按该时期完整一段日期处理，如"17th century"可按1600—1699年排。

## 二、分类目录组织

分类目录组织是按照期刊内容的学科体系，根据图书馆所采用的期刊分类法组织而成的目录。它从文献内容所属的知识门类揭示期刊的内容，并能够反映出各学科之间的内在联系，它可以满足读者"以类求书"和"连类求书"的要求。分类目录是在目录体系中居主导地位的目录，也是读者使用最多的目录。

期刊分类目录组织是根据分类款目的分类排架索取号的顺序排列的。其排列步骤有二：首先，各类款目按特定文献分类法的分类号码顺序排列；其次，同类款目再按种次号或者著者号、卷（册）次号及年代号的顺序排列。

1. 各类款目按特定文献分类法分类号码顺序排列

目前我国分类号标识主要有两种：一种是以《中图法》为代表的字母与数字混合制。其排检方法是：先按字母先后顺序排，将同一字母的款目集中在一起，再按字母后的第一位数字从小到大的顺序排，依此类推。例如：

另一种是以《科图法》为代表的单纯阿拉伯数字制，其排列方法是：按分类号码的数字大小顺序排，小者在前，大者在后，第一位号码相同，再依其第二、第三位号码由小到大顺序排，依此类推。

| G43/2 | 中国电化教育 |
| I2/2 | 十月 |
| N0/1 | 科技导报 |
| TH12/2 | 机械设计与研究 |
| TF/5 | 天津冶金 |

分类号带有辅助号码时按下列方法排列：

（1）带有"a"推荐号的，一律排在有关类目款目的最前。例如：Ga G －2 G0 G1

（2）带有"－"总论复分号的，排在类号为数字"0"的前面。例如：F F－43 F－6 F0 F21

（3）带有"："组配号的，按"："后其他学科的类号顺序排列。例如：Z88 Z88：B9 Z88：B94 Z88：TD

2. 同类款目排列方法

同类款目是指分类号相同的一组文献款目，其排列方法主要有如下几种。

（1）种次号排列法

将同类中的不同款目，按分编的先后顺序，依次给予每种款目不同的顺序号（种次号），再依号码由小到大排列。例如：

| TM3/1 | 中国电机工程学报 |
| TM3/2 | 中小型电机 |
| TM3/4 | 大电机技术 |
| TM3/7 | 微特电机 |
| TM3/8 | 电机技术 |

（2）期刊题名号码排列法

将同类中的不同款目，按款目中题名字顺取四角号码或拼音字母，再依号码由小到大，或依拼音字母先后顺序排列。

| TP3/WJSJYY | 微计算机应用 |
| TP3/WXJYYY | 微型机与应用 |
| TP3/JSJYY | 计算机应用 |

# 第五章 期刊的引文分析

19世纪以来，由于科学发展的要求，科学家在撰写论文时，必须参照前人所写的与之有关的论文。到了现代，科技文献，尤其是科技期刊论文有一个很重要的书面特征，就是在文后罗列出作者利用、参考、借鉴过的较早发表的文献。正如英国学者 J. M. 吉曼（Ziman）所说：没有一篇科学论文是孤立存在的，它是被深嵌在整个学科的文献体系之中。人们认为这些参考文献能查明作者在构思自己的论文时吸收或利用了哪些早期研究者的概念、方法、成果等，所以说一篇文献并不是孤立的，而是存在于所属的学科的文献中。

著者的思想和著作的内容都会被另一著者参考或引用，它的主要标志就是期刊论文之后的参考文献。一篇文献在参考文献目录中被提及这一事实说明，在著者的思想中，被引文献的部分或全体与引用文献的部分或全体存在一种关系。那些被引用的较早发表的"早期文献"，我们一般通称为引文，两者形成引用与被引用的关系。对这些关系的研究就是引文分析，它是文献计量学的一个研究领域，利用图论、模糊数学、统计学以及其他数学、逻辑思维方法，对科技文献的施引或受引现象和规律进行分析，以便通过对文献的变化、宏观现象的揭示来反映更广泛、更深刻的社会、科学、经济、文化多种动态与走向。引文在文献计量学中有着不可替代的重要作用，它除了是其他定律测量时的来源数据外，本身也可展开进行引文分析。目前，引文分析作为一种有效的研究方法已经被应用到其他相关学科。例如在社会学中，常常利用引文分析来评价社会人物。进行引文分析所用的主要工具是引文索引，它是被引文献的一个有序化目录。

就书面现象而言，被参考、引鉴、推荐的文献还有不同的称谓。常见的术语是：note（注释），footnote（脚注），references（参考文献），bibliography（参考书），citation（引用文献），further readings（补充书目）等。各种用语适用的范围如表5-1所示。

表 5-1　常见引文术语使用

| 方式 | 位置 | 中文名称 | 英文名称 |
|---|---|---|---|
| 直接而明确涉及的文献 | 末尾 | 引用文献 | citation |
| | 所在页 | 当页脚注 | footnote |
| | 末尾 | 先后字顺排列 | references |
| | | 著者姓氏字顺排列 | bibliography |
| 未直接涉及的文献 | 末尾 | 参考文献 | references |
| | | 补充文献 | further readings |

此外，社会科学类的文献除了正常用注释、注脚外，还常用一种"间注"或称"夹注"，主要是在正文中以括弧形式显示对上文的进一步说明或交代出处。因为它们夹杂在正文中，有时与上文在意义上有承接关系，有时却游离于正文之外，有独立的意义。在社科类文献中，这种形式的文献居多，由于没有醒目的标志，很难辨认，统计起来也比较困难，因此对社会科学类文献实行引文分析形成了一个障碍。

# 第一节　引文的特点及研究内容

## 一、引文及其主要特点

### 1. 引文与参考文献

我们在平时的学习和工作中所使用的两个常见的概念"参考文献"和"引文"事实上是有区别的。根据美国著名文献学家 D. 普赖斯所作的区分我们可以看到：如果论文 R 含有并使用描述论文 C 的系列（或注脚）文献时，那么就可以视为论文 R 就含有参照论文 C 参考文献，而论文 C 具有来自论文 R 的引文。或者说，参考文献是一篇文献对另一篇文献的答谢，而引文是一篇文献从另一篇文献所得到的答谢。因此，"参考文献"是一个后视概念，而"引文"则是一个前视概念。引文是一篇著文提供后文的一种信息标志，也是后文的某些观点取自前文的信息证明。任何一篇论文末尾的参考文献我们都可以根据《SCI》之类的工具书迅速地查出。

根据我国国家标准《文后参考文献著录规则》（GB/T 7714-2005）对"文后参考文献"的定义：为撰写或编辑论文和著作而引用的有关文献信息资源。这个定义适用于各种类型的文献，如期刊、图书、专利、电子文献等。

它强调了设文后参考文献的目的及被引用文献与引用文献在内容上的相关性。由此可认为，文后参考文献是期刊论文正文的重要组成部分，是正文的延伸与补充，有些还反映著作责任者的意志、态度等。应当指出，对于科研成果期刊学术论文而言，文后参考文献与科研过程中使用的参考文献并不是同一个概念。开展文献检索，获取并分析、整理参考文献是完成一个科研项目的重要内容，参考文献对于科研立题、制定科研方案、攻克某些难关往往有重要作用。而且在大多数情况下，一个科研项目的各个参考文献对该科研项目贡献大小并不完全相同。查阅参考文献的工作伴随完成科研项目的全过程，而且在这个过程中每个参考文献发挥各自的作用。而文后参考文献则是撰写科研成果学术论文时引用的文献。在一般情况下，它只是科研项目参考文献中的一部分，而且还有可能补充了科研完成后撰写论文时新发现的文献。由于有些期刊在"征稿简则"中明确指出文后参考文献只限于主要的和公开发表的，有的甚至限制条数，也是科研过程中使用的参考文献与文后参考文献在数量上有差异的原因之一。应当强调指出，一个科研项目占有的参考文献其使用对象是该科研项目的从业人员；而文后参考文献的使用对象则是广大读者，并为他们进行追溯性文献提供依据。

2. 引文的引用动机

综上所述，引文具有丰富的内涵。从形式上看，施引论文与受引论文之间只是貌似简单的引用与被引用关系，实际上它却有丰富的内在含义。著文与引文之间有着各种各样的缘由，我们通常称它为引用动机，E·加菲尔德将引用原因归结为以下 15 点。

（1）对科学开创者表示敬意；

（2）对相关的工作给予应有的评价（尊重同行）；

（3）鉴别方法、仪器等；

（4）提供背景知识；

（5）修正自己的著作；

（6）修正他人的著作；

（7）批评早期的著作；

（8）陈述要求；

（9）展望前景；

（10）对不确定的传播、不适当的引用和该引未引的文献进行澄清与补充；

（11）鉴定试验数据和理化常数；

（12）核对引文中某一主张或概念，是否已被讨论过；

（13）核对原始资料中或其他著作中的起因人物的一个概念或一个名词；

（14）承认他人的工作或观点；

（15）对别人要求的优先权提出异议。

所以说，引文虽然在书面形式上都平淡无奇，但是引用文献的出发点和目的却是各不相同的。

### 3. 引文的特点

（1）引文总量庞大

引文集合隐含着大量的期刊信息生产、传递和利用的重要规律，是引文分析的数据宝库。造成这种状况的主要原因是：①期刊种类繁多。美国著名文献学家 D. 普赖斯认为，实际期刊累积量 1950 年是 10 万种，到 2000 年可达 100 万种。近年来一些期刊研究者指出，这种估计数值偏高。英国《世界科技期刊目录统计》报道，1960 年科技期刊为 59 961 种，1992 年约 10 万种。《乌利希国际期刊指南（1989—1990）》收录现期连续出版物 119 500 种，其中期刊 66 000 种左右，科技期刊约占 42%。②每篇论文的引文量有逐年增加的趋势。据美国《科学引文索引》（Science Citation Index，SCI）提供的数据，1964 年每篇平均引文量为 11.8 条，1974 年增加到 13.1 条，1984 年则进一步增加到 15.7 条，20 年增长了 1.33 倍。期刊篇均引文量增加与可资引用的文献量增加、科研学科涉面宽以及难度大等密切相关。③期刊论文作者普遍掌握了文献检索手段，特别是国内外大量文献数据库的建立与电子计算机广泛应用于文献检索，为在更大范围内检索到更多相关文献提供了可能性。检索到的文献数量多，可资引用的文献数量也多。

（2）论文正文引用处与引文形成引用与被引用的关系

每篇期刊论文的引文都应按顺序排列，论文正文中也有一一对应的序号，形成明确的引用与被引用关系。换言之，引文不是与正文无关的、游离于正文之外的文献集合，而是使论文正文与已经发表的或已经取得的研究成果等密切联系在一起，反映出学科研究的继承性、连续性、相关性以及各学科之间的研究成果互相利用的复杂关系。同时显示出这种继承性、连续性和相关性可以跨越较大的时空。文献的引用是无国界的，世界上任何一个国家和地区公开发表的文献均可列入引文之列，任何一个语种的文献也都可以得到引用。在时间上，可引用自有文献以来任何时期的文献。由于引用可以跨越较大的时空，使引用与被引用的关系更趋复杂。引文分析除研究引文自身的规则外，还必须研究引用与被引用的复杂关系，而且在一定意义上说，后者更为重要。纵观引文分析的已有研究成果，不难发现，这方面的研究工作还相当薄弱，有待加大研究力度。

（3）引文具有鲜明的可检性

研究表明，有一些引文被引用的具体内容已在论文正文的被引用处明确给出，而更多的引文则只提供引文，而未给出具体内容。在第一种情况下，应当给读者提供核实的线索；而在第二种情况下，则必须给读者提供查阅具体内容的途径。换言之，引文是引用论文的重要组成部分，必须明确给出责任者或主要责任者、篇名、刊名、卷（年）、期（月）及具体页码。当读者阅读一篇期刊论文时，若有必要，可依据每条引文的检索标识，通过著者索引、主题索引、分类索引、刊名索引等多种途径，检索到引文。应当指出，目前我国有些期刊的部分论文，编者有意略去引文，即在文末出现"参考文献略"，完全抹杀了引文的可检索性；有些期刊论文的引文格式不标准，甚至缺少必要的款目，也不同程度地降低了引文的可检索性。引文不是附于期刊论文之后的陪衬物，它有重要的实质意义。

## 二、期刊引文分析的研究对象与内容

期刊引文分析的信息载体是期刊。期刊刊种、层次、学术水平不同，引文分析的完善程度也相差悬殊。因此，在选样本时必须重视如下问题。

1. 样本的合理组合

在对一个学科或专业的期刊进行引文分析时，应选择有代表性的若干种期刊，其中既有全国性的，又有地方性的；既有不同层次的学术期刊，又有不同层次的实用性期刊；有时还应选择刊载三次文献的期刊。如果对全世界某一学科或专业的期刊进行引文分析，样本的合理选择更加复杂和重要。

2. 研究时域

由于在不同的时域内，有些期刊的一些引文测度指标往往发生变化，甚至有较大的波动。如果研究时域过窄，所得数据太少，难以真实反映客观规律。

在我国，自然科学学会会刊的引文率接近100%，不同时域的引文数量又相对稳定。因此，引文分析的完善程度高，是进行引文分析的重要对象。有名望的刊载三次文献的科技期刊，每篇论文的引文条数都比较多。这是因为三次文献是对大量文献消化、整理、加工、系统化的产物，一般都涉及史学、现状与展望、突出的研究成就、存在的主要问题、不同学派的争鸣以及作出重要贡献的科学家等，一篇三次文献往往是一个研究课题的历史缩影，包容全部研究工作的主要成果，在三次文献的论述中以引用已有研究成果为主，因此每篇论文的引文量必然较大。而且如果一个研究课题历史悠久，学科涉面宽，可引用的研究成果多，引文量会更大。实用性强的期刊引文分析完善程度低。凡论文属应用性研究且内容是某一技术或装备在某一工程中的应用，只介绍应用方法、使用效果或者对某些技术问题论述作者个人见解时，引文篇率比较低。而且这些期刊的引文数量在不同的时域常出现波动。由此可见，期刊引文分析的信息载体虽然是期刊，但在选样时必须注意。

# 第二节　引文测度指标

引文分析作为文献计量学的一种重要研究方法，主要通过统计、计算并分区、比较各引文测度指标，获取预期的研究成果。为使引文分析更为严谨和无懈可击，近年来许多学者在完善引文测度指标以及探讨它们的内在联系上做了不少工作。

## 一、引文量

所谓引文量是指某一具体期刊、学科、国家引用其他期刊、学科、国家的文献数量和次数。对一种期刊而言，是指在一定时域内，它的引文总条数，反映这种期刊的载文对其他文献以及自刊载文的吸收能力，或者说反映这种期刊所载论文与已有研究成果的继承性、连续性和相关性大小。引文量的最低值是零，即在某一时域内，一种期刊的各篇论文均无引文。

引文量是常用的引文测度指标。它的大小和期刊刊种、类型、层次、国别、周期、编辑部对引文数量的限制以及研究时域等多种因素有关。从某种意义上说，引文量和期刊载文的学术性强弱有很大的关系，期刊的引文量也会随研究时域加宽而增加。此外，在期刊每期载文量不变的条件下，出版周期的变化以及增刊、副刊的出版等都会影响引文量的增减。如果一种期刊从月刊改为半月刊，它的年引文量应当增加 2 倍左右。而若出版周期不变、期刊增页、减页也常使引文量发生变化。总之，期刊引文量的多少受多种因素的影响，在分析研究对象的引文量时应具体情况具体分析。

引文量随研究对象和时域不同而有不同的定义范围。研究对象可以是一个或几个国家甚至世界各国的期刊，可以是一个或几个学科、一个或几个专业的期刊，也可以是一个地区、一个系统或一个单位的期刊，可以是一个语种或几个语种的期刊，也可以是一种期刊、一期期刊或一篇论文；而时域也可长可短，在进行引文分析时，只要能准确反映客观规律即可。因此，在使用引文量时，必须注意定义范围。引文量的获得通常有两条途径，一是从《JCR》等工具书上查取，二是对研究对象进行统计。引文量是计算篇均引文量、自引率等测度指标的基础数据。

## 二、篇均引文量

在一定时域内，研究对象每篇论文的平均引文量称为篇均引文量。此数是为了消除不可比因素，是一种以每篇论文为基础的量值概念。计算时先计算出每一种期刊中每篇论文的引用数，进而扩大而求出一个学科内的总引用数，除以该学科期刊所发表论文的合计数。即：篇均引文量＝研究范围内的引文量/载文总篇数。显然影响引文量的诸多因素也都影响篇均引文量，但后者又增加了载文总篇数的影响。可以说，篇均引文量比引文量更具有可比性，因为它消除了载文量的影响，可以更直观地反映每篇论文对已有文献的平均吸收能力。

有些人对引文有不正确的认识，其一是认为引文可有可无，其二是限制每篇引文的条数，给人留下的印象是引文不如正文重要，忽视了有相当一部分引文是正文内容的补充与延伸这一事实。但是，如果通过增加每篇论文的引文条数以显示个人吸收文献的能力和精通若干语种的能力也是不正确的，这会对引文分析产生较大的失真。

## 三、被引文量

在一定时域内，引文分析的研究对象被其他期刊和自刊引用的次数。研究对象可以是一篇论文、一种期刊、若干种期刊的集合，或者是一位作者发表的所有论文等。如果是若干期刊的集合，可以涉及多国、多语种、多学科的期刊。从引用方向的角度分析，它和引文量恰恰相反，引文量衡量引用主体期刊对其他期刊和自刊载文的吸收能力；而被引量则表明被引用客体对周围的影响能力，期刊文献被其他文献的吸收能力，或者说是被实际利用程度大小的量度。通常认为一种期刊的被引量越大，该刊的文献价值以及实用性和学术性越高，质量也越高，因此，被引文量可作为评价期刊质量的测度指标。引文量是主动行为所及；被引文量是被动响应所至。就一个学科以上的宏观范围而言，二者有正相关的关系，即一个学科引文量低，它的被引文量也不会高。

一名作者的论文被引文量高，在很大程度上说明他是某一学科甚至几个学科的学术带头人，他取得的科研成果影响面大，可继承性强，较一般科研人员的论文有更大的实用价值。也有人认为这与"马太效应"有关。但必须承认，一名科学家被引文量高的必要条件是：①有科研成果学术论文发表；②科研成果学术论文水平较高；③论文发表在较高层次的或权威性的期刊上；④他的论文与许多研究课题在内容上有相关性；⑤他的论文拥有较多的读者等。所以，科学家们被引文量大小可以作为评价科学家成就的一个指标。

## 四、引文篇率

在研究时域内，研究对象中有引文的论文篇数与论文总篇数的百分比，称为该时域内该研究对象的引文篇率。设某年一种期刊共发表论文 m 篇，其中有引文的 n 篇，则该年该刊的引文篇率为 n/m×%。它反映在研究范围内，有多大比例的论文对已有文献存在吸收能力和有多大比例的论文没有标识出对已有文献的继承性、连续性和相关性。有些类型的期刊引文篇率为零，例如刊载二次文献的期刊、小说类文艺期刊，以中小学生为主要读者对象的期刊，文摘类刊物等。但以刊载科研成果学术论文为主旨的科技期刊，引文篇率一般都大于零并且数值较高，特别是其中层次较高者。实践表明，期刊刊登的论文中科研成果原始学术论文的比例越大，学术性越强，引文篇率一般都高。在科技期刊中，学术论文完善程度高的论文一般都有引文。因此，对科技论文而言，引文篇率的大小常可反映期刊的学术性高低以及学术论文的总体完善程度。

## 五、引文年代分布

引文年代分布是从时间的角度分析期刊引文的分布规律，是引文分析的主要内容之一。引文年代分布可以反映出被引文献的出版、传播和利用情况，特别是在期刊老化和替旧研究中，引文年代分布的分析有着广泛的应用。

普赖斯在 1965 年提出了"最大引文年限"的问题，同时指出：文章被引证的峰值是该文章发表以后的第二年。这也就是说，当年发表的文献，所用的被引文大量来自前两年发表的文献。"最大引文年限"反映了科学文献最活跃、最有生命力的时期。这一重要参数的确定，不仅对于文献信息规律等理论研究产生重大影响，而且有利于有效地确定各学科领域文献剔旧的最佳时限，使文献利用率达到最佳值，对文献出版发行工作等都具有指导作用。因此，这一课题引起了许多学者的研究，并提出了一些修改意见。例如前苏联学者柯果塔特可夫提出，文献被引证的峰值大约在其发表后的 2~4 年。可见，在不同时期、不同学术环境条件下，各学科文献的"最大引文年限"是不同的。

武汉大学邱均平教授的研究表明，中文被引文献从出版到被利用的平均时间差大约是半年，而外文文献要两年左右。科学文献被引证的最佳年限，中文文献大致为出版后的 2~5 年；而外文文献为 3~8 年。科学工作者使用的引文，大多是近 10~20 年内发表的文献；而 20 年以前的文献就很少被人利用了。

以上学者研究的引文不特指期刊引文，从期刊论文发表速度较快，期刊论文通常是最近的研究成果等特点来看，期刊论文的引证时间要比专著等其他类型的文献要短，通常比较容易过时。

## 六、影响因子（IF）

这个指标作为有历史意义的概念，是 E. 加菲尔德 1955 年在《科学》（Science）上发表的《科学引文索引》一文中首先提出的。依他的定义，一种期刊某年的影响因子 IF = 指定年度引用该刊前两年论文的总次数/该刊前两年发表的论文总篇数。影响因子中规定引用年为前两年，是受 D. 普赖斯提出的引文《研究前锋》（research front）的影响，普赖斯认为科学论文在发表两年后才能达到被引用的最大值。也就是说把引文分析的比较点置于最大引文年限处，以提高可比性。由影响因子的定义不难看出，它实际上是一种期刊某一年前两年的均被引文量。可以说影响因子只是被引文量在特定条件下的一种表示方法。由于它用篇均值表示，消除了载文量的影响。但它只适用于评价期刊质量，适用范围远小于被引文量。在实际计量活动中，除 E. 加菲尔德提出的算式外，还有另外两种计算方法。其一是，"每篇被引用文献的影响因子"，简称 PIC 影响因子。某年某刊的 PIC = 该年引用该刊前两年论文的总次数/该年引用该刊前两年论文的总篇数。显然它表示每篇被引用论文的篇均被引量。其二是"可供引用及被引用文献的影响因子"，简称 Cic 影响因子。某年某刊的 Cic = 该年引用该刊前两年论文的总篇数/该年前两年该刊发表的论文总篇数。由于每篇被引用的论文至少也要被引用一次，所以对同一研究对象和研究时域 Cic 影响因子的数值必低于或等于 IF 的计算值。

通过大量的研究表明，引文"研究峰值"并不完全集中在期刊论文发表的第二年，一般来说是 2~4 年。如果一种期刊在正常情况下发展，例如不改变出版周期、每期固定页数等，"研究峰值"是相对固定的，随着期刊的增龄，逐年计算出影响因子，可以通过影响因子的变化趋势，评价该刊质量的变化。影响因子的上升或下降与期刊的质量是成正比的，也就是说，影响因子逐年上升，说明该期刊的质量在稳步提高；如果影响因子逐年下降，说明该刊质量也在逐年降低；如果是波动性的发展，则说明该刊质量处于不稳定的状态。

## 七、当年指标

也称快指标（Immediacy index），指一种期刊在指定年度里，当年所发表论文的被引用数与该刊所发表论文的总数之比。这是评价期刊信息速发性的一个重要指标。用来衡量一种期刊被其他期刊引用的速度，也就是文章发表当年期刊的篇均被引文量。一种期刊的当年指标越大，该刊的信息速发性越高。显然，当年指标实际也是一种引文量，只不过规定同一年被引与发文数值之比而已。这样，该指标更紧紧依赖期刊的出版周期、发文数量和文种等因素。

一种期刊当年指标的大小在很大程度上取决于引用该刊论文的各种期刊的编辑出版时滞长短。一篇论文投向一个期刊编辑部后，应当先进行审稿，决定是否录用，对录用论文编辑加工，然后由出版机构出版，这时才能与读者见面，得到引用。一篇论文从期刊编辑部收到稿件到它出版的整个时域称为该篇学术论文在该刊的编辑出版时滞。处在编辑出版时滞中的引文，对计算当年指标没有贡献。如果引用一种期刊论文的各种期刊编辑出版时滞的实践区最低值为 12 个月及其以上，该刊的当年指标则为零。

还应当指出，论文在一种期刊上发表的时间不同，对计算当年指标的贡献也不同，假设引用该刊的各种期刊的论文编辑出版时滞均在 6 个月以上，那么该刊下半年发表的论文即使被引用，也对计算当年指标没有贡献。所以说，一年中，论文发表的时间越早，它对计算当年指标的贡献有可能越大。

## 八、衰减系数

衰减系数即在研究范围内，近 5 年的各期刊的引文量与总引文量的百分比。它反映期刊论文新颖性的测度，也反映期刊论文的使用寿命长短，并可透视出期刊论文被引用的时效性。引文的新颖性越高，衰减系数越大，期刊论文的使用寿命也越短。其实，衰减系数在数值上完全与普赖斯指数一样，就是内在的含义两者也完全相同。

自然科学的衰减系数大多在 50% ~ 60% 之间，不同学科的衰减系数相差较大。与传统学科比较，近些年来新兴的学科衰减系数较大。用衰减系数评价期刊引文的新颖性与用半衰期评价（见后文介绍）有同样的效果。

## 九、论文影响时间和期刊平均响应时间

所谓论文影响时间是指它从发表到第一次被引用所经过的时间，表示期刊论文被引用的速度。而期刊平均相应时间是指一定时域内（一般为 5 年）

某期刊上的论文从发表到第一次被引用所经时间的平均值。响应时间是评价论文或期刊重要性、新颖性和适用性的重要依据。由于种种原因，特别因为期刊编辑出版时滞长，反映期刊信息速发性的另一测度指标——当年指标有时失灵，失去比较价值，但响应时间不可能为零，因此用它评价期刊质量更有它的普遍意义。

## 第三节  引文分析的重要工具

从国内来看，目前有 5 家文献情报单位研制出版自己的引文数据库产品，以印刷型出版物或数据库等形式发行。国外的引文分析工具当属美国的科学引文索引和期刊引文报告。

### 一、中国科学引文索引

1. 《中国科学引文索引》概述

1995 年《中国科学引文索引》（China Science Citation Index，CSCI）试刊号问世，这意味着我国自己的科学引文索引诞生了。十多年来，我国许多有识之士在创建中国科学引文数据库方面做了大量艰苦的试验工作，在编制引文索引的理论和方法上作了长期不懈的研究。中国科学院国家科学图书馆（原中国科学院文献情报中心）自 20 世纪 80 年代初以来，一直从事建立中国科学引文数据库的探索性研究。1991 年此项研究被列为国家自然科学基金资助课题。该课题组便正式开始了中国科学引文数据库的研究与建设，并于1994 年初进行了印刷出版《中国科学引文索引》的编制研究工作。至《中国科学引文索引》出版试刊号，中国科学引文索引数据库已积累 20 余万种来源文献、60 余万条中国引文和 100 余万条关于外国引文出版年代等情况的信息。

《中国科学引文索引》以中国科学引文数据库为基础编制而成，选取数学、物理学、力学、化学、天文学、地学、生物学、医药卫生、农业科学、工艺技术、交通运输、航空航天、环境科学学科或专业的 300 余种中国出版的中英文重要期刊作为来源期刊。它收录来源期刊上刊载的全部研究论文和综述文章以及部分重要研究简报、译文、纪念性文章、教学研究、讲座等文献。不收录论文摘要、简讯、消息、短论、动态、发刊词、题词和名词解释等。

《中国科学引文索引》由引文索引、来源索引、机构索引和轮排主题索引四大部分组成，并以前两种索引为核心。各部分的款目均按汉语拼音及拉丁

156

字母顺序排列。《中国科学引文索引》是一种新颖独特的文献检索与科学计量工具。它以文献正文与引文之间的内在联系为纽带建立起引用与被引用的关系，打破了传统的学科分类界限，既可揭示某一学科的继承与发展关系，又能反映学科之间相互交叉、相互渗透的关系。作为检索工具，索引不但设置了一般检索点，如著者、关键词、机构名称等，而且提供其他检索工具所没有的检索途径，即从一篇已知文献入手，通过引用与被引用关系查找更多的相关文献。作为科学计量工具，它可用于定量分析和评价科学活动，较为客观地反映科学发展的内在规律，为科研管理和决策提供依据。鉴于这些特点，该索引在科技文献检索和文献计量学、科学计量学研究与应用等方面具有其他检索工具无法取代的独特功能。使用《中国科学引文索引》可以进行文献检索和相关参数的统计。

2. 文献检索

可通过如下途径进行。

（1）引文途径

已知一篇早期文献，查找最新相关文献。如果研究人员掌握一篇早期的重要文献，可以利用引文索引检索出所有引用过该篇文献的来源文章。这些来源文章与早期文献之间在内容上必然有着或多或少的相关性。根据查出的来源文章、著者姓名及文献出处，在来源索引中可找到更为详尽的信息，如论文题名、第一著者单位等，以进一步判断这些论文的相关性。研究人员也可利用在引文索引中查到的有关来源文献的出处，直接到原始期刊中查找原文。

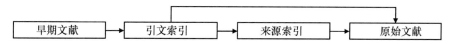

（2）著者途径

已知著者姓名，查找该著者发表的文章。利用来源索引，可直接查找已知著者最近发表的文章。著者独自发表的论文或作为第一著者完成的论文将以主要款目形式出现，作为和著者完成的论文将以参见款目形式出现。通过参见款目，研究人员可按文献号或第一著者姓名及文献出处，在其主要款目中查得对该篇论文的详尽描述，或直接查找原文。

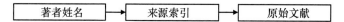

（3）机构途径

已知机构名称，查找该机构中发表论文的著者。

①已知机构名称，可以通过机构索引查找该机构人员近期发表论文的情况。已知机构名称和机构所在地，可依索引在机构索引的地理部分查找该机构的著者及其文献号，根据文献号可以在来源索引中查找到有关该篇论文的详细描述。

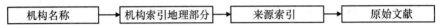

②已知机构名称，但不知其所在省、市（县），可先利用机构索引的机构部分查到该机构所在地，再按①所介绍的方法查找。

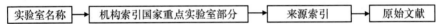

③如果需要了解国家重点实验室、国家实验室或开放实验室人员发表论文的情况，可从实验室名称入手，通过机构索引中的国家重点实验室部分查找。

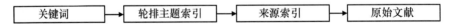

（4）关键词途径

已知一个或数个专业术语，查找相关文献。已知能表达主题的专业术语，可以用这些术语作为检索点，在轮排主题索引中按主题词顺序查找到该词，在主题词之下查找相关的副主题词，再按所列出的文献号，在来源索引中查找到该篇文献的详细描述。

关键词 → 轮排主题索引 → 来源索引 → 原始文献

（5）综合方法

综合上述各种方法，循环检索往往可以获得意想不到的检索结果。从一个途径入手进行检索，并将检索结果作为下一次检索的起点，这样循环检索，可以达到较好的检索效果。

3. 统计分析

《中国科学引文索引》除作为文献检索工具外，在科学学和文献计量学研究等方面也有很重要的作用。在科学史研究和科研管理方面，可以用来描绘科学发展进程，揭示科学文献之间的相互联系；还可以为评价国家、地区的科研产出能力、科研人员的影响力、期刊的质量、科学著作的价值以及各类型文献的使用及"老化"规律等提供参考依据。

（1）科学论著被引频次统计

在引文索引中，按论著的第一著者姓名查到相应的引文款目，统计出引用该篇论著的次数即可。为防止遗漏还应查找匿名著者部分。

（2）著者被引频次统计

在引文索引中查到欲查者的款目，便可统计出该著者作为第一著者发表的文献被引用的次数。如欲了解某一著者作为合著者时的被引情况，需要按与其合作的第一著者姓名及其合作完成的文献出处进行统计。统计著者被引频次时，要注意统一著者姓名既可能以汉字形式出现，也可能以汉语拼音形式出现。同时还应注意避免因著者同名所造成的统计错误。

（3）著者发文量统计

已知著者姓名，可利用来源索引统计出该著者近期内作为第一著者和作为合著者发表的论文数量。具体方法是在来源索引中找到欲查的著者姓名，统计其名下的论文数量即可。其中主要款目的数量反映的是该著者以第一著者身份发表的论文的情况，参见款目的数量反映的是该著者以合著者身份发表的论文的情况。

（4）机构发文量统计

①已知机构名称及其所在地，可通过机构索引的地理部分，从机构所在省（直辖市、自治区）、市（县）名称入手，找到相应机构，机构名称下列有该机构著者发表论文的情况。文献号左侧有"＊"表示该著者为该篇论文的第一著者，无"＊"则表明该著者为该篇论文的合著者。统计机构发文量的方法有以下三种：某一机构人员作为第一著者发表的论文数量，统计该机构中带"＊"号的文献数量即可；某一机构发表论文的总次数，统计该机构名称下列出的文献号总数即可；某一机构著者参与发表的论文数量，意味着每一篇由该机构人员参与发表的论文都作为该机构的一个产出，此时需统计该机构款目下的文献篇数，可按文献号进行统计，但应注意相同的文献号只能统计一次。一个机构有两个以上（含两个）地址时，需要分别在几处统计，将统计结果合并后，作为该机构的总发文量。

②如果只知机构名称，而不知其所在地，可先利用机构索引的机构部分查到机构所在地，再利用地理部分进行统计。

③如欲了解国家重点实验室、国家实验室和开放实验室的发文情况，可在机构索引的国家重点实验室部分按实验室名称进行统计。统计方法与①介绍的统计方法相同。

（5）地区、国家发文量统计

如需统计国内某个省、市的论文产出情况，可直接利用机构索引的地理部分，找到相应的省、市名称后，按照介绍的统计方法，便可统计出该地区著者发表论文的数量。国外著者在该索引收录的来源期刊上发表论文的数量，也可利用上述方法在机构索引地理部分中查到。不同之处在于国外著者机构所在地是以国家名称划分的，而未作进一步细分。

《中国科学引文索引》的问世，为对我国重要科技期刊进行引文分析创造了良好的条件，结束了通过引文分析研究国内期刊没有工具书的局面。它必然对我国文献计量学、科学计量学的研究起重大的推动作用。

## 二、中国科技论文与引文分析数据库

《中国科技论文与引文分析数据库》（Chinese Science and Technology Paper and Citation Database，CSTPCD）是在中国科技信息研究所历年开展科技论文统计分析工作的基础上，由中国科技信息研究所和万方数据于 1989 年创建、开发的一个具有特殊功能的数据库。

该数据库是从我国出版的 4 000 多种科技类刊物中，选用确能反映我国科技成就和水平的期刊 1 200 种左右，作为统计分析用刊。这 1 200 多种期刊包含了以下 5 种类型的期刊：

（1）全部中央级期刊、中央和各部委的定点期刊和主要高校学报及部分地方的知名刊物。

（2）美国《科学引文索引》、《工程索引》、《化学文摘》、英国《科学文摘》和日本《科技文献速报》等世界著名检索系统收入的我国期刊。

（3）经国内各有关单位统计调查后确认的各核心期刊。

（4）全部一级学会会刊及部分二级学会会刊。

（5）我国各主要检索系统中的常用期刊。

根据上述标准选出的期刊，经各部门的专家评审、调整、确认后作为科技论文统计分析用刊，并每年随着高水平新刊的出版和原有刊物的质量水平变化而作小量调整，但总收入量仍保持在 1 200 种左右，不随意扩增。从这 1 200种期刊中，每年选用约 8 万多篇论文进行统计分析。

该数据库集文献检索与论文统计分析于一体，既是科技人员查找有关参考文献的重要依据，又是各级科技管理部门和各科研机构、高等院校了解全国和各单位、各部门科技论文发表情况的重要工具。用户既可以对本部门、本系统、本地区和本单位的各项数据进行纵向比较，以了解论文发表情况的年度变化；也可以按部门、系统、地区、单位分别检索，以进行部门、系统、地区、单位之间的横向对比分析。

该数据库的主要功能有：查找国内发表的重要科技论文；了解历年来我国科技论文统计分析与排序结果；了解各地区、部门、单位、作者以及各学科及基金资助论文发表的详细情况；开展科技论文的引文分析。

## 三、中文社会科学引文索引

《中文社会科学引文索引》（Chinese Social Sciences Citation Index，CSSCI）由南京大学中国社会科学研究评价中心与香港科技大学于 1998 年研制，其网络版也建于 1998 年，它是国家、教育部重点课题攻关项目，并作为我国社会人文科学主要文献信息查询与评价的重要工具，填补了我国社会科学引文索引的空白。目前已拥有 1998 年至 2012 年共 15 年的数据，截至 2012 年 3 月，共收录来源文献 110 万余条，引用文献近 1 千万条，至 2012 年共收录期刊535 种。

CSSCI 由三个子系统组成：数据处理子系统、信息检索子系统和统计分析子系统，三个子系统由数据流紧密关联。数据处理子系统主要完成数据的输入过程以及统计分析前的数据清洗、纠错、合并等。数据输入完成，整个CSSCI 数据库形成。统计分析后，仍需数据处理子系统对统计后的数据进行归并处理，同时构建相关的统计分析数据仓库。信息检索子系统主要用于建立网络检索平台和制作光盘，为用户提供检索服务。统计分析子系统主要完成基于 CSSCI 的各类统计分析。

CSSCI 的主要功能包括三个方面：

（1）利用 CSSCI 开展人文、社会科学研究

CSSCI 主要从来源文献和被引文献两个方面向用户提供信息，还可提供特定论文的相关文献情况，为科研人员的研究工作提供了方便。

（2）利用 CSSCI 进行社会科学研究评价与管理

CSSCI 所收的期刊是严格按期刊影响因子分学科排序位次和国内知名专家的定性评价相结合而产生出来的。因此，CSSCI 所收录的论文和被引情况可作为社会科学研究评价指标之一。

（3）利用 CSSCI 进行人文、社会科学期刊评价与管理

CSSCI 系统可以提供期刊的多种定量数据，由期刊的多种定量指标可得相应的统计排序，由此可评价期刊的学术影响和地位。

近年来，CSSCI 课题组基于 CSSCI 主要进行了如下 4 个方面的分析研究：

1. 学科研究特征分析

主要包括学科学术规范度及学科活跃度分析、学科研究的国际化程度分析、学科的成熟度与成长性分析等三个方面。

（1）学科学术规范度及学科活跃度分析

在统计了不同学科的引用文献数量，并进行了学科间的比较后，发现了学科间的差异，这个差异实际上也反映出一个学科研究群体的学术规范程度、研究习惯、研究深度、治学态度、治学风范和学术道德。例如，作为求真求实的历史学学科，研究中需要大量的文献考证，分析多家之言，从历史学论文的引文数量上也反映出这一点，该学科论文的平均引文数量已达到 20 篇左右，而新闻学与传播学论文的篇均引用文献数量只有 4~5 篇。这种差距不仅仅是由学科研究对象确定的，也反映了两个学科之间的学术严谨度，各学科间的差异可参见文献。

（2）学科研究的国际化程度分析

学科研究的国际化程度可从两个方面体现出来：其一，是否在国外发表了大量的论文；其二，是否和国外研究领域密切关联。从引文分析的角度进行引用文献语种的统计比较，就可以从一个方面来分析该学科研究的国际化程度。引用文献的语种分析可以发现一个学科的研究与国外研究接轨的状况，如对国外研究成果、学术理念、研究方法的引入情况。通过对引用文献的语种分析，也能看出一个学科研究人员的整体语言能力和获取学术资源的范围。一般说来，引用外文文献较多的学科，该学科研究的发展较为迅速，与国外研究接轨的能力也越强。

（3）学科的成熟度与成长性分析

一般来说，在人文社会科学中，图书所反映的研究成果比论文更加成熟一些，而论文由于出版周期短，也代表着学者的即时研究成果。因此，借助引用文献的类型分析，可以考察一个学科的成熟度以及学科的新颖度。一般来说，新兴学科以及成长较快的学科，引用文献中期刊论文、研究报告等类型的文献较多；而较古老的学科以及较为成熟的学科，引用文献中图书的比例较大。例如，自然科学整体上发展迅速，其引用的期刊论文占整个引用文献的 70% 以上，而人文社会科学的引用文献中 55% 以上是图书。通过分析发现，人文科学

162

论文引用的图书较多，基本在 70% 以上；社会科学论文引用论文的比例较高，基本在 60% 以上。这恰恰说明了我国人文科学的发展相对社会科学而言更加成熟一些，而社会科学研究相对人文科学而言发展更快、研究更活跃一些。

2. 重要学术论文和学术著作

（1）重要学术论文分析

通过统计引文索引中被引论文的数量，可以发现哪些论文得到学者的关注，哪些论文在他人的研究中发挥着作用。统计发现，一些经典的论文，即使发表后 20 年、30 年甚至更长一些时间，依然会被大量引用，而且会发挥越来越大的作用。在我国人文社会科学领域，国外具有很大学术影响的论文即使发表了十年甚至几十年，依然对我国学术研究产生很大影响，而国内具有较大学术影响的论文，发表五年以后，其学术影响力会逐渐减弱。

（2）重要学术著作分析

2007 年开始，CSSCI 正式启动了"中国人文社会科学图书学术影响力"的研究，并出版了 158 万字的《中国人文社会科学图书学术影响力报告》（以下简称《报告》），在《报告》中，推出了对中国人文社会科学产生较大学术影响的 3 140 本图书，该《报告》在我国国内产生了很大反响。其意义在于，这是一项基础性、开创性的研究，为我国哲学社会科学研究提供了更为有效的参考资源，向学者推荐应当阅读的学术著作，帮助图书馆或研究机构补充馆藏。推动出版社注重学术著作的出版，促进我国哲学社会科学研究的繁荣等。这也是首部全面评价我国人文社会科学图书学术影响力的大型专著。

3. 学科研究热点和趋势分析

（1）学科研究热点分析

借助 CSSCI 分析学科研究热点的思路与方法：针对每篇文章标引的关键词进行统计，出现频率较高的关键词所涉及的研究领域可视为研究热点。

（2）学科研究趋势分析

通过建立 CSSCI 来源文献中关键词数据仓库，包含有关键词、标引关键词的文章学科、标引各关键词的文章发表时间、各学科领域研究半衰期（根据数据分析得到）等，并对这些数据进行多维关联，为学科研究的趋势分析奠定了数据基础。

4. 学术网络建立

利用 CSSCI 可以进行有关学术网络的研究。例如，利用作者之间的相互引用关系，构建了作者引用网络，借此发现同领域学者群以及各领域的核心学者；再如，借助期刊间的引用关系，建立了期刊引用网络，并发现同一学科、不同学科之间的期刊中论文的引用关系，由此还发现了一些期刊存在的学术不规范行为，如相互间的互惠引用、期刊间建立引用联盟的循环引用等。

## 四、中国人文社会科学引文数据库

《中国人文社会科学引文数据库》（Chinese Humanities and Social Sciences Citation Database，CHSSCD）由中国社会科学院文献信息中心研制，是我国目前有较大影响、年度收文量较大的人文社会科学引文索引；其收录的来源刊700种左右（含核心期刊和扩展期刊）是从全国3 000多种人文社会科学期刊中严格筛选的主流期刊；在入选CHSSCD来源期刊的刊物中，90%为现行的北大版中文核心期刊和南大版CSSCI核心期刊，另有10%左右是在学科专业领域和学术传播方面影响较大的一般学术期刊。学科范围涵盖了哲学、政治、法律、经济、文学、历史等重要领域，基本上反映了我国人文社会科学论文的学术水平，是我国文献计量评价研究的重要工具之一。

## 五、中国引文数据库

中国知网的《中国引文数据库》（Chinese Citation Database，CCD）由中国学术期刊（光盘版）电子杂志社研制。其《中国引文数据库》收录了中国学术期刊（光盘版）电子杂志社出版的所有源数据库产品的参考文献，涉及期刊类型引文、学位论文类型引文、会议论文类型引文、图书类型引文、专利类型引文、标准类型引文、报纸类型引文等。该库通过揭示各种类型文献之间的相互引证关系，不仅可以为科学研究提供新的交流模式，同时也可以作为一种有效的科学管理及评价工具。

目前实现了中国知网的期刊、图书、论文、报纸类文献的引用文献和被引用文献的链接，至2008年11月，累积生产引文数据562万多条。随着数字资源的扩增，中国知网《中国引文数据库》中的文献类型及数量也将随之不断增长，相应地，各类型引用文献和被引用文献的链接也将动态增长。中国知网中心网站的《中国引文数据库》数据为日更新。

## 六、科学引文索引

美国的《科学引文索引》（SCI）是国际性的多学科的重要引文索引出版物。其创始人是E. 加菲尔德。1955年，他首次提出了建立科学引文数据库的构想；1958年，加菲尔德创建了化学、医药和生物的现刊目次；1961年他利用电子计算机列出了引自89万篇论文的130万条引文，并从中精选了20%，编制了《1961年遗传学引文索引》，备受科学家赞誉，认为这个引文索引更深刻、更独特地反映了科学文献，比传统的分类法视野要宽得多。在此基础上，1963 年创刊了《科学引文索引》，由美国费城科学情报研究所（Institute for Scientific Information，ISI）编辑，作为一种文献检索工具正式出版。1964 年改成正规的季刊，进而变为双月刊。该所现隶属于 Thomson Corporation 集团，该集团是全球提供信息资源及信息服务解决方案最领先的公司。

《SCI》报道的学科内容是数学、物理学、化学、生物学、农业科学、林业科学、医药卫生等。主要来自美、英等 40 余个国家的科技期刊。收录的文献类型有书籍、期刊、科技报告、会议文献以及专利等。以 1978 年为例，《SCI》收集了 41 个国家 3 965 种出版物，包括报道学科内容的大多数重要期刊。随着计算机技术、通信技术、高密度贮存技术的发展，陆续发行有 Dialog 国际联机版（ScSearch）、光盘版（SCI CDE）、网络版（SCI – Expanded）。

计算机及互联网的迅猛发展促成了《SCI》版本的更新换代，目前 ISI 应用户的要求，正在做逐年回溯工作，最终回溯到 1945 年。

《SCI》主要由三部分组成：引文索引、来源索引和关键词轮排索引。具体内容详见其他文献，它的编制基本原理和基本原则是：期刊之间的引用与被引用显示出它们之间具有相关性，引用次数越多，这种相关性越密切。而一种期刊被引用的次数越多，该刊刊载的有用信息也越多。

《SCI》引文索引把文献之间的关系、作者之间的关系以及文献与作者之间的关系有机地联系起来。利用《SCI》引文索引体系，可以不受传统学科之间的划分界限，很方便地找出各个不同学科领域核心期刊上近期引用过该文献的主要论著，因而可以从一个侧面反映学科技术的发展时代特点。因此，《SCI》不仅是一部检索工具，也是作为评价科研成果的一种依据。被《SCI》收录的科研机构的论文总量，反映整个机构的科研尤其是基础研究的水平；被《SCI》收录的个人的论文数量及被引用次数，反映他的研究能力与学术水平。

1972 年加菲尔德在美国《科学》杂志上发表了《引证分析——评价期刊的一种工具》一文，1986 年在《期刊引文报告》卷首又重新刊载这篇论文。该文在介绍《SCI》的同时，阐述了引文分析的一些重要观点和方法。这些观点和方法得到越来越多的人的认识和采纳。

加菲尔德研究了被引用期刊刊种数与累计引用率（％）的关系，指出了引文分析在图书馆藏刊管理上将显示出巨大的潜在价值。求算引用频率和影响因子将有助于确定专业馆藏和通用馆藏。通过被引用款目的分布年表的分析，可以作为确定背景文档最佳规模的指南，可以一种期刊一种期刊地建立装订与剔除的方案，而不是成批处理期刊的方案。还可以用于研究引用频率与定购经费之间的关系，为财务管理盈利分析提供坚实的基础。引文分析亦可应用于解决期刊订购与剔除的问题。科技期刊的编者也可以从引文分析中获益，例如从期刊自引率、期刊每年的被引文量等参数中得到启示，找出提高期刊质量的措施等。应当指出，E.加菲尔德把引文分析的应用范围扩大到图书馆期刊管理和提高科技期刊质量，十分可贵。

## 七、期刊引文报告

《期刊引文报告》（Journal Citation Reports，JCR）是继《科学引文索引》之后的又一个引文分析的权威性工具。1969 年创刊，亦由美国费城科学情报研究所编辑。它是《科学引文索引》的深加工产品，数据庞大，1985 年《期刊引文报告》的数据有 1 050 万条引文加工而成。

《期刊引文报告》由四部分组成，它们依次是期刊排队部、来源数据部、期刊半衰期排队部、引用与被引用期刊排队部。

1. 期刊排队部

它位于四部分之首。由 9 个分部组成，即按期刊刊名字顺排列的排队部、按期刊被引总次数排列的排队部、按期刊影响因子排列的排队部、按期刊当年指标排列的排队部、按期刊特定年刊载论文数排列的排队部、按期刊特定年度前 2 年的期刊论文在该特定年度被引用总次数排列的排队部、按社会科学期刊刊名字顺排列的排队部、学科范畴期刊排队部和期刊范畴排队部。期刊排队部以期刊为主体分为这 9 个分部是科学的、实用的。目前，世界上权威性检索类期刊无不在提高自刊检索途径上下功夫，为读者检索提供方便。除后两个排队部外，其余各排队部所设表格的栏目相同，都有级位、期刊刊名索引、某特定年度对下列各年度期刊的引用数、以下各年度来源论文数、影响因子、某特定年度论文被引数、某特定年度发表论文数和当年指标，但不同的排队部，期刊的排序不同。通过任何一个排队部都能获得上述栏目的数据。学科范畴期刊排队部把来源期刊按学科主题分类，各学科主题按字顺排列，它含有三个栏目：学科范畴与期刊名称缩写、影响因子、半衰期，而期刊范畴索引排队部只设两个栏目：期刊刊名缩写和学科范畴。学科范畴索引排队部可视为学科范畴期刊排队部索引。

期刊排队部的 9 个分部各有其独自的功能。例如，利用按期刊刊名字顺排列的排队部可以检索它收录的任何一种期刊的各栏目所示数据；利用按期刊被引总次数（被引文量）排列的排队部，可以从学科总体上确定核心期刊；利用按期刊特定年度前两年的论文在特定年度被引总次数排列的排队部和按

166

期刊当年指标排列的排队部可研究期刊文献新颖性与老化程度；利用学科范畴期刊排队部可以按学科主题评价和选择期刊，等等。显然，利用期刊排队部的数据进行引文分析，对于评价、选购与管理期刊都有指导意义。

2. 来源数据部

来源索引全面报道一种检索类期刊收录的来源文献（为该索引提供数据的文献，若文献是期刊则称为来源期刊）。《期刊引文报告》的来源数据部将《科学引文索引》收录的期刊按刊名（缩写）字顺排列，并设非综述性论文、综述性论文和全部论文（即前二者之和）三个栏目，每个栏目又设论文篇数、引文条数和篇均引文量。在来源数据部把论文划分为非综述性和综述性颇有实用价值。因为科研成果院士学术论文和三次文献在引文的数量与引文功能上存在明显的差异。前者数量少且是研究课题使用的，引文对具体的科研成果作出了贡献；后者数量大多是为了撰写综述性论文而引用的，引文对具体的科研成果尚无贡献。此外，在文献检索中，研究人员普遍重视某一研究领域的最新甚至所有的综述性论文，以便更全面地把握这一研究领域的发展历史与现状，并从已有研究成果中得到启迪，甚至产生极富创新的灵感。由于综述性论文报道内容涉及面宽，知识单元众多，更具可引性，在相同时域内被引文次数常比非综述性论文高；综述性论文引文量大，且因分布时域很宽，难免产生更多的转引，即把他人的研究功绩归功于综述性论文作者了。所以，通过引文分析评价不同期刊质量时，刊载综述性论文的期刊与刊载非综述性论文的期刊，综述性论文多的期刊与综述性论文少的甚至没有综述性论文期刊，不是没有可比性就是可比性太差。

3. 期刊半衰期排队部

该排队部由三部分构成，即引用期刊按年代分布的引文累积表、被引用期刊按年代分布的引文累积表和半衰期由小向大排列的被引期刊表。在这三种表中涉及两个不同半衰期的概念。一是期刊引用半衰期，是以引用期刊为统计对象，如果把一种引用期刊特定年内的引文按发表的时间顺序排列，引文量为50%时所对应的年限（以年计，可取小数），被引用期刊在特定年中的被引用次数按发表的时间顺序排列，即为该引用期刊在特定年内的引用半衰期。二是被引半衰期。是以被引用期刊为统计对象，如果一种被引文量为50%时所对应的年限称为该被引用期刊在该特定年内的被引半衰期，在同一特定年中，一种期刊可以是引用期刊，同时又可以是被引用期刊。但由于引用半衰期和被引半衰期的统计对象不同，前者为一种期刊的引文量，后者则为被引文量，因此两者数值并不相同。期刊半衰期排队部主要用于研究期刊文献的新颖性与老化程度。对于期刊编者和图书馆的期刊管理者都有重要的意义。

### 4. 引用与被引用期刊排队部

分为引用期刊排队部和被引用期刊排队部。前者按被引用期刊的刊名缩写字顺排列，在每一引用期刊下面列出被该刊引用的期刊（以被引用次数由多向少排序，不足 6 次的不列刊名，但给出它的被引总次数），并给出最近 10 年各年的被引用次数以及早于 10 年的被引用次数。无论是引用期刊还是被引用期刊都给出特定年的影响因子数值。被引用期刊排队部用被引用期刊的刊名缩写字排列，在每一被引用期刊下面按引用期刊的引用次数由大到小为序排列引用该刊的各引用期刊，并给出引用期刊近 10 年各年的引用次数以及早于 10 年的引用次数。被引用期刊和引用期刊都给出特定年的影响因子。

引用与被引用期刊排队部有重要实用价值。可以研究引用期刊的引文在特定年的近 10 年内的分布状况，判断期刊文献的新颖性与老化程度，确定最大引文年限以及半衰期；研究引用期刊与被引用期刊的引用与被引用关系；研究期刊耦合与共引等。

## 第四节　引文分析法在期刊管理中的作用

### 一、引文分析法的应用

对于绝大多数学科或专业来说，期刊是第一情报源。也就是说，以每一引用知识单元为利用单位，这些学科或专业期刊的被利用次数占总引用次数的一半以上。图书馆管理工作的实践也表明，科研人员在文献检索中对期刊检索投入的精力加大，特别注意检索现刊中的新刊。因此，国内外一些检索类期刊为适应读者的文献需求，也以摘录期刊文献为主，许多学科不摘或很少摘录书籍。目前，我国一些专业面较窄的图书每年出版的品种少，出版量也少，以采矿、冶金、化学工业一些专业尤为严重，更促使研究人员不得不把文献需求的实现更多地转向期刊。这绝不是否定书籍的重要性，而是从最小引文标注单元上看，书籍处于劣势。因为对期刊来说，被引用的最小引文标注单元是一篇论文，不是一册期刊或一种期刊；而书籍被引用的最小引文标注单元是一种书。因为期刊在较长时域内连续出版，累积的知识单元难以计数，可被引用的知识单元多，被引用的次数也多。

就整个学科或专业的总汇而言，或者说对绝大多数学科或专业而言，期刊能够成为第一情报源的最重要因素是它具有最高的可利用性。通过引文分析，可以定量地发现，在各类文献中期刊的可利用性或者说可引用性最高。具体地说，引文分析应用主要在以下四个方面。

（1）通过文献之间的相互作用建立学科论文和期刊的学科联系，进行科学文献结构和科学结构的研究；

（2）通过文献中引用的事项和时间序列、联系，来揭示科学发展的沿革与历史，从中可以透视出某些规律；

（3）通过引证次数来评价成果和人才，这虽然有失偏颇，但毕竟不失为一种方法；

（4）通过引用和被引用的习惯与趋势，来研究用户的结构和研究活动特征。

## 二、引文分析法在期刊管理中的应用

引文分析的研究成果对于图书馆的期刊管理工作有重要的指导作用。引文分析实质上是对已经发表或已经完成的并被研究人员利用的文献进行探讨，以寻求研究人员以前利用文献的基本规律，用于指导当前甚至以后的期刊管理工作。引文分析法可以指导期刊的各个工作，从期刊的采购到管理，都可以利用引文分析法来进行。

1. 期刊采购的"三性"要求

期刊的采购原则强调"三性"，即针对性、连续性和经济性，这三"性"都与期刊的可利用性相关。

（1）针对性

订购期刊的针对性是指订购期刊要针对读者的需求，供读者使用，这也是期刊定购的基本目标。无论是学科还是专业，或者是对读者群的信息需求而言；无论是大型图书馆还是中小型图书馆乃至资料室而言；无论是对国内期刊还是对国外期刊而言；无论是购刊经费的多少，订购期刊的针对性一般都强调期刊的可利用性。例如，在高校图书馆范围内，理工科大学的图书馆订购期刊时，大多围绕学科或专业展开。因为高等学校的教学与科研工作基本上围绕专业进行，对期刊的需求与利用主要是对专业期刊的需求与利用。所以此时的针对性是对专业的针对性。这种针对性越强，这所学校图书馆所收藏期刊的可利用性越高，期刊的利用率也越高。假如一个高校图书馆订购了一种或若干种与各专业毫不相关的自然科学期刊，它们可能是死刊，从利用的角度看，毫无价值。

（2）连续性

订购期刊的连续性主要指利用的连续性，逐年连续订购，年年得到利用而且利用率高。如果没有利用上的连续性，也就失去了连续订购的必要。如果一个图书馆的一种期刊甚至多种期刊多年无人问津，连续订购的意义何在？订购多年无人利用的期刊，无异于馆藏徒耗人力、物力、财力的废纸。一种期刊确实多年无人利用或者利用率极低，应当停购。

（3）经济性

订购期刊的经济性也应当从利用的角度考察，一种期刊根本无人利用，它的利用效益必定为零。利用次数越多，产生的社会效益与经济效益越大，利用效益越高。因此，购刊的经济性不仅表现在少花钱、多购刊，更主要的还是把购刊视点置于利用效益上。有些期刊虽然比较贵，但利用效益好，也应订购。有的期刊很便宜，若没有读者利用，也不宜订购。满足读者需求与利用是订购期刊的起决定性作用的原则。

2. 期刊采购的现状

目前，期刊数量的不断增加以及期刊价格持续增长给期刊采购带来较大的困难。

首先，期刊的累积数量庞大且增长的速度较快。据对英国图书馆的购刊数统计，世界上的科技期刊以每年 0.5 万 ~0.6 万种的速度增长；目前，我国有学术期刊 6 000 多种。期刊的刊种数和文献生产量的不断增加，一方面给期刊读者满足期刊信息需求提供了更多的机遇和可能，另一方面由于信息分散度的增加，也给读者快速获取期刊信息带来了困难。

其次，期刊涨价幅度较大。据统计，由于印刷和发行费用的不断上涨，推动期刊价格平均每年以 10% 的速度递增，个别专业性较强的外刊，上升幅度更大。根据中国图书进出口（集团）公司对 2007 年 15 个学科的外刊价格调查，近五年来外刊价格涨幅高达 26% ~42%。期刊价格上涨，使得图书馆如果要保证期刊采购的数量，其采购总费用也是连年增加，燕山大学图书馆在订购 2013 年期刊时，统计出 2013 年期刊价格增幅达到 20% ~30%。由于期刊大幅度涨价，有些图书馆的订购经费甚至不增长或负增长，不得不逐年减少购刊种数，采取所谓"砍复本、保品种"的办法。

3. 利用引文分析指导期刊采购

如此严峻的形势，迫使图书馆的期刊工作者不得不研究有效之策。例如：开展协作协调，我国有些地区和某些系统内部在这方面已经取得了可观的经济效果；重视核心期刊的研究，以求用有限的经费购得最有用的期刊。近些年，开展利用引文分析法指导期刊采购工作。这主要通过两种方法进行：一是用引文分析法或与其他方法的结合研制各学科或专业的核心期刊表；二是更有针对性地按合理的语种比例订购期刊。

（1）用引文分析法研制各学科专业的核心期刊表。

图书馆订购期刊的基本出发点是可利用性，因此订购期刊应当有较高的读者利用率。一种期刊在某时域内的被引量是这种期刊被利用程度大小和利用效益高低的一个重要标志。作为期刊编辑者希望期刊在较短时域内有较高的被引文量，以证明期刊拥有众多读者，有很高的信息传递能力和很强的学科影响力。作为图书馆的期刊管理人员，通过引文分析或引文分析已有的成果，可以比较全面地把握本馆读者需求的期刊在一定时域内的被引文量，研制核心期刊表；再结合本馆的具体情况，选购本馆的重点收藏期刊。以一定时域内的若干种引文源研制的核心期刊表，具有很宽的适用域，或全世界，或一个国家，或一个学科，具体到一个图书馆未必完全有适用性，必须具体情况具体分析，从中选择出适合本馆读者需求的本馆重点收藏期刊。只有从研制的核心期刊表转化为本馆的重点收藏期刊，才能真正体现引文分析法对一个图书馆的指导作用。一个图书馆照搬研制的核心期刊表订购期刊往往是有害的，因为该表中的期刊未必都是该图书馆的重点收藏期刊。

（2）已有的引文分析成果中，涉及核心期刊的已有很多，现选择三种论述如下。

一种是《JCR》的500种核心期刊表，它是以《SCI》收录的来源期刊为引文源，按各刊被引文量大小由大向小排列，得到的前500种期刊。它的适用地域是美国、英国、荷兰、德国等西方期刊大国，适用学科或专业是整个自然科学。不同年份的核心期刊表中，各刊排序有可能发生变化，1984年和1988年该表中的前100种核心期刊（未含生物学和医药卫生）比较结果表明：①用引文分析法研制的核心期刊表随时间的推移有相对的稳定性。《JCR》1984年500种核心期刊表的前100种核心期刊中，除去生物学和医药卫生后，尚有37种期刊，其中29种仍居1988年核心期刊表的前100种，在1984年和1988年的核心期刊表中的排序未变。②用引文分析法研制的核心期刊表，其刊种及其排序是随时间推移而变化的，它不是静态的，而是动态的。换言之，一个核心期刊表的应用准确性是有时间限制的。在某一年某种期刊是核心期刊，到一定时间后，它有可能不再是核心期刊了；即使它仍是核心期刊，它在核心期刊表中的排序也可能发生变化甚至很大变化。《色层学杂志》、《日本化学物理学杂志》、《天体与天体物理学》1984年排序不在前100种，而到1988年进入前100种。③从核心期刊的学科或专业看，主要是生物学、医药卫生、基础科学和综合性期刊，在 1988 年《JCR》500 种核心期刊表序号 1～100 的期刊中，没有一种是工程技术类期刊；就是序号 1～500 的期刊中，工程技术类期刊也极少。显然，《JCR》500 种核心期刊表可作为订购西方期刊大国的期刊时的参考，因 1988 年该核心期刊表中含美国期刊 252 种（占 50%以上），英国 110 种，德国 41 种，荷兰 37 种，日本等 9 个国家 60 种，主要的学科范围是生物学、医药卫生、基础科学，其他学科的期刊的刊种很少，特别是对订购工程技术类期刊指导作用不大，而当每年或每隔一二年研究一次核心期刊表，看收入的期刊的刊种及排序有无变化以及变化程度大小等。对于虽是《SCI》的来源期刊但未进入《JCR》500 种核心期刊表的期刊，可在《JCR》被引用期刊排队部查到各刊的被引文量，把握、比较各刊的被引文量，作为订购西方期刊大国期刊的参考。

另外一种是《中文核心期刊要目总览》，该书于 2011 年出版了第六版，该书的核心部分是核心期刊表，共 131 个，每一核心期刊表之前有该表的研制报告，核心期刊表之后有该专业期刊一览表。由每一类的核心期刊研制报告、核心期刊表和该专业的期刊一览表可知，研制每一类核心期刊表时选择了哪些检索工具和引文源，数据统计结果和加权处理方法，V（A）的取值范围，专家意见对核心期刊表的影响，研制人与鉴定人，核心期刊和专业期刊（含刊名、出版地和主办单位）等，清晰地给出了每一类的核心期刊表的形成过程和结果。又由于研制各类核心期刊表时，基本上涉及了国内同期出版的全部期刊，所以每一类的核心期刊表和专业期刊一览表中的期刊的刊种数可以概观一个学科或专业的期刊种数，为选购期刊提供比较可靠的依据。核心期刊表之后是核心期刊简介。每一种核心期刊均给出简单的著录及内容介绍，统一混排，依刊名的汉语拼音顺序排列。《中文核心期刊要目总览》的最后一部分是刊名索引。该索引给出了全书涉及的全部期刊，依刊名的汉语拼音顺序排列，每一刊名后均著出了它在该书中所属学科或专业的类号，并给核心期刊加了号。因此，通过刊名索引，不仅可以查询到该书所涉及的每种期刊的刊名、学科或专业属性、是否核心期刊以及是否跨学科的核心期刊、跨学科的个数等。

第三种是《国外科技核心期刊专辑》。该书由陆伯华先生主编，1991 年由世界图书出版公司出版。编辑该书的基本出发点是：为图书馆、文献馆和读者妥善处理藏书，为读书中的"精"与"博"提供可靠的参考资料，是图书馆馆藏和阅读的外文期刊品种力求少而精，尽可能都是最能反映有关学科世界发展水平和动态的期刊，让图书情报服务部门用有限的经费，读者用最少的时间，获得最"博"的新知识和信息。该书不是在"优刊"和"劣刊"之间的选择，而是向读者推荐拥有最新的理论、知识和信息的优秀期刊，是优中择优。在此书之前，1981 年《世界图书 B》已出版过《国外科技核心期刊专辑》。《国外科技核心期刊手册》实际上是一个论文集，共收入诸作者研制的 99 个学科或专业的核心期刊表，其中数学 1 个，力学 7 个，物理学 9 个，化学 10 个，天文学、测绘学、地球物理学、地震学、气象学（大气科学）、地质学、海洋科学、自然地理学各 1 个，生物学 14 个，医药卫生 4 个，农业科学（含林业科学和水产学）4 个，计量学、矿业工程各 1 个，石油与天然气 2 个，冶金工业 2 个，金属学与金属工艺学、继续与仪表工业、武器工业、电力专业、核科学技术各 1 个，无线电电子学 3 个，自动化与计算机科学 2 个，化学工业 12 个，轻工业 7 个，建筑科学、水利工程各 1 个，交通运输 3 个，航空航天和环境科学各 1 个，共收入核心期刊 8 825 种次。从其包容的内容看，涉及科学技术各个学科和专业。《国外科技核心期刊手册》适于订购外文科技期刊时参考，它的学科或专业适用面远大于《JCR》500 种核心期刊，特别是在工程技术领域内，并且该手册的核心期刊数量较多。

每一个核心期刊表之前有文字叙述，提供研制核心期刊表的主要检索工具、方法、结果及其分析、讨论，有的还和以前的研究结果以及专家们提出的核心期刊表进行了比较研究。核心期刊表一般包括序号、国别、中译刊名、外文刊名和《外国报刊目录》的刊号，用引文分析法研制的两个数学核心期刊表还有各刊的被引文量甚至给出了各刊的影响因子、当年指标和半衰期。

《国外科技核心期刊手册》中的核心期刊也主要选自西方大国的重要科技期刊。据对数学、力学、物理学和化学 19 个核心期刊表的统计，共含科技期刊 1 723 种次，其中美国 692 种次，英国 326 种次，荷兰 199 种次，德国 134 种次，日本 72 种次，法国 65 种次。这 6 个国家的核心期刊种数占总核心期刊种数的 86%，即 4/5 以上的核心期刊集中在西方期刊大国。相比之下，发展中国家报刊业则相对落后，因此，能作为世界范围核心期刊的刊种也少。科技期刊的刊种数与核心期刊刊种数在世界各国分布的不均衡性，决定了世界科技期刊情报的主流是从期刊大国流向世界各国，逆向科技期刊情报流的流量比较小。西方期刊大国创办大量科技期刊，并采用现代化的编辑出版手段提高期刊质量和情报速发性，增强在科技期刊市场中的竞争力。其目的是在世界范围内赢得更多的读者，扩大发行范围和发行量，以获得良好的社会效益与经济效益。而各国的图书馆则普遍重视订购西方期刊大国的科技期刊，以满足大读者对最新、具有世界先进水平的科技信息的需求、吸收、继承，并有效利用西方科技期刊大国和其他经济发达国家的科技成果和其他信息。这种吸收、继承与利用效果的高低与各国图书馆的科技期刊订购人员密切相关，因为他们是购刊选择性的实施者。形象地说，每个图书馆都是置于科技信息流中的信息吸收体，每一信息吸收体只选择性地吸收一部分科技期刊信息。对外国科技期刊信息而言，主要是科技期刊大国的科技期刊信息。科技期刊订购人员是将优中择优的科技期刊信息能否进入信息吸收体的"把关人"之一，在一定程度上决定了被吸收的科技期刊信息的数量、质量、内容、结构、利用率以及利用效益等。通常把关作用的好坏直接影响科技期刊信息是否符合科技期刊的主流向及符合程度。科技期刊订购人员应当从这样的高度认识自己工作的重要意义。

包含引文分析法在内的综合方法构成形式比较多，但大多数以引文分析法、文摘法为主或者在此基础上再附加其他方法。引文分析法是以研究范围内各种期刊的被引文量为依据，即强调的是期刊文献得到利用，利用次数越多，作为核心期刊的重要性越强；文摘法是以检索类期刊为研究对象，以研究范围内被摘条数为依据，被摘的条数越多，作为核心期刊的重要性也越强。由这两种方法组成的综合法从被利用与被摘录两个方面综合评价期刊能为作核心期刊以及在核心期刊表中的排序。在用综合法研制核心期刊表时，应过多地融入本馆的影响因素，比较多地反映本馆期刊的利用状况，这样才能对本馆购刊指导有较大的作用。

由上述分析可知，在图书馆利用核心期刊表订购期刊时必须研究研制该核心期刊表的具体方法。因为研制核心期刊表的方法不同，所得研究结果也有较大的差异，特别是主观因素较多时，核心期刊表的刊种数甚至它们的排序常随这些因素而变化。例如：①专家法实质上是依据少数专家的意见确定核心期刊表或重点馆藏期刊，由于不同图书馆馆藏期刊状况不同、专家利用期刊的习惯不同、他们从事科学研究的学科或专业范围不同，因而对期刊信息的需求不同。他们提出的核心期刊表或重点馆藏期刊如果能够反映本馆大多数读者的期刊需求，以他们的意见研制的核心期刊表或重点馆藏期刊是可取的；否则必与本馆读者的总体需求产生较大的偏差。②如果选择引文源自行研制核心期刊表，选择的引文源是否科学合理，是否与实际相结合，对研制结果将产生较大的影响。而引文源的选择常受研制人员的主观因素影响。在《中文核心期刊要目总览》中，留有鉴定专家意见的明显痕迹。例如，在基础科学和天文学、地质学、测绘学、动物学、昆虫学等学科的核心期刊中，第一核心期刊都是全国性自然科学学会会刊。实际情况是，这些期刊确实是各学科的权威性刊物，办刊质量也比较高，但它们作为第一核心期刊的依据——被引量，却未必在 各自的学科名居榜首。它们中的有些期刊由于"阳春白雪，和者寡"效应，被引文量很可能低于同学科其他期刊。

174

根据上述可以得出如下结论：①利用由引文分析法或含引文分析法在内的综合方法得到的核心期刊表，对于期刊管理人员订购期刊有重要参考价值。②对各具体的图书馆来说，在利用已有的核心期刊表时，必须与本馆具体情况相结合，选择那些本馆读者需要的核心期刊列入馆藏重点期刊之列。③核心期刊表上的核心期刊转化为馆藏重点期刊是有条件的，其中最重要的依据是本馆读者需求与需求程度。

4. 引文分析法对确定期刊语种的指导作用

世界上，甚至一个国家或地区的期刊，一般是多语种的，而各语种的期刊的刊种数有一定的比例。每个图书馆和其懂各语种的读者人数也是相对稳定的。前者提供选购各语种期刊的期刊资源，而后者则是订购各语种期刊的依据。期刊引文可以反映各学科或专业的研究人员利用各语种文献的情况。

在各核心期刊表和期刊引文语种分布中，有些学科研究人员以利用中文文献为主，例如图书馆学、情报学；而对大多数自然科学学科或专业则是以英文文献为主；一些学科或专业，日文文献（如铁路专用）、俄文文献（如航海、医学、电力专业）、德文文献（如铁路专业）也起举足轻重的作用。在确定一个图书馆各种期刊的语种分布时，期刊订购人员必须充分了解本馆读者懂各种语种的人数与熟悉程度，他们在各学科或专业的分布以及利用各语种期刊的习惯与利用程度，才能更有针对性地从各语种的期刊资源中选购馆藏重点期刊。特别是外文原版期刊，一般定价都比较高，如果误订，将花费较多的钱，购入死刊。因为一个图书馆的读者中若是没有某一语种的期刊读者，而购入了这个语种的自然科学刊物，它不会有人问津。从大量的引文分析得到的引文语种分布，在外文中，英文期刊被引用得最多，日、俄、德、法等次之，这与大多数图书情报服务部门订购外语期刊的情况基本吻合，说明引文分析能够比较真实地反映各学科读者对各语种期刊的利用情况。

5. 引文分析对期刊分类的指导作用

期刊分类是期刊管理工作的一个重要环节。期刊分类与期刊著录、分类排架密切相关，分类是否准确也会影响期刊的利用效果。众所周知，读者检索、利用馆藏期刊主要利用两条期刊有序链，一是目录有序链，二是期刊排架有序链。如果一个图书馆采用分类目录和分类排架，那么将形成分类目录有序链和分类排架有序链。如果一种期刊分类有误，它在这两个有序链中都居于分类的错位上，当读者按正确的类号检索该刊时，必找不到该刊，从而影响利用，甚至有可能因错类产生死刊。分类是一个比较复杂的过程，只有相当透彻地理解一种期刊报道内容的学科属性，才有可能准确辨类与分类。

用引文分析法指导期刊分类，可利用《JCR》的学科范畴期刊排队部和期刊范畴索引，按《JCR》来源期刊学科主题，查阅待分类的期刊。期刊范畴索引在每一期刊刊名下给出相应的学科范畴；而学科范畴期刊排队部则在每一学科主题下，给出属于该学科范畴的一系列期刊。因此，上述两个排队部对于给馆藏的《SCI》来源期刊分类有重要参考价值。

6. 引文分析对期刊装订的指导作用

一个图书馆的期刊装订是该馆期刊从现刊向过刊转化的中间环节。由于处于装订过程中的期刊读者不能利用，所以应妥善安排装订时间。由引文分析已知，期刊存在最大的引文年限，即期刊信息新颖性释放区，在此阶段尽可能不安排装订或只装订复本，确保不因装订影响读者利用。

7. 引文分析对剔除的主导作用

图书馆把馆藏期刊中利用率极低或根本无人利用者排除出馆藏的工作称为剔除。馆藏期刊随时间推移，利用率逐年降低，直至失去利用价值。从利用的角度分析，期刊馆藏年代过长，利用效率大幅度降低，不仅白白占用大量藏刊空间，增加期刊管理人员的劳动量，而且还从馆藏总体上降低藏刊质量。因此，对于那些无史学价值或文物价值的刊种以及无集中共同需求的复本应进行剔除。引文分析法是指导剔除的主要方法之一。①半衰期法：如果能准确地掌握馆藏期刊各刊或各学科期刊的半衰期，可以判断哪些期刊老化速度快，应当早剔除；哪些期刊老化速度慢，应晚些剔除。例如，一些学科或专业的半衰期，医学 3 年，冶金学 3.9 年，物理学 4.6 年，化学工业 4.8 年，机械制造 5.2 年，生物学 7.2 年，化学 8.1 年，植物学 10 年，数学 10.5 年，地质学 11.8 年，地理学 16 年。如果一个图书情馆馆藏这些学科或专业的期刊，那么至少可以提示期刊管理人员：不同学科或专业的期刊，老化速度不同，剔除时不能按同一时间一刀切。对于《SCI》的来源期刊可由《JCR》的一些排队部查到每年的半衰期。②累积量法：如能获得馆藏各学科或专业期刊的逐年引文量，可得每年的累积引文量。可依此决定，当一个学科或专业的期刊累积引文量达到何值时，开始剔除。以生物化学为例，为满足 90% 的期刊信息需求，可保留 16 年内的期刊；而若满足率再提高 5%，达到 95%，则必须保留 21 年内的期刊。不难看出，满足率越高，期刊保存时间越长，相应地利用率低的期刊刊种越多；而且每增加 1% 的期刊满足率，期刊保存时间加长，所需的刊种增多。假如一个图书馆确定了生物学期刊的保存年限为 11 年，年年按此原则剔除，购刊品种与册数保持相对稳定，则该馆馆藏期刊刊种数从每年初至年底逐渐增加，而剔除后各年的馆藏期刊刊种数与册数大致相等，实现所谓"零增长"，各年的藏刊空间变化较小，既便于期刊管理，又减少了因期刊册数增长给藏刊空间带来的压力。

## 第五节　核心期刊的确定

### 一、国内外核心期刊研究概述

随着科学技术的发展，学术论文和刊载这些论文的期刊也随之大量增加。目前世界上有目录可查的期刊约有 20 万种。如此多的期刊记录和传播人类的最新知识和信息，本来应该是件好事，但实际上已给人们的阅读和收藏带来了极大的困难。现在，世界上任何一个图书馆都不可能把所有的期刊收集齐全；即使世界上最有权威的专家，也无法做到对本专业期刊的通读。如何帮助读者快速有效地获得他们最需要的文献，则成了文献情报工作者的研究问题。这类研究在两个方面取得了显著的成果。

一是编制文献检索工具，及时揭示期刊文献。世界上最早出现的检索工具是 Poole's Index to Periodical Literature（1801—1906 年），普氏因感到读者需要而试作索引，获得读者的欢迎，后来成为大型图书馆必备的工具书。在 105 年间共出版 12 241 卷，共计收录欧美期刊 450 种，文献数量达到 590 000 篇。此后，各种类型的期刊文献检索工具不断涌现。随着计算机和网络的发展，各种电子文献数据库不断涌现，读者可以更快捷和方便有效地查询他们所需要的文献资料。

二是用文献计量学方法对学科期刊进行定量评价。英国文献计量学家布拉德福（S. C. Bradford）在这一研究领域首先取得了成果。他发现，学科文献在期刊中的分布是有规律的，即少数期刊集中了大量某学科的论文，而其他期刊则很少出现该学科的论文。1934 年他给出了学科论文在期刊中的分布规律的数学表达式："对某一主题而言，将科学期刊按其登载相关论文数量的递减排列时，都可以划分出对该主题最有贡献的核心区，以及论文数量与之相等的几个区，这时核心区与相继各区的期刊数量成 $1 : a : a^2 : \cdots\cdots$ 的比例关系。"布拉德福在此首先提出了核心区的概念，后来的研究者将核心区的期刊称之为核心期刊，而布氏揭示的这一规律也被后人称之为布拉德福文献集中与分散定律。后人选择不同的学科（包括人文社会科学和自然科学）、不同的评价指标如期刊论文的被索量、被摘量、被借阅量等）进行统计分析，特别是美国著名情报学家加菲尔德在 20 世纪 60 年代对期刊文献的引文进行了大规模的统计分析，均得到了大量被引用论文集中在少数期刊中，而少量被引用论

177

文散布在大量期刊中的结论，证明了期刊论文被引用的情况也符合布拉德福定律。这些研究从多角度证明了核心期刊的客观存在，从而大大丰富和发展了核心期刊的概念。

我国核心期刊的研究工作始于 20 世纪 70 年代。当时，国外期刊价格猛涨，如何精选外刊，以便用最少的经费得到最大的文献量，成了我国外刊采访工作急需解决的问题，于是开始对外文期刊进行评价研究。核心期刊概念和评价方法逐步从国外引入我国，随着研究的深入，相继发表了一些有影响的研究成果，如："国外科技核心期刊表"（国外书讯，70 年代末 80 年代初，分学科陆续发表；图书情报工作，国外科技核心期刊专辑）、世界图书杂志主编陆佰华主编的《国外科技期刊手册》、中国教育图书进出口公司戴龙基主编的《国外人文社会科学核心期刊总览》、《国外科学技术核心期刊总览》等。20 世纪 80 年代末，随着中文期刊数量激增和价格大幅度上涨，中文期刊评价研究工作也提到了议事日程上。20 世纪 90 年代以后，我国对核心期刊的研究无论是在广度上还是在深度上都有了很大的发展。研究成果大量发表，其中理论性的研究成果已达数百篇，对专门学科进行核心期刊评选的研究成果也不在少数，有一些已经在图书情报界、学术界、出版界和科研管理部门产生了较大的影响，如北京高校图书馆期刊工作研究会、北京大学图书馆联合编辑的《中文核心期刊要目总览》（北京大学出版社，1992，1996，2000，2004，2008，2011），以其系统性、科学性和实用性，获得了社会的认可，成为具有一定影响力的参考工具书。

科学技术的高速发展导致了期刊文献数量的急剧增长，从而引发了必须对期刊进行评价的社会需求。众多研究证明，学科文献的诸多属性在期刊中的分布是有规律的，具有明显的核心期刊效应，可以通过文献计量统计的方法对期刊进行定量评价。定量评价与单纯靠专家进行定性评价的方法相比，评价结果应更具客观性和公正性，这一点在图书情报界已形成共识，定量评价成果也得到了社会的广泛认可。可见，核心期刊的评价理论和方法，是科学发展到一定阶段的产物，是顺应社会需要而产生的一种科学研究方法。

核心期刊就是刊登与某一学科或专业有关信息较多、水平较高的论文，且能反映该学科最新成果和前沿动态，受到该学科读者和检索类期刊特别关注的那些期刊。确定核心期刊对于图书馆节省订购经费和收藏空间，帮助科研人员高效使用和向同行报道自己的研究成果，都具有很重要的意义。因此，研制核心期刊表实质上是对诸多期刊进行质量评价，并把质量高的期刊确定为核心期刊的有效措施。

## 二、核心期刊评价方法

由于期刊的诸多属性具有核心期刊的效应，也就是说影响核心期刊的评价因素很多，要获得高质量的评价结果并非易事。因此，在实施核心期刊的评价之前，首先要研究的是评价方法，科学合理的评价方法是确保核心期刊质量的关键。

中外学者曾采用各种方法来评价核心期刊，我们可以从不同的角度对它们进行分析，了解它们的演变和发展过程，研究它们的优缺点，从而找到更为科学合理的评价方法。

1. 从评价指标角度分析

按评价指标分，对核心期刊的定量评价方法可以分为单指标评价和多指标综合评价。

（1）单指标评价

最早采用的核心期刊评价方法都是单指标评价。评价方法主要有载文量法、文摘量法、引文量法、流通量法、专家评审鉴定法、影响因子法、译文率法、迭代法等。

①载文量法：包括绝对载文量和相对载文量等评价指标。前者按刊载相关学科文章的多少来选核心期刊，后者按相对载文量（＝某刊刊载相关学科的文章数/该刊同时期的发文总数）来筛选核心期刊。1934年，英国文献计量学家布拉德福在他的一篇论文《专门学科的情报源》中，提出了定量描述文献序性结构的经验定律，揭示出了期刊的文献离散规律。首先采用此法得到了润滑和地球物理两个学科的核心期刊表，此后许多学者采用载文量法，验证了布拉德福定律的客观存在。此法的优点是直观、简单易行；缺点是规定以刊载一定主题论文的绝对数量来排列期刊，因而对于刊载量大的大型期刊来说是较为合适的，但对于每期刊载论文较少却是专业对口的小型期刊来说，就有可能被排除在外。选出的学科核心期刊以载文数量取胜，与期刊质量无关，结果必然偏颇，因此不能满足那些对期刊质量和水平有评价要求的读者的使用。

②文摘量法：包括被摘量和被摘率等评价指标。前者按相关学科文章被摘的次数来选出学科的核心期刊，后者则按平均每篇相关文章被摘的几率来选出核心期刊。如1967年，联合国教科文组织通过统计有关物理和化学方面的文摘量的方法，得到了物理和化学两个学科的核心期刊表。文摘量法就是选择某学科最权威的一种文摘杂志，对该文摘在某一期限内（一般不少于一

年）的文摘源作一统计，按每种期刊被摘率的高低排序，并由高至低依次相加，当累计被摘率达到70%时，这一区间的所有期刊就是该学科的核心期刊。若一个学科有多种权威文摘，可用同样的方法对不同文摘作出统计，分别列出核心期刊表，然后将几种核心期刊作横向比较，其共有的期刊无疑是该学科最为核心的期刊。此法的优点是按选定的工具书作统计，简单易行，在一定程度上反映出期刊的质量受文摘检索工具质量的控制。缺点是统计数据的质量受文摘刊物质量的制约（如文献源选择是否恰当、文摘员水平的高低、源期刊缺期造成的漏摘等），选题范围广、载文数量大的期刊被摘量大，进入核心期刊的可能性就大，而载文量少但质量较高的期刊，则有可能被排斥在外。另外，被摘文献是由文摘刊物的编辑者而非实际使用文献的读者或情报用户选定的，这就影响了文摘率的准确性，进而影响核心期刊的准确性。目前电子文献数据库正在逐步取代文摘刊物，使统计更加方便快捷，但电子文献数据库的编制普遍不如纸制文摘刊物严谨，因此文摘量指标的评价质量也越来越难以控制。

③引文量法：包括被引量、影响因子、即时被引系数等评价指标。1971年，美国情报学家加菲尔德对布拉德福的文献离散规律作了进一步的深化和发展，在统计了2 000种期刊的100万篇参考文献后，得出了学科核心期刊不超过1 000种，最主要的核心期刊不少于500种的结论。引文法在实际使用中又有"一步引文法"和"两步引文法"之分。所谓"一步引文法"，即直接利用某学科公认的权威性一次刊物作引文统计，得出每种期刊的被引量。然后将被引量由高至低依次相加，当累积被引量达到70%时，这一区间的期刊均可定为核心期刊。所谓"两步引文法"，即先选一种期刊进行引文统计，得出数种被引量较高的期刊，然后再对这几种期刊按一步法进行引文统计分析，从而得出该学科的核心期刊。采用引文分析确定法的关键在于正确选择来源期刊，而来源期刊的选择，必须坚持一定的标准和确定其时间范围。来源期刊的选择标准有：报道内容覆盖引文分析领域各个主要专业；所载论文反映学科发展水平，在读者中有较高威望；每篇论文末附有可供统计的、著录格式规范化的引文文献。此类评价指标的优点是指标能够反映期刊在相关研究领域的活跃程度，效应强，能较好地反映期刊在相关学科领域内的学术影响力和质量水平，因此常被当作核心期刊评价的重要指标。但是，引文也是一个受制于其他因素的指标，如引文源选择不当、不恰当自引、否定引用等都会影响引文指标的可靠性；由于引文的时差，引文量法对于新刊不能如实反映其利用情况；另外该方法排斥小刊物、出版周期长的刊物和理论性弱而实践性较强的刊物。

④流通量法：包括借阅次数、复印次数、全文下载次数、馆际互借次数等评价指标。如 2001 年，国内有人用统计期刊论文复印量的方法，得到了情报学核心期刊表。这种方法以期刊的流通额数分布分析作为评价标准，其基本原理是在某段时间（如 1 年）内，对各种期刊的借阅频数或复印频数等作一统计，并将期刊按借阅频数或复印频数等的大小排序，然后根据学科（或专业）文献的分布规律，选出借阅频数或复印频数较高的前 n 种为核心期刊。此类指标反映了期刊被读者重视和使用的程度，一定程度上反映了期刊的质量和水平。缺点是评价结果受读者群性质及收集数据方法的影响，收集数据的难度大，无法对读者利用期刊的深度进行研究；也会因为馆藏期刊的不足导致分析的偏差；或者只考虑到某一具体部门（或地区）用户的情况，未能反映专业领域的全貌，所以此法一般只适用于评价馆藏核心期刊，作小范围、短时间的流通量统计。

可以看出，载文数量特征最早被选作核心期刊评价指标，后来才逐步发展到采用能反映期刊质量和水平的其他特征。单指标评价方法，各有优缺点，都只能反映期刊的一个特征，难以达到令人满意的结果。

⑤专家评审鉴定法：是聘请有关学科专业的权威专家，对已运用有关方法初步认定的学科核心期刊表进行审查鉴定，提出相应的修改意见。这种方法主要缺陷是专家推荐的期刊难免带有个人专业爱好等感情色彩，由于专家自身信息掌握程度及知识结构对期刊推荐工作的影响，部分专家对期刊推荐工作重视程度的深浅等因素，对核心期刊的选择质量会产生较大的影响。

⑥影响因子法：也称即时指数法。此方法是指某期刊在过去一定年份中发表论文被引用的总次数，除以一定年份内发表论文数的总和。影响因子揭示了期刊中每篇文章的平均被引证程度，此值越高，则影响越大。一般来说，影响因子值越大，期刊在学科发展和文献交流过程中作用就越大，其质量就越高，因而核心程度也越高。但期刊由于引用的峰值出现的时间不同，所反映核心水平的程度也有局限性，界定起来困难重重。

⑦译文率法：该方法是针对国外核心期刊的一种评价方法。国外学术论文的翻译和发表经过了译者和编辑的双重选择，在一定程度上反映了原文的学术水平、理论深度或参考价值，同时，也在一定程度上反映了刊载这些原文的国外期刊的学术水平和重要程度。译文量多的期刊被测定为该学科的外文核心期刊。但是此类期刊一般介绍性内容多，而评价研究性内容少。

⑧迭代法：也称采样法。该方法先以一种期刊为来源期刊进行引文分析，将期刊按被引次数排序，然后以排在高位的期刊为来源期刊再做引文分析，将第二次所得期刊清单对第一次期刊进行补充。然后再将排在高位期刊做第

三次引文分析，依此类推，通过几次迭代，最后得到核心期刊。此法对手工统计而言，工作量是比较大的。迭代法实质是引文分析法的重复使用。

（2）多指标综合评价

由于单指标评价不能满足用户对期刊进行评价的要求，于是多指标综合评价方法开始出现并逐步发展。多指标综合评价就是将多种评价指标科学地组织在一个评价指标体系中，这样可以对各种单指标评价的优缺点取长补短，最后获得比较令人满意的结果。20世纪80、90年代，我国就已经有研究多指标综合评价方法的论文和评价成果发表。如，1984年，中山大学资讯管理系教授罗式胜发表了探讨多指标综合评价方法的论文《核心期刊综合测定法探讨》；1992年，《中文核心期刊要目总览》采用多指标综合评价法对我国出版的中文期刊进行了全面评价，此成果出版后在社会上引起了较大的反响，是多指标综合评价方法的成功例子。

对多指标综合评价产生影响的主要因素有如下三个。

①评价指标体系：评价指标体系是核心期刊评价成功的关键，随着我国期刊评价工作的发展，这方面的研究成果逐步增多。研究表明，建立评价指标体系时应遵循科学性、合理性、客观性和可操作性的原则，在众多能揭示期刊质量和水平的因素中，应选择那些核心期刊效应明显、统计源收录全面准确、具有可操作性的因素作为评价指标。一般来讲，对小范围或单学科期刊进行评价时，评价指标体系可以设置较多的评价指标，对大范围和多学科期刊进行评价时，因为要考虑适合全部学科和可操作性，采用的评价指标数量相对要少一些。

②评价指标统计源：评价指标统计源的质量直接影响定量评价结果，因此选作统计源的检索工具应该具备一定的条件，如学科全面、选刊恰当、编辑规范、数据准确、卷期齐全、用户量大、权威性高、统计方便等。目前各种文献数据库很多，质量参差不齐，必须对它们进行认真的比较分析，才能从中选作较为合适的作为评价指标统计源。

③综合评价数学模式：多指标综合评价可以采用多种数学模式进行数据处理，常用的具体方法有求逻辑和法、加权平均法、模糊数学法、层次分析法、主分量分析法等。求逻辑和法简单易行，手工计算条件下，一般都采用此法。缺点是不能反映不同评价指标对核心期刊评价影响的程度差异，评价结果不太理想。其他方法则都能考虑不同评价指标起不同的评价作用，如《中文核心期刊要目总览》从第二版起采用模糊数学方法，先将评价指标的实测数据转换成对核心期刊隶属程度的评价数据，再进行加权平均，这样具有不同特征和不同数量级的评价指标在评价体系中能合理地组合在一起，恰当

地发挥各自的作用，从而得到较为满意的评价结果。这些方法计算复杂，工作量巨大，无法用手工完成，随着计算机技术的发展，才得以在实际评价工作中被使用，并在使用过程中不断被改进、发展和完善。

2. 从核心期刊数量界定方法分析

定量排序完成后，继而就是如何划分核心区，确定核心期刊。中外学者曾用多种方法来界定核心期刊，这些方法可以归纳为区域法、累积百分比法、图像法等。

（1）区域法

布拉德福首先采用区域法确定核心期刊，他把期刊分成载文量相等的三个区，使每一个区的文献数量相同。从中可以看出，随着每一区期刊载文率的减少期刊数量将逐步增大，由此形成一种等级。这一定律可以用下列公式表示：$P_1 : P_2 : P_3 = 1 : n : n^2$（布拉德福常数 $n = 5$）。第一区为核心区，包含 1/3 的文献量。他从 326 种期刊中选出 9 种应用地球物理学核心期刊，从 164 种期刊中选出 8 种润滑学核心期刊，核心期刊和参选期刊之比分别为 23% 和 49%。很明显，分区越多，核心期刊对应的文献数量越少，核心期刊数量也越少。如采用高夫曼的最大分区法，则会得到最小的核心区和最少的核心期刊。此法的优点是可以根据需要来分区，以分区数量来控制评价结果，满足不同的需要。

（2）累积百分比法

此法是区域法的变形，将期刊按区域法排好序后不必分区，是以计算一种期刊所刊载的某一主题的论文占该刊全部论文的百分比高低来测定核心期刊。截取 70%（或 80%）累积文献量所对应的期刊为核心期刊，简单易行，曾得到广泛采用。但核心期刊数量偏大，适合那些较大文献保障率的用户参考。累积百分比法以每种具体期刊为单位，以相对数量为标准，这就避免了布氏定律以绝对数量为标准所造成的缺陷。因此，这种方法也可以说是对布氏定律的重要补充。

（3）图像法

布拉德福还给出了用图像法确定核心区的方法，布氏以论文的累积量做纵坐标，以对应期刊数量的对数值做横坐标，得到前部上凹，后部平直的论文分布曲线，他把曲线与直线的连接点视作分界点，此点以前的区域为核心区，对应的期刊为核心期刊。实验证明，此点对应的文献量不一定是总文献量的 1/3，因此，布氏分区法和图像法得出的核心期刊数量并不相同。

用上述各种方法划分的核心期刊数量差异很大，是否存在划分核心区的客观界限？经过数学论证，证明核心区与非核心区之间并没有明显的、客观的界限，核心区的大小可以根据需要人为划定。划定核心区应遵循包含较少数量期刊，对应较大数量文献的原则。当需要较完整收藏和较高文献保障率时，可以选择较大的文献量（如 80%）；当需要最精粹的出版物时，可选择较少的文献量（如 30%）。从以往的实践经验看，一般可控制在专业期刊的15% 和参评期刊的 3% 左右。

### 3. 从定性评价和定量评价分析

定性评价就是请学科专家根据自己的用刊经验和学科知识，对期刊作出评价，这是传统的对期刊作出评价的方法。其优点是权威性高，缺点是带有专家的个人主观性，特别是在期刊数量大量增加的情况下，专家受时间和精力的限制，不可能了解与本学科有关的全部期刊，评价时难免有局限性和片面性。事实上，不同专家的评审结果有时差异较大。

定量评价就是通过对反映期刊内在价值的客观指标进行文献计量统计，从而对期刊作出评价。定量评价结果从理论上讲，应该是最为客观和科学的。但是，实际上定量评价结果并不完美，经常会发生偏差。这是因为评价方法和评价指标本身总是会存在某些固有的局限性，如：被一致看好的被引量和影响因子的情况就很复杂，期刊引文机制、著者引文习惯，都会对引文量产生很大影响，特别是不恰当的自引或他引，更会影响引文指标的客观性。此外，评价指标统计工具也会存在各种各样的问题，如：检索工具来源刊选择不完全恰当、缺期、著录不规范等情况普遍存在，都会影响统计数据的客观性和准确性。

因此，定量评价结果有必要请学科专家进行定性评审，纠正偏差，才能得到更为符合客观实际的评价结果，定量和定性相结合的评价方法，是优势互补的方法，能进一步提高评价结果的科学性、客观性、公正性和权威性。期刊评价从定性评价发展到定量评价是科学进步的使然，又从定量评价发展到定量和定性相结合，是期刊评价方法走向成熟的表现。

从上述研究可以看出，核心期刊的总体研究方法最好采用定量和定性相结合的方法，定量评价最好采用多指标综合评价法。

由上可知，我们可以找出布拉德福式的载文量多的核心期刊，二次文献收录量大的核心期刊，加菲尔德式的被引次数多的核心期刊。但是，这些核心期刊都是从某一角度反映期刊的特点，而没有综合反映人们所希望的核心期刊的各种优点。因此，核心期刊既是收藏与利用过程中客观形成的动态概念，又是与其他科学期刊在业务实践中长期比较而形成的相对概念。这一非静止的相对概念，对于具体期刊而言，并非绝对静止不变的，而是处于客观因素检验与制约的可变状态。《中文核心期刊要目总览》曾这样定义核心期刊，某学科（或专业，或专题）的核心期刊是指该学科所涉及的期刊中，刊载论文较多的（信息量较大的），论文学术水平较高的，并能反映本学科最新研究成果及本学科前沿研究状况和发展趋势的，较受该学科读者重视的期刊。

　　这样定义的核心期刊只是一个理想概念。由于统计工具（检索性期刊或数据库）总是存在这样或那样的问题，筛选方法总是有这样或那样的缺陷，因此，实际筛选出来的核心期刊只能从整体上大致反映学科期刊的状况。排序不可能完全正确，还会有某些重要刊物被遗漏，更重要的是核心区与非核心区之间并无客观存在的界限。因此，核心与非核心只是一个相对的概念，任何过分夸大核心期刊的作用，不恰当地使用核心期刊的做法都是错误的。

　　《中文核心期刊要目总览》在其中文核心期刊的文献计量学报告中指出：中文核心期刊表只是一种参考工具书，这里特别要强调"参考"二字。当文摘刊物选择文献源、图书馆选购期刊和为读者导读、教师研究生查找资料和选择读物、科研管理人员进行研究成果评价工作时，都可以把相关学科的核心期刊表作为选择的"参考"。"参考"的意义在于根据各自的需要作增删修改，而不是一成不变地搬来使用。尤其在评定职称问题上，一定要依据评定的专业范围、学术级别等具体情况自己定出适合于本单位的"重要期刊表"，而不应不加选择地搬用核心期刊表。不同级别、不同性质的专业人员都用同一个核心期刊表评定职称，显然也是不合理的。核心期刊的价值在于它能面对有各种不同需求的不同层次的用户，而用户们"参考"核心期刊表，经过甄别后选定自己需要的期刊，才是正确使用核心期刊的方法，才能使它真正产生社会效益。

# 第六章 中文期刊数据库

## 第一节 我国数据库概况

随着社会的进步，人们对图书馆的情报服务要求越来越高，伴随着互联网和信息技术的逐步成熟与发展，传统的印刷型信息资源在数字化和网络化方面有了更好的技术支持，出现了许多不同种类的数据库。

### 一、我国数据库建设的发展

我国的数据库建设大致可划分为如下三个阶段。

第一阶段是 1974—1979 年。这期间主要是引进、学习外国的数据库理论和技术。1977 年 1 月，在国家计委的支持下，在黄山召开了我国首届"数据库研讨会"。

第二阶段是 1980—1993 年，这是我国数据库大发展阶段。1986 年全国计算机应用工作会议召开，确定"七五"期间重点建设包括国家经济信息系统、国家科技信息系统等 12 个国家级信息系统，从而为数据库的发展创造了政府支持的环境。此后，各部门、各系统、各行业的建库工作在全国展开。在"七五"期间，我国在数据库建设方面的总投资约 10 亿元人民币。

第三个阶段是 1993 年至今。之所以把 1993 年作为第三阶段开始年，是因为这一年有几个重要的事件：1993 年 2 月 18 日，我国第一家数据库专业公司——"万方数据库"成立，它标志着我国数据库业开始以独立经济人的姿态走向市场。3 月 12 日，朱镕基副总理主持会议，部署建设国家公用经济信息网络，启动"三金"工程，我国信息化建设开始了一个新的阶段。

### 二、我国数据库建设的现状

本节根据 2005 年《中国互联网络信息资源数量调查报告》，介绍我国在线数据库的数量和性质。

1. 全国在线数据库数量

全国在线数据库的总量为 29.54 万个。其中，企业网站拥有的在线数据库数量最多，占全部在线数据库的50.4%；其次是个人网站拥有的在线数据库，占全部在线数据库的21.5%；政府网站拥有的在线数据库排第三位，占全部在线数据库的9.4%；其他公益性网站的在线数据库占7.3%；教育科研网站的在线数据库占6.4%；商业网站拥有的在线数据库占4.5%；其他类型网站的在线数据库占0.5%。

## 2. 拥有在线数据库的网站数量

全国网站中拥有在线数据库的网站数为17.0万个，约占全部网站的24.5%。从拥有在线数据库的各类网站比例来看，其他公益性网站中拥有在线数据库的网站比例最高，达到37.8%；其次为政府网站，比例为36.3%；排第三位的是商业网站，比例为31.7%；教育科研网站为25.1%；个人网站为24.8%；企业网站为22.3%。

## 3. 拥有各类在线数据库的网站比例

在拥有在线数据库的网站中，拥有"产品信息数据库"的网站最多，占到61.0%；其次是拥有"图片数据库"的网站占到37.7%；之后依次为拥有"企业名录数据库"的网站为20.4%，拥有"报刊新闻数据库"的网站为17.0%，拥有"科技信息数据库"的网站为16.2%。

## 4. 各类在线数据库拥有的记录数

各类在线数据库拥有的记录情况如表6-1所示。就总体而言，记录数在1 000条以上的数据库占全部数据库的29.8%。

表6-1　各类在线数据库的字节数分布

|  | 50条及以下（%） | 51~100条（%） | 101~500条（%） | 501~1 000条（%） | 1 001~5 000条（%） | 5 001~10 000条（%） | 10 000条以上（%） |
|---|---|---|---|---|---|---|---|
| 总体 | 20.6 | 14.9 | 24.9 | 9.8 | 17.3 | 4.6 | 7.9 |
| 政策法规 | 37.5 | 6.3 | 25.0 | 15.6 | 9.4 | 6.3 | —— |
| 金融股票信息 | 40.0 | —— | 20.0 | —— | 20.0 | 20.0 | —— |
| 报刊新闻 | 30.8 | 11.5 | 7.7 | 19.2 | 19.2 | 7.7 | 3.8 |
| 科技信息 | 29.6 | 11.1 | 18.5 | 14.8 | 18.5 | 3.7 | 3.7 |
| 产品 | 18.6 | 21.2 | 26.3 | 6.8 | 16.9 | 4.2 | 5.9 |
| 企业名录 | 18.6 | 16.3 | 23.3 | 11.6 | 16.3 | 2.3 | 11.6 |
| 人物 | 38.1 | 4.8 | 33.3 | 9.5 | 4.8 | —— | 9.5 |

|  | 50 条及以下（%） | 51~100 条（%） | 101~500 条（%） | 501~1 000 条（%） | 1 001~5 000 条（%） | 5 001~10 000 条（%） | 10 000 条以上（%） |
|---|---|---|---|---|---|---|---|
| 图片 | 13.3 | 21.3 | 25.3 | 8.0 | 20.0 | 5.3 | 6.7 |
| 期刊、论文 | 20.8 | —— | 33.3 | 16.7 | 16.7 | 4.2 | 8.3 |
| 其他 | 6.5 | 10.9 | 28.3 | 4.3 | 23.9 | 4.3 | 21.7 |

**5. 各类在线数据库的更新周期**

各类在线数据库的更新情况如表 6-2 所示。其中更新周期在一周内的比例金融股票信息数据库、报刊新闻数据库和期刊/论文数据库的较高。

表 6-2　各类在线数据库的更新周期情况

| （%） | 每日 | 每三日 | 每周 | 每两周 | 每月 | 每三月 | 每六月 | 六月以上 | 不固定 |
|---|---|---|---|---|---|---|---|---|---|
| 政策法规 | 15.8 | 1.8 | 10.5 | —— | 15.8 | 1.8 | 1.8 | 10.6 | 42.1 |
| 金融股票信息 | 40 | —— | 20 |  |  | 6.7 | 6.7 | 13.3 | 13.3 |
| 报刊新闻 | 26.6 | 9.4 | 15.6 | —— | 9.4 | 7.8 |  | 14.1 | 17.2 |
| 科技信息 | 18 | —— | 14.8 | 3.3 | 16.4 | 8.2 | 3.3 | 18.1 | 18 |
| 产品 | 17.4 | 3.9 | 11.3 | 4.8 | 11.3 | 7.4 | 2.2 | 9.5 | 32.2 |
| 企业名录 | 27.3 | 1.3 | 11.7 | 3.9 | 13 | —— | 2.6 | 16.9 | 23.4 |
| 人物 | 23.1 | 2.6 | —— | 2.6 | 15.4 | 2.6 | 2.6 | 23.1 | 28.2 |
| 图片 | 14.1 | 5.6 | 12.7 | 3.5 | 12 | 9.2 | 4.9 | 9.8 | 28.2 |
| 期刊、论文 | 15.6 | 6.7 | 20 | —— | 6.7 | 8.9 | 2.2 | 13.3 | 26.7 |
| 其他 | 29.1 | 3.8 | 8.9 | 5.1 | 2.5 | 6.3 | 3.8 | 16.5 | 24.1 |

**6. 各类在线数据库每次更新的记录所占比例**

各类在线数据库的更新比例如表 6-3 所示。

表 6-3　在线数据库的每次更新记录比例情况

| （%） | ≤1% | 1%~5%（含5%） | 5%~10%（含10%） | 10%~20%（含20%） | >20% |
|---|---|---|---|---|---|
| 政策法规 | 29.4 | 14.7 | 41.2 | 2.9 | 11.8 |
| 金融股票信息 | 25.0 | 25.0 | 25.0 | —— | 25.0 |

| （%） | ≤1% | 1%～5%<br>（含5%） | 5%～10%<br>（含10%） | 10%～20%<br>（含20%） | >20% |
|---|---|---|---|---|---|
| 报刊新闻 | 15.4 | 17.9 | 25.6 | 15.4 | 25.6 |
| 科技信息 | 24.3 | 21.6 | 21.6 | 13.5 | 18.9 |
| 产品 | 21.2 | 19.9 | 21.2 | 14.4 | 23.3 |
| 企业名录 | 24.0 | 30.0 | 20.0 | 10.0 | 16.0 |
| 人物 | 25.0 | 25.0 | 33.3 | 4.2 | 12.5 |
| 图片 | 13.3 | 15.6 | 31.1 | 12.2 | 27.8 |
| 期刊、论文 | 22.6 | 16.1 | 29.0 | 9.7 | 22.6 |
| 其他 | 34.0 | 16.0 | 8.0 | 16.0 | 26.0 |

7. 在线数据库面向对象情况

从在线数据库的面向对象情况来看，面向社会公众的在线数据库比例最高，占 75.1%；其次是商业机构的在线数据库，比例为 61.5%；第三是面向学生的在线数据库，所占比例为 51.5%。其他对象及比例分别为：政府部门 27.1%、教育机构 24.4%、科研机构 23.9%、图书馆 10.6%、其他 3.7%。

## 三、我国数据库类型

数据库是在计算机存储设备上按一定方式，合理组织并存储的相互有关联的数据的集合，是计算机技术与信息检索技术的结合产物，是电子信息资源的主体，是信息检索系统的核心部分之一。按所提供的信息内容，数据库主要可分为参考数据库和源数据库。

1. 参考数据库

主要存储一系列描述性信息内容，指引用户到另一信息源已获得完整的原始信息的一类数据库，主要包括书目数据库和指南数据库。

（1）书目数据库

存储描述如目录、题录、文摘等书目线索的数据库，又称二次文献信息数据库。如各种图书馆目录数据库、题录数据库和文摘数据库等属于此类，它的作用是为用户指出了获取原始信息的线索。

图书馆目录数据库，又称机读目录，其数据内容详细，除描述标题、作者、出版项等书目信息外，还提供了用户索取原始信息的馆藏信息。题录、文摘数据库描述的数据内容与印刷型的题录、文摘相似，它提供了论文信息或专利信息等确定的信息来源，供用户检索。

（2）指南数据库

存储描述关于机构、人物、产品、活动等对象的数据库。与其他数据库相比，指南数据库为用户提供的不仅仅是有关信息，还包括各种类型的实体，多采用名称进行检索。如存储生产与经营活动信息的机构名录数据库、存储人物信息的人物传记数据库、存储生产或商品信息的产品信息数据库、存储基金信息的基金数据库等属于此类，它的作用为指引从其他有关信息源获取更详细的信息。

2. 源数据库

主要存储全文、数值、结构式等信息，能直接提供原始信息或具体数据，用户不必再转查其他信息源的数据库。它主要包括全文数据库和数值数据库。

（1）全文数据库

存储原始信息全文或主要部分的一种源数据库。如期刊全文数据库、专利全文数据库、百科全书全文数据库，用户使用某一词汇或短语，便可直接检索出含有该词汇或短语的原始信息的全文。

（2）数值数据库

存储以数值表示信息为主的一种源数据库，与它类似的有文本－数值数据库。与书目数据库相比较，数值数据库是对信息进行深加工的产物，可以直接提供所需的数据信息。如各种统计数据库、科学技术数据库等。数值数据库除了一般的检索功能外，还具有准确数据运算功能、数据分析功能、图形处理功能及对检索输出的数据进行排序和重新组织等方面的功能。

经过近 30 年的发展，中国知网、维普资讯网和万方数据知识服务平台中的期刊全文数据库已经成为我国教育科研人员获取学术信息资源的重要来源。接下来的几节分别对这三大中文期刊数据库进行介绍。

# 第二节　中国学术期刊网络出版总库

## 一、概况

### 1. 简介

中国知网期刊数据库的网络版名称为《中国学术期刊网络出版总库》（China Academic Joural Network Publishing Database，简称 CAJD），由清华同方光盘股份有限公司、光盘国家工程研究中心和中国学术期刊（光盘版）电子杂志社共同研制出版，是中国知识基础设施工程（China National Knowledge Infrastrcture，简称 CNKI 工程，又称中国知网）的组成部分之一，也是我国第一个连续出版的大型集成化学术期刊原版全文数据库。已经发展成为我国最大的集成化期刊全文信息资源。其最主要的应用：一是便于期刊的检索、查询并大大扩展期刊文献的传播通道和范围；二是为期刊的评价和管理提供科学、合理、公正、客观、快捷、可重复验证的数据与有效工具。

《中文学术期刊网络出版总库》对期刊引用频次、影响因子、被检索次数、文献发表速度等计量指标进行统计和综合评价，是中国期刊评价体系中必不可少的一份子。它提供的期刊评价基于两个方面：（1）海量文献资源。收录了 7900 多种（截至 2012 年 10 月）正式出版的中国国内的学术期刊，其中创刊至 1993 年 3 500 余种，1994 年至今 7 700 余种，全文文献总量 3 500 多万篇（截至 2012 年 10 月）。文献最早回溯到 1915 年，核心文献收全率 96%，特色期刊（如农业、中医药等）收录率 100%；独家或唯一授权期刊共 2 300 余种，约占我国学术期刊总量的 34%。产品分为十大专辑：基础科学、工程科技Ⅰ、工程科技Ⅱ、农业科技、医药卫生科技、哲学与人文科学、社会科学Ⅰ、社会科学Ⅱ、信息科技、经济与管理科学。十大专辑下分为 168 个专题。（2）强大的数据统计功能。可以通过中国知网分布在国内、国外的上千台服务器进行文献下载、浏览量等数据收集。数据库可对传统计量学指标，如发文量、被引量（以被评价对象在中国学术期刊网络出版总库的实际出版情况为准）等进行相关的统计，同时实现对网络计量学指标，如下载量、浏览量（从 2005 年 1 月收集、整理至今）的计算和统计。

2. 网址与主页

首先进入中国知网主页，网址为 http：//www.cnki.net/，其主页如图 6 - 1 所示。在如图 6 - 1 所示的页面上方的检索输入框的左下方有"期刊"链接，点击后进入中国学术期刊网络出版总库的检索界面，如图 6 - 2 所示。

3. 登录方式

用户使用前首先要进行注册成为其合法用户才能登录使用。注册时用户可以根据提示一步一步地进行。注册后的用户可以利用自己注册的用户名登录，同时选择所需要的数据库进行检索。

## 二、CAJ 浏览器下载、安装和使用方式

检索查看中国学术期刊网络出版总库的期刊论文，首先要下载和安装浏

图 6-1　中国知网主页

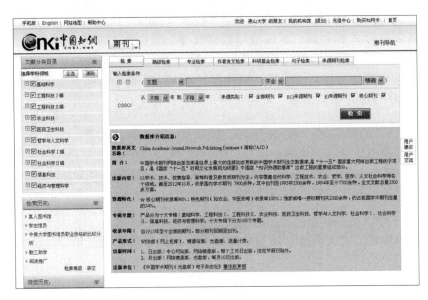

图 6-2　中国学术期刊网络出版总库的检索界面

览器，因此向读者分别介绍该数据库浏览器的下载、安装和使用。

1. 如何下载 CAJ 浏览器

使用中国学术期刊网络出版总库时要安装 CAJviewer、PDF（Acrobat Reader）浏览器。通常每个数据库都提供自己的全文阅读浏览器，这些浏览器大部分情况下都以压缩形式提供，因此建议用户使用时最好事先安装好相应的压缩软件。

图 6 - 3 所示的页面为中国知网主页的下半部分（标记为中国知网主页 2），即图 6 - 1 所示页面下方的页面，在图 6 - 3 所示页面的左起第二列有 CAJviewer 浏览器链接，点击"CAJviewer 浏览器"链接，可以进入图 6 - 4 所示的 CAJ 浏览器下载界面。

图 6 - 3　中国知网主页 2

图 6 - 4　CAJ 浏览器下载示意图

然后点击页面中部右侧的"点击下载最新版本"按钮（2013年1月提供的最新版本是CAJViewer 7.2)，出现文件保存，如图6－5所示。在该页面选择保存路径，之后点击"立即下载"即可保存到指定文件夹。

　　为文件选好位置后点击"保存"即可将浏览器安装程序下载到本机上。

图6－5　CAJ浏览器下载选择保存路径界面

图6－6　CAJ浏览器安装程序图标

### 2. 如何安装 CAJ 浏览器

　　程序下载完后，打开程序所在文件夹，点击程序图标（如图6－6所示）即可进入安装提示的安装向导界面，如图6－7所示。按提示依次点击"下一步"，按提示操作，直到如图6－8所示的"选择安装类型"界面，用户根据需要选择之后，即可顺利安装。

### 3. 如何对文章进行浏览

　　CAJ浏览器打开后，它的主要界面可以分为三部分：中间是主页面显示区，可以显示我们要看的实际内容；左面是目录浏览区，可以选择需要阅读的页码；右面是任务区，可以选择需要阅读的文献篇名。如图6－9所示。

　　其中，只要文件中包含有目录信息，就可以查看目录，目录区默认是隐藏，但是用户可以根据自己的需要把其显示或隐藏。

　　您可以通过菜单"文件"→"打开"来打开一个文档，开始浏览或者阅

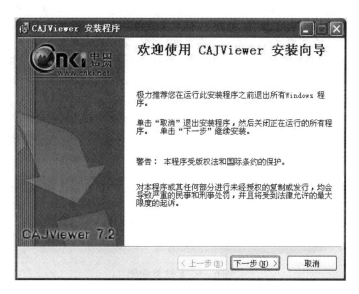

图 6 – 7　安装 CAJ 浏览器的安装向导界面

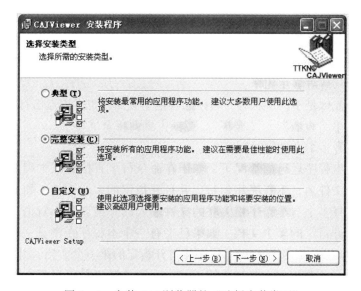

图 6 – 8　安装 CAJ 浏览器的"选择安装类型"

读该文档,这个文档必须是以下后缀名的文件类型:CAJ、KDH、NH、CAA、TEB。

一般情况下,屏幕正中间最大的一块区域代表主页面,显示的是文档中

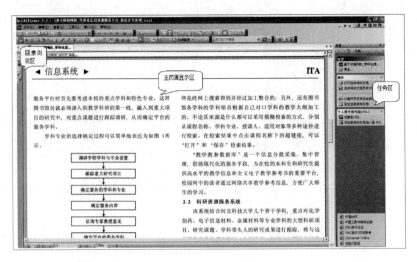

图 6 - 9　CAJ 界面图

的实际内容，除非打开的是 CAA 文件，此时可能显示空白，因为实际文件正在下载中。

您可以通过鼠标和键盘直接控制主页面，也可以通过菜单或者单击页面窗口/目录窗口来浏览页面的不同区域，还可以通过菜单项或者点击工具条来改变页面布局或者显示比率。

当屏幕光标是手的形状时，可以随意拖动页面，也可以点击打开链接。

点击菜单"查看"—"全屏"，当前主页面将全屏显示。

可以打开多个文件同时浏览。

在没有本程序运行的情况下，如果在命令行下直接敲入本程序名称，后面加上多个文件名，本程序将运行，并打开指定的多个文档；如果在资源管理器里，选择多个与本程序相关联的文件输入回车或者鼠标双击，本程序将运行，并打开指定的多个文档。如果已经有一个本程序在浏览文档，将不再有新的程序启动，已经运行的本程序将打开指定的第一个文档。

在 CAJ 的工具栏中有各种常用工具，利用这些工具可以很方便地对阅读的文件进行操作，就像在 Word 中编辑一样。对于一些与 Word 中相同功能和使用方法的按钮，例如打开、保存、打印等按钮及其使用方法我们这里不作介绍。

4. 如何对文章进行标注

点击菜单项"查看"→"标注"，即可在当前文档的主页面左边出现标

196

注管理的窗口，在该窗口下，可以显示并管理当前文档上所作的所有标记，如图 6 - 10 所示。

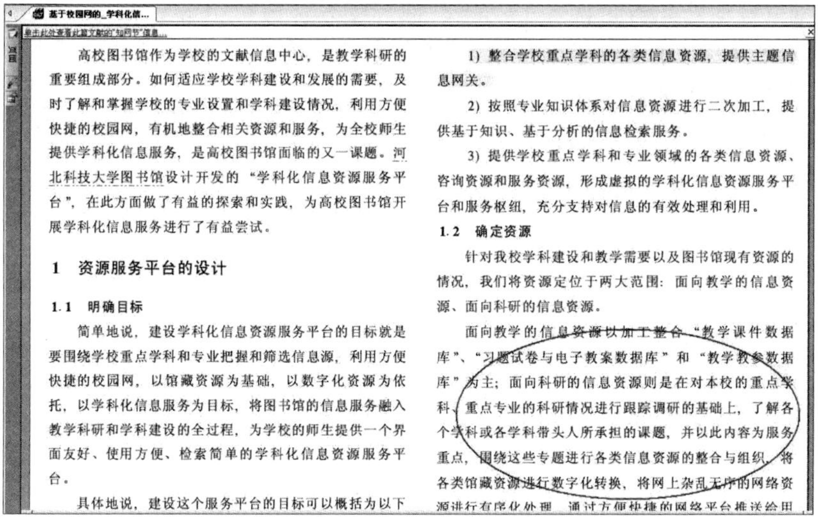

图 6 - 10　CAJ 标注界面

标注共有 10 种，分别是直线、曲线、矩形、椭圆、文本注释、高亮文本、下划线文本、删除线文本、知识元链接和书签。

在标注窗口里，鼠标点击右键，将弹出 5 个菜单项，分别如下：

（1）删除所选项，将把当前选择的一个标注从文档主界面上删除。

（2）清除本类型的所有项，将弹出小的确认对话框，如果选择是，将把文档上本类型的所有标注清除。

（3）清除所有标注，将弹出小的确认对话框，如果选择是，将把文档上的所有标注清除。

（4）属性，弹出对话框让用户编辑标注的描述信息。

（5）设置颜色，改变所选中的标注的颜色。

当用鼠标或者键盘使选择的标注发生变化时，文档主页面的位置将发生变化，使当前选择的标注显示在主页面最上端，并用一黑色的边框表明其处在被选中的状态，此时可以直接按下键盘上的删除键删除掉它。

点击菜单"工具"，将列出给文档作标注的几个菜单项，点击"注释"菜单项之后鼠标点中主页面的话，将弹出一个小窗口，可以编辑注释文本，关闭该窗口之后，主页面的相应位置将被画上一个小的注释图标，点击该图标将可以修改注释文本；点击"画线工具"菜单项，光标将改变为笔的形状，就可以在主页面上画任意的线了，如果鼠标拖动的过程中按下"Shift"键，画出来的线将是水平的或者垂直的；点击"文本选择"后，就可以在主页面上通过鼠标拖动的方式选择上一块区域的文本，以反色的方式显示，然后点击"文本编辑"下的"高亮"菜单项使被选择的文本以高亮显示，点击"删除线"菜单项将使被选择文本中部画上红色的删除线，点击"下划线"菜单项将使被选择文本下部画上下划线。

在主页面上，鼠标右键点击某一标注，将使该标注选中，用一黑色的边框表明其处在被选中的状态。

在工具条上对应有画标注的项。

所有标注里，只有注释文本在打印时勾选"打印标注"后才可以打印出来。

在标注管理的窗口上方有一个标注工具条，可以实现加密、定义标注作者访问密码等信息，并可以实现标注导入导出功能，如图 6 – 11 所示。

图 6 – 11　标注工具栏

标注工具栏按钮从左到右分别是：

暂时取消标注保护，需要输入密码（默认为空），用户可自行设置。

删除当前标注集，删除当前标注集的所有内容。

设置标注集属性，在设置前需要输入当前标注密码（默认为空），然后弹出标注集属性设置对话框，如图 6 – 12 所示。

切换标注集，在不同的标注集间切换。

导出当前标注集，将当前的标注集导出到 XML 文件。

导入标注集，导入原来导出的 XML 文件。

显示/隐藏所有标注。

标注的保存可以随文件一起保存，也可以导入导出，同时也可以存在多个标注集。

5. 如何进行文字识别

点击菜单项"工具"→"文字识别"，当前页面上的光标变成文字识别的形状，按下鼠标左键并拖动，可以选择一页上的一块区域进行识别，识别结果将在对话框中显示，并且允许修改，做进一步的操作，如下图 6 – 13 所示。

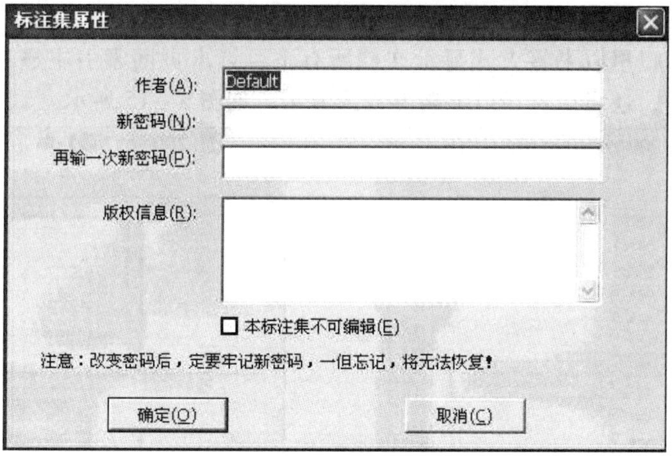

图 6 - 12　标注集属性示意图

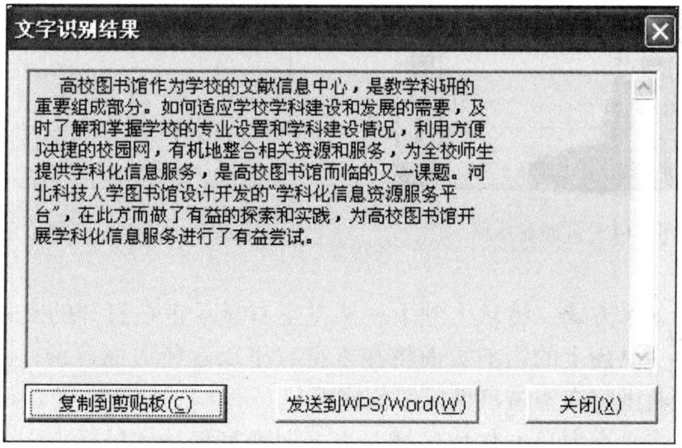

图 6 - 13　文字识别示意图

　　点击"复制到剪贴板",编辑后的所有文本都将被复制到 Windows 系统的剪贴板上;点击"发送到 Word",编辑后的所有文本都将被发送到微软 Office 的 Word 文档中,如果 Word 没有在运行,将先使之运行。

　　该功能使用了清华文通的 OCR 识别技术,安装了该软件包方可使用本功能。

6. 如何进行页面操作

打开文档后,点击菜单"查看"→"页面",将在当前主页面的左边出现页面窗口，如图6–14所示。

在该窗口里以书签方式显示文档所有页，点击页面索引主显示区将跳转到相应页面，还可以选择以缩略图方式显示，如图6–15所示。

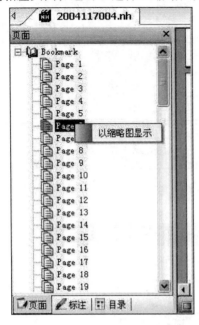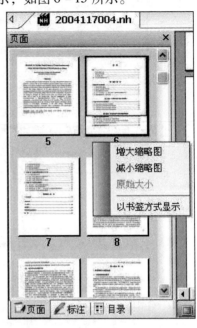

图6–14　页面显示区　　　　　图6–15　缩略图显示示意图

缩略图显示方式，将从上到下、从左至右显示正在打开的文档的所有页的缩略图，主页面上的当前页面将在本窗口里以蓝色边框显示，主页面的当前页的浏览范围将在本窗口里以红色标出。

鼠标点击页面窗口的任何区域，主页面都将移动到鼠标点中的页面的相应区域。

鼠标右击页面窗口，还将弹出菜单，显示四个菜单项："增大缩略图"、"减小缩略图"、"原始大小"和"以书签方式显示"。顾名思义，它们分别增大缩略图、减小缩略图和跳转到书签方式显示。

CAJ提供两种页面显示方式，即对开显示及连续对开显示，可以设置对开显示时的起始页，也可以设置对开显示时是否显示页间空隙。在菜单"查看→页面布局"下点击"单页"、"连续"、"对开"、"连续对开"菜单项即进入相应的显示模式，其中"连续"是默认选项。

7. 如何进行目录窗口操作

当打开一个带有目录索引的文档，将可以在主页面的左边选择目录窗口，或者通过菜单"查看"→"目录"来打开/关闭目录窗口，如下图 6－16 所示。

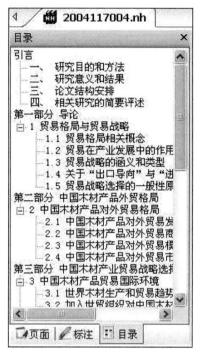

图 6－16　目录窗口

目录内容以树的形状在目录窗口中显示，鼠标左键点击任何目录项，主页面都将显示与目录相关的区域。

目录窗口、页面窗口和标注窗口总是层叠显示在主页面的左边，通过点击右上方的关闭按钮，可以同时隐藏或者正常显示，但是不会处于漂浮状态。

8. 如何发送邮件

您可以通过 E－mail 发送指定文档：打开文档之后，通过菜单"文件"→"发送邮件"将出现如图 6－17 所示的窗口，初始化的时候将指定文档作为附件。

在设置好合适的"收件人"、"主题"之后就可以按下"发送"按钮发送该邮件了。

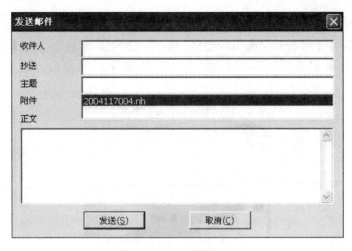

图 6 – 17　发送邮件窗口

发送邮件其实还有几个参数需要设置，可以点击菜单"工具"→"设置"，在"设置邮件"属性页里设置。不管发送成功与失败，最后都将弹出一个消息框，告知发送结果。

如果多次发送失败，建议启用机器上的另外的邮件发送程序，例如 MS Outlook Express、foxmail 或者利用商业网站的邮件服务器来发送该文档。

9. 如何使用知网节

有些文档包含知网节信息可以通过菜单"查看"→"属性"来查看（在参数设置中也可以设置在打开文档的时候自动打开知网节），如果计算机已经连接到网络将会弹出知网节信息，如图 6 – 18 所示。

知网节包含此文档的作者、关键词、摘要等信息。

10. 如何使用搜索功能

点击菜单项"编辑"→"搜索"，搜索窗口将会出现，一般在屏幕的右边，如图 6 – 19 所示。

在编辑窗口里输入将要搜索的文本，选择搜索的范围，CAJ 浏览器里有多种检索范围：

（1）在当前活动文档中搜索，搜索结果都将在窗口下部的列表框里显示，搜索完成后主页面上将显示搜索到的第一条文本，点击不同的搜索结果，主页面将进入到相应的区域。

图 6-18　知网节示意图

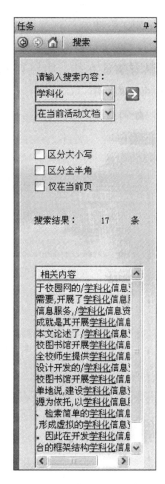

图 6-19　搜索功能示意图

（2）在所有打开的文档中搜索，搜索结果都将在窗口下部的列表框里显示，搜索完成后主页面上将显示搜索到的第一条文本，点击不同的搜索结果，主页面将进入到相应的区域。

（3）在 PDL 中搜索，如果安装了个人数字图书馆将打开该软件，并在该软件中搜索，搜索结果在个人数字图书馆中显示。

（4）选择范围搜索，选择一个目录进行搜索，将搜索所有 CAJViewer 可以打开的文件，搜索结果都将在窗口下部的列表框里显示，搜索完成后主页面上将显示搜索到的第一条文本，点击不同的搜索结果，主页面将进入到相应的区域，如果文件没有打开将首先打开文件。

在 CNKI 中搜索，将弹出浏览器（一般是 MS Internet Explorer）显示搜索结果。

工具书集锦在线，将链接到 CNKI 工具书（http：//gongjushu.cnki.net/refbook/default.aspx）。

11. 如何打印所需文章

点击菜单项"文件"→"打印"，将弹出如图 6 - 20 所示的对话框，首先进行打印的设置。

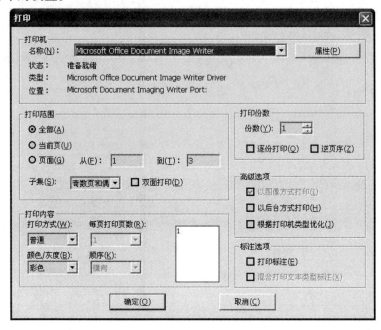

图 6 - 20　打印设置界面

大部分选项都与我们平常所见的系统打印设置选项一样，都可以顾名思义。

"打印内容"选项可以指定打印方式，包括普通方式和讲义方式，讲义方式可以在每页纸上打印多页文档，并且可以设置打印顺序。

颜色/灰度选项可以设置按彩色、灰度、黑白方式打印。

顺序，当打印方式选择讲义并且每页打印数大于 1 时可以选择打印顺序，包括横向、逆页序横向、纵向、逆页序纵向，在旁边的页面里会同时显示样式。

"标注选项"默认不打印标注，如果选择打印注释，那么将在打印完文档之后，另外附上一页或者几页（视注释文本的多少而定），专门列上指定页面上的注释。

## 三、PDF（Adobe Reader 9.0）浏览器

1. 如何下载与安装

中国知网主页未提供 PDF 浏览器下载路径，用户可以到免费的软件网站上自行下载。在安装时只要根据提示即可完成。

2. PDF 窗口

如图 6－21 所示，PDF 浏览器的工作区可以分为几个部分：A 区是页面工具栏，B 区是用于显示 Adobe PDF 文档的文档窗格，C 区是用于导览当前PDF 文档的，D 区是注释和附件工具栏。

显示和隐藏标签有两种方法，一是选择"视图"→"导览标签"，然后从菜单选择要显示或隐藏的标签；二是单击文档窗格左边的标签名称。

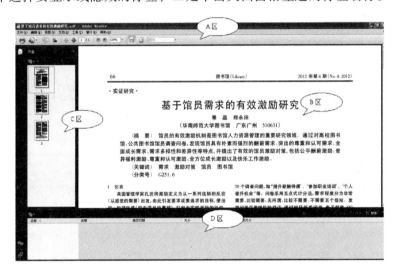

图 6－21　PDF 主界面图

3. 如何在工具栏添加命令

PDF 默认的工具栏如图 6－21 所示，用户可以根据需要来在工具栏进行添加命令的操作，操作方法为："视图"→"工具栏"→"更多工具"，用户可以在命令前面的方框内自行选择，如图 6－22 所示选择完毕，点击"确定"，则工具栏变得内容更加丰富，方便用户操作，如图 6－23 所示。

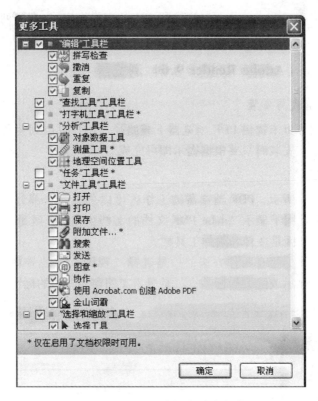

图 6 – 22　在工具栏添加命令操作

图 6 – 23　添加命令操作后的工具栏

### 4. 翻阅文档

窗口上部工具栏中的"页面导览工具栏"提供了快速导览文档的方法，如图 6 – 24 所示。导览控件 ⊼ 是"第一页"按钮，⬆ 是"上一页"按钮，2/3 是"当前"页面按钮，⬇ 是"下一页"按钮，3/3 是"最后一页"按钮。另外，还可以使用菜单命令和键盘快捷方式来翻阅 PDF 文档。

图 6 – 24　页面导览工具栏

5. 如何进行跳页

跳页浏览有几种情况，一是跳到下一页，另一个是按页码跳页。

如果要跳至第一页或最后一页，可以单击工具栏中的"第一页" ⬛按钮或"最后一页" 3/3 按钮，或选择"视图"→"跳至"→"第一页"或"最后一页"。如果要跳至下一页或上一页，可以单击状态栏中的"下一页" ⬇按钮或"上一页" ⬆按钮，或选择"视图"→"跳至"→"上一页"或"下一页"。如果正在以单页布局的"适合页面"视图查看文档，则按"向左箭头" ● 或"向右箭头" ●，会向前或向后翻阅一页。

如果要按页码跳页，可以选择"视图"→"跳至"→"页"，输入页码，然后单击"确定"。或者拖动垂直滚动条，直至要跳至的页码出现。也可以在状态栏中选定当前页码，输入要跳至的页码，然后按回车键即可。

6. 如何调整页面位置

用户可以像用手在桌子上移动纸张那样来使用"手形"工具 ✋ 移动 Adobe PDF 页面。调整页面位置的步骤如下：首先选择"手形"工具 ✋，然后向上或向下拖动页面，接着松开鼠标按钮停止滚动。如果页面已放大到较高的放大率，向左或向右拖动页面可查看不同的区域。

7. 放大和缩小视图

工具栏和状态栏提供了多种方法来放大 PDF 文档的视图。使用"放大"和"缩小"工具可更改文档的放大率。使用"动态缩放"工具，通过向上或向下拖动鼠标来放大或缩小视图。如图 6-25 所示。

图 6-25  使用缩放功能

如果要提高或降低放大率请执行以下步骤之一：单击工具栏中的"放大"按钮 ● 或"缩小"按钮 ●，或从工具栏菜单选择放大率百分比。也可以使用"放大"工具在特定区域拖画矩形来放大该区域。完成缩放后，可能需要选择"手形"工具。还可以单击工具栏中的放大率百分比区域，输入新的百分比值，然后按"回车键"。

此外，还可以从工具栏中的"缩放"菜单，选择"动态缩放"工具，然后向上拖动鼠标来放大开始拖动的区域，或向下拖动鼠标来从此位置缩小。如果鼠标上有鼠标滚轮，则向前滚动时放大，向后滚动时缩小。

8. 设置页面布局和方向

更改页面布局适合缩小视图在查看文档布局概貌时使用。当查看 Adobe PDF 文档时，可以使用以下图 6 – 26 所示的页面布局。

图 6 – 26　页面布局

"滚动页面▦"表示每页填满窗口且可连续滚动页面。

"一个整页▥"表示一次显示一个页面。

"单页连续▤"表示连续滚动文档。

"单页▢"表示一次显示一个页面。

"双联▥"表示并排显示页面，并且一次仅显示一页或两页。

"双联连续▦"表示并排显示连续滚动的页面。如果文档超过两页，则第一页显示在右边以确保正确显示双面文档。

"全屏显示▦"表示 PDF 页面填满整个屏幕，按 Esc 键退出。

"逆时针旋转▦"表示以 90°为增量来逆时针旋转页面视图。

"顺时针旋转▦"表示以 90°为增量来顺时针旋转页面视图。

"线条粗细▢"表示显示所有描边宽度为 1 像素的线条，而不论缩放比率是多少。

9. 复制和粘贴文本

"文本选择"工具▨可以用于选择 Adobe PDF 文档中的文本或文本块。使用"复制"和"粘贴"命令可将选定的文本复制到其他应用程序。首先在屏幕上选取需要复制的文本，这时被选取的文本会以高亮显示，单击鼠标右键，选择"复制"。然后就可以在 Word 等字处理软件中粘贴及编辑保存了。

此外，由于维普资讯网站所采用的 PDF 采用双层扫描模式，所以您可以很轻松地将文字从 PDF 中分离出来。

10. 复制图像

使用"快照"工具▦可将选框中的内容（文本、图形、或图文对象）复制到剪切板或其他应用程序。此时，文本和图像都作为图像被复制。具体操作步骤如下：在页面中的任意位置单击来捕捉屏幕上所显示的全部内容；接着在文本、图像或图文对象周围拖画选框。

当松开鼠标按钮时，选定区域即被自动复制到剪贴板。如果已在其他应用程序中打开了文档，则可以使用"编辑"→"粘贴"命令直接将复制的内容粘贴到目标文档中。

11. 对文档进行简单搜索

使用"搜索 PDF"窗格可以查找当前 Adobe PDF 文档中的文字、短语或句子。具体操作方法是在工具栏上，单击"搜索"工具"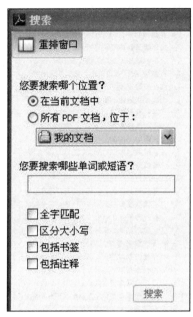"，或选择"编辑"→"搜索"，或使用快捷键"Ctrl + f"。打开搜索后的界面图如图 6 – 27 所示。

图 6 – 27　搜索文档

如果需要，可以选择搜索选项。"全字匹配"只搜索文字框中所输入的完整单词；"区分大小写"只搜索与文字输入框内所输内容大小写完全相符的单词；"包括书签"表示同时搜索"书签"窗格和文档中的文本，而且在"书签"窗格中搜索到的内容显示在"列表"的上半部分，并使用不同的符号来区别在文档中搜索到的内容。"包括注释"表示同时搜索"注释"中的文本和文档中的文本，而且在"注释"文本中搜索到的内容包含注释图标、搜索文字以及上下文文字等，在搜索结果列表中列出。之后单击"搜索"，即可按要求搜索，其结果按页面顺序显示。如图 6 – 28 所示。

单击图 6 – 28 列表中的项目，即可获得自己搜索的内容。继续单击搜索

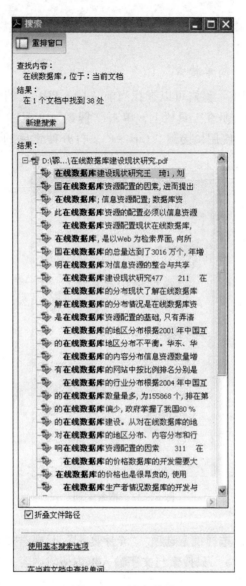

图 6 – 28　搜索结果

结果列表中的项目，或选择"编辑"→"搜索结果"→"下一结果"来查看文档中的下一搜索结果。使用"后退"和"前进"按钮来向前和向后导览搜索窗格。

## 四、中国学术期刊网络出版总库检索方法

中国学术期刊网络出版总库提供导航检索、基本检索、高级检索、专业检索、作者发文检索、科研基金检索、句子检索、来源期刊检索、期刊导航等检索服务。

### 1. 导航检索

用户可以通过如前面图6-2所示的检索界面左侧的专辑导航逐步缩小范围，直至最后检索出某一知识单元中的文章。例如，利用专辑导航：基础科学→数学→数学概论→数学理论，可以直接检出其中的文章。如图6-29所示。

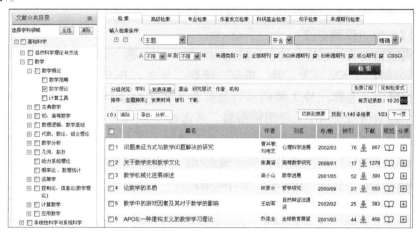

图6-29　导航检索示意图

导航检索比较适合于了解某学科、某课题的大概情况，对于诸如作者、主题、关键词等具体内容不清楚的情况，人们大多数情况下还是使用检索词进行高级检索、专业检索或其他方式的检索。

### 2. 基本检索

在基本检索中，可以输入检索控制条件以及输入内容检索条件进行检索。如图6-30所示。

（1）检索控制条件

包括输入发表时间、来源类别，通过对检索范围的限定，便于准确控制检索的目标结果。

发表时间即是在检索中限定检索文献的出版时间，可按年度限定文献发

图 6 - 30　基本检索界面

表时间范围。

　　来源类别，可以根据期刊所属类别，通过方框勾选的方式选择全部期刊、SCI 来源期刊、EI 来源期刊、核心期刊、CSSCI。

　　（2）内容控制条件

　　内容检索条件包括：基于文献的内容特征的主题、篇名、关键词、作者、单位、刊名、ISSN、CN、期、基金、摘要、全文、参考文献、中图分类号。在下拉框中，选择一种文献内容特征，在其后的检索框中填入一个关键词；若一个检索项需要两个关键词做控制，可选择"并含"、"或含"或"不含"的关系，在第二个检索框中输入另一个关键词；点击检索项前的⊞增加逻辑检索行，添加另一个文献内容特征检索项；点击⊟减少逻辑检索行；添加完所有检索项后，点击"检索"，进行检索。

　　精确模糊检索，可控制该检索项的关键词的匹配方式。精确是指检索结果完全等同或包含与检索字/词完全相同的词语；模糊是指检索结果包含检索字/词或检索词中的词素。

　　3. 高级检索

　　在高级检索中，同基本检索一样，可以输入检索控制条件以及输入内容检索条件进行检索，但是比基本检索中的检索控制条件更丰富。如图 6 - 31 所示。

　　（1）检索控制条件

　　包括输入发表时间、指定期、更新时间、来源期刊、来源类别、支持基金、作者、作者单位等，通过对检索范围的限定，便于准确控制检索的目标结果。

　　发表时间，同基本检索中的发表时间。

　　指定期表示用户可以输入所需文献发表的刊期。

　　更新时间表示用户可以通过下拉框选择不限、最近一周、最近一月、最

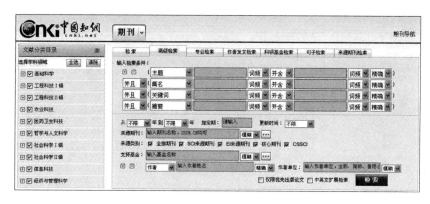

图 6-31　高级检索界面

近半年、最近一年、今年迄今、上一年度等进行更新时间的限定，默认为不限。

来源类别，可以根据期刊所属类别，在下拉框中选择全部期刊、SCI来源期刊、EI来源期刊或者核心期刊，默认为"全部期刊"。

支持基金，在检索中，可直接在检索框中输入基金名称的关键词，也可以点击检索框后的 ⬚ 按钮，选择支持基金输入检索框中。点击 ⬚ 后，在弹出的窗口中，检索项的下拉框中选择"基金名称、基金管理单位"后，在检索框中输入相应的检索词进行检索；也可在下拉菜单中选择基金的管理机构进行检索。

作者及作者单位，在检索中可限定文献的作者和作者单位。在下拉框中选择限定"作者"或"第一作者"，在后面的检索框中输入作者姓名或作者单位（可使用模糊检索或精确检索）。若要检索多个作者合著的文献，点击检索项前 ⊞ 增加逻辑检索行，添加另一个限定发文的作者；点击 ⊟ 减少逻辑检索行，去除另一个限定发文的作者。所有检索框在未输入检索词时默认为该检索项不进行限定，将检出库中的全部文献。

（2）内容检索条件

与基本检索的内容检索条件相同，不再赘述。

4. 专业检索

专业检索是指使用逻辑运算符和关键词构造检索式进行检索。如图 6-32 所示。

可用下列 20 个检索字段构造检索表达式：主题、题名、关键词、摘要、全文、作者、第一作者、作者单位、期刊名称、参考文献、更新时间、期刊

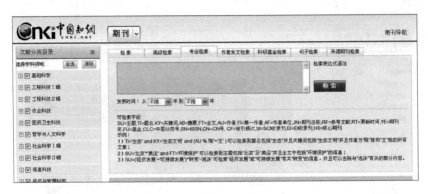

图 6 - 32　专业检索界面

年、基金、中图分类号、ISSN、CN 号、被引频次、SCI 收录刊、EI 收录刊、核心期刊。

多个检索项的检索表达式可使用 AND、OR、NOT 逻辑运算符进行组合；三种逻辑运算符的优先级相同；如要改变组合的顺序，请使用英文半角圆括号"（）"将条件括起。

符号：所有符号和英文字母（包括下表所示操作符），都必须是英文字符，也就是说，必须使用半角字符。

另外，用户还可以输入发表年度进行限制。

5. 作者发文检索

作者发文检索是通过作者姓名、单位等信息，查找作者发表的全部文献及被引下载情况。通过作者发文检索不仅能找到某一作者发表的文献，还可以通过对结果的分组筛选情况全方位地了解作者主要研究领域，研究成果等情况。如图 6 - 33 所示。

图 6 - 33　作者发文检索界面

检索项包括作者姓名、第一作者姓名和作者单位，可在检索框中直接输入相关名称进行检索。对于作者单位检索项，点击检索项前⊞增加逻辑检索行，点击□减少逻辑检索行。

6. 科研基金检索

科研基金检索是通过科研基金名称，查找科研基金资助的文献。通过对检索结果的分组筛选，还可全面了解科研基金资助学科范围、科研主题领域等信息。如图 6 – 34 所示。

图 6 – 34　科研基金检索界面

在检索中，可直接在检索框中输入基金名称的关键词，也可以点击检索框后的□按钮，选择支持基金输入检索框中。

7. 句子检索

句子检索是通过用户输入的两个关键词，查找同时包含这两个词的句子。由于句子中包含了大量的事实信息，通过检索句子可以为用户提供有关事实的问题的答案。如图 6 – 35 所示。

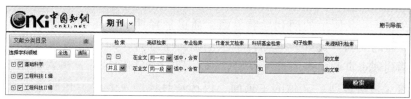

图 6 – 35　句子检索界面

可在全文的同一段或同一句话中进行检索。同句指两个标点符号之间，同段指 5 句之内；在检索框中输入检索词；点击□增加逻辑检索行，点击□减少逻辑检索行，在每个检索项后输入检索词，每个检索项之间可以进行三种组合：并且、或者、不包含。

8. 来源期刊检索

来源期刊检索是通过输入来源期刊的名称、类别和年期等信息，来查找包含相关信息的期刊。如图 6 – 36 所示。

检索时可在检索框中直接输入相应期刊名称、ISSN、CN 号作为检索词，

图 6 - 36　来源期刊检索界面

也可以点击圓对期刊进行选择。根据期刊所属类别，选择全部期刊、SCI 来源期刊、EI 来源期刊、核心期刊、CSSCI。期刊年期，默认"不限"，可以通过下拉框选择年度；指定期，可以直接输入检索的期数，一般为 1～24 期之间的数字。

9. 期刊导航

期刊导航是通过学科类别来选择具体的期刊，进行期刊论文的浏览，如图 6 - 37 所示。点击"期刊导航"，进入如图 6 - 38 所示的期刊导航主页。

图 6 - 37　期刊导航界面 1

在图 6 - 38 所示的期刊导航界面，通过选择期刊所属的学科类别，即可获取所需的期刊。比如，基础科学→基础科学综合，即可出现如图 6 - 39 所示的期刊列表页面。进而选《科研管理》，点击期刊图片后，进入如图 6 - 40 所示的《科研管理》文献的主页面，再选择具体的发表年、刊期进入文献题名列表，如图 6 - 41 所示。

10. 检索结果概览

（1）文章信息概览

检索完成后系统显示文章的概要信息，中国学术期刊网络出版总库提供的文章概要信息为"篇名"、"作者"、"刊名"、"年/期"、"被引"、"下载"，显示如图 6 - 42 所示。

（2）翻页、跳页

系统将在概览区顶端及底端都显示检索结果的条数和翻页按钮，在概览区底端同时显示 9 个单独的页码数字，用户可以点击上下翻页功能按钮（实现上下翻页功能）翻页浏览检索结果的概览项，还可以直接点击页面数字直接跳转到指定的页码。如图 6 - 43、图 6 - 44 所示。

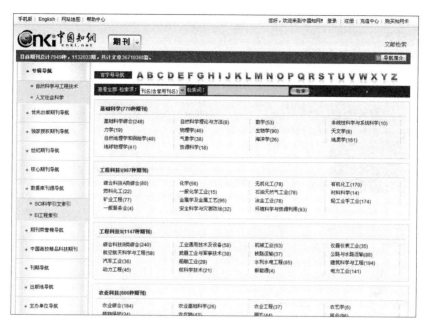

图 6 - 38　期刊导航界面 2

图 6 - 39　期刊列表界面

图 6-40　具体期刊的界面

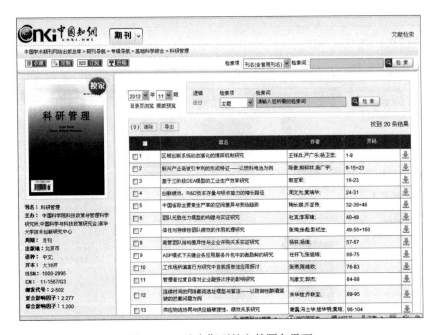

图 6-41　选定期刊的文献题名界面

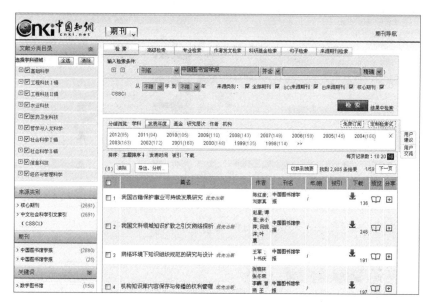

图 6 – 42　检索结果文章概览

图 6 – 43　概览区顶端翻页按钮

图 6 – 44　概览区底端翻页及跳页按钮

（3）检索结果选择

用户可以通过检索结果概览条目前的选择框逐个选择条目，也可以直接点击来选择或清除检索结果。如图 6 – 45 所示。

（4）检索结果分组浏览

用户可以通过点击概览区上方的组别实现对检索结果按不同组别进行浏览，如图 6 – 46 所示。可以按学科、发表年度、基金、研究层次、作者和机构进行分组浏览。

（5）检索结果排序

用户可以通过点击概览区上方的排序方式实现对检索结果的排序，如图 6 – 47 所示。排序方式包括主题排序、发表时间排序、被引排序、下载排序等。

219

(5) 清除 导出、分析… 切换到摘要 找到 2,905 条结果 1/59 下一页

| | 篇名 | 作者 | 刊名 | 年/期 | 被引 | 下载 | 预览 | 分享 |
|---|---|---|---|---|---|---|---|---|
| ☑ 1 | 国外Web Archive研究与实践进展 优先出版 | 王芳;史海燕 | 中国图书馆学报 | / | | 8 | | |
| ☑ 2 | 国外数字资源整合在多领域的研究进展 优先出版 | 肖希明;唐义 | 中国图书馆学报 | / | | 32 | | |
| ☑ 3 | Web2.0环境下的网络知识创新螺旋转化 优先出版 | 员巧云 | 中国图书馆学报 | / | | 13 | | |
| ☑ 4 | 本体驱动的知识管理系统模型及其应用研究 优先出版 | 王昊;谷俊;苏新宁 | 中国图书馆学报 | / | | 32 | | |
| ☑ 5 | 数据库用户信息资源内容质量满意度模型及实证研究 优先出版 | 莫祖英;马费成 | 中国图书馆学报 | / | | 19 | | |
| ☐ 6 | 美国公共图书馆经费保障制度的演进与省思 优先出版 | 刘璇 | 中国图书馆学报 | / | | 19 | | |

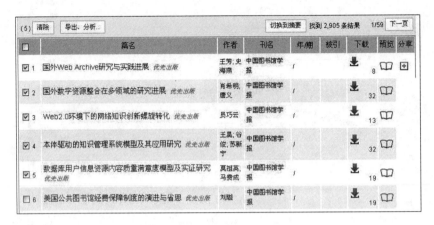

图 6－45　检索结果选择

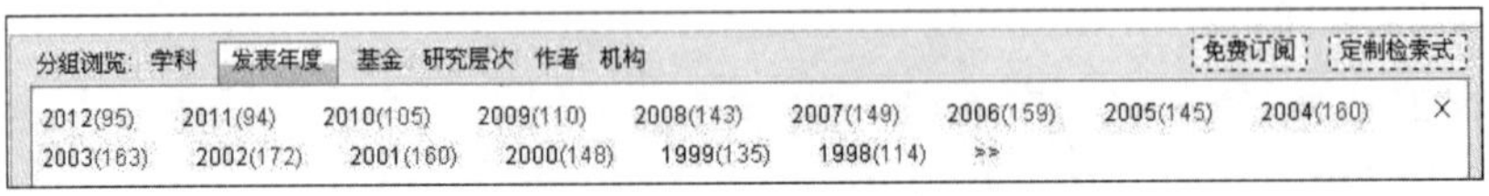

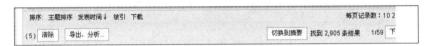

图 6－46　检索结果分组浏览

图 6－47　检索结果排序

### 11. 检索结果细览

当查找到你感兴趣的文章后，可以点击题名查看细览信息，进一步了解文章的内容以确定是否下载此文章。在检索结果的细览区不仅有文章的详细信息如作者、机构、关键词、摘要等，还可以通过扩展链接找到其他您感兴趣的文章。如图 6－48 所示。

比如：

A 参考文献：将本文的参考文献列出供读者查阅。

B 引证文献：将引用本文的文献列出供读者查阅。

C 二级参考文献：将本文参考文献的参考文献列出供读者查阅。

D 二级引证文献：将引证文献的引证文献列出供读者查阅。

E 共引文献：将与本文有相同参考文献的文献列出供读者查阅。

F 同被引文献：将与本文同时作为参考文献引证的文献列出供读者查阅。

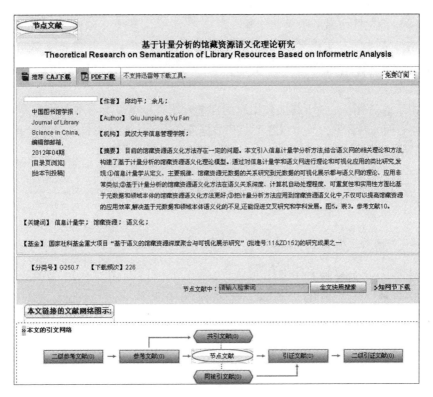

图 6 - 48　检索结果细览

G 相似文献：将与本文内容上较为接近的文献列出供读者查阅。

H 同行关注文献：将与本文同时被多数读者关注的文献列出供读者查阅。

此外，用户可以点击本文的关键词、作者姓名、作者结构获取与本文相关的文献。

12. 下载

中国学术期刊网络出版总库提供 CAJ 格式下载和 PDF 格式下载；下载格式的选择一般取决于个人习惯、网络状况、文件大小等因素。在保存路径下，双击打开下载文件，系统会自动关联到 CAJ Viewer 或者相关的浏览器打开文件。

下载可以通过以下途径实现。

（1）概览区下载

在概览区点击按钮"　"直接下载。

（2）细览区下载

在细览区点击文章名下方的下载链接"CAJ下载 PDF下载"进行下载。分别点击"CAJ 下载"或"PDF 下载"即可下载全文。然后打开相应的浏览器即可阅读全文。

由于篇幅所限，关于其他数据库的详细介绍读者可以参考本节的有关内容。我们在后面的内容里，只介绍各个期刊数据库的有关内容，供订阅参考，有关数据库的使用不再进行介绍。

# 第三节　维普中文科技期刊数据库

## 一、简介

维普《中文科技期刊数据库》收录了中国境内历年出版的中文期刊12 000 余种，全文 3 000 余万篇，引文 4 000 余万条，分三个版本（全文版、文摘版、引文版）和 8 个专辑（社会科学、自然科学、工程技术、农业科学、医药卫生、经济管理、教育科学、图书情报）定期出版发行，目前拥有高等院校、中等学校、职业学校、公共图书馆、科研机构、政府部门、信息机构、医疗机构、企业等各类用户 6 000 多家，覆盖海内外数千万用户。《中文科技期刊数据库》已经成为文献保障系统的重要组成部分，是科技工作者进行科技查新和科技查证的必备数据库。

## 二、网址与主页

维普中文科技期刊数据库的网址为 http：//www. cqvip. com/，登录后的主页如图 6 - 49 所示。

## 三、登录方式

用户使用时需要进行注册，可以根据自己的需要选择注册方式，然后按照"注册维普账户→选择充值方式充值→搜索目标内容→扣费下载阅读文章"的步骤登录使用。

图6-49　维普中文期刊数据库主页

# 第四节　万方数据知识服务平台期刊数据库

## 一、简介

"万方数据知识服务平台"是以中国科技信息所的信息服务资源为依托建立起来的大型中文网络数据资源信息系统。该平台提供学术论文检索、期刊论文检索、期刊检索、外文文献检索、学位论文检索、会议论文检索、专利检索、标准检索、科技成果检索、图书检索、法规检索、机构检索等资源检索服务，上述资源还提供按学科或类别的分类浏览服务；还有学者检索、专家检索等服务，其中，学者检索中的学者信息来自万方学术圈。万方学术圈是业内率先实现读者与学者近距离接触的平台，可最快获取学者最新情况、最新研究领域、分享学术成果；专家检索即是通过《中国科技专家库》检索，该库收录了国内自然科学技术领域的专家名人信息，介绍了各专家在相关研究领域内的研究内容及其所取得的进展，为国内外相关研究人员提供检索服务，有助于用户掌握相关研究领域的前沿信息。其资源可以分为全文资源、文摘、题录资源、动态信息资源等四种类型。学术论文、期刊论文、外文文献、学位论文、会议论文、专利文献、图书文献等均提供全文检索，标准文献、科技成果文献、法规文献等提供文摘或题录检索，动态信息资源主要由新闻和商务动态等信息组成。

"万方数据知识服务平台"中的《期刊数据库》系统以刊为单位上网，保留了刊物本身的浏览风格和习惯。整合了中国科技论文与引文数据库及其他相关数据库中的期刊条目部分内容，数据库资源达2 126多万条，基本包括了我国文献计量单位中自然科学类统计源刊和社会科学类核心源期刊。

万方期刊数据库收录自1998年以来国内出版的各类期刊7千余种，其中核心期刊2 800余种，论文总数量近2 000万篇，每年约增加200多万篇，每周两次更新。

该库内容采用国际流行的HTML格式和PDF格式制作上网，整体数字化期刊遵循电子期刊以刊为单位的原则，按理、工、农、医、人文排列，交叉入类、刊名查询，非常符合用户的阅读习惯，用户可以多角度、全方位地进入期刊主页浏览，具备了网上期刊资源门户的特征。

## 二、网址与主页

万方数据知识服务平台的网址为：http：//g. wanfangdata. com. cn/，主页如图6-50所示。

图6-50  万方数据知识服务平台主页

## 三、登录方式

万方数据知识服务平台不提供免费全文检索服务，需要用户先进行注册，成为该系统的合法用户，经过缴费或者购买充值卡向用户账户充值，然后方可使用。

# 参考文献

1. 孟庆祥，金沛霖．报刊管理［M］．北京：文津出版社，1992.

2. 四川省图书馆学会．中文期刊管理知识［M］．成都：四川省中心图书馆委员会出版，1983.

3. 安邦建，邵国秀．科技文献管理［M］．兰州：兰州大学出版社，1996.

4. 黄晓鹏，刘瑞兴．科技期刊工作研究［M］．北京：中国科学技术出版社，1997.

5. 滕胜娟，唐丽菲．现代信息检索［M］．北京：中国纺织出版社，2002.

6. （比）L·埃格西，R·鲁索．情报计量学引论．田苍林，葛兆青译．北京：科学技术文献出版社，1992.

7. 刘瑞兴．期刊引文分析［M］．北京：中国统计出版社，1995.

8. 陈国理，陈柏暖，王作池［M］．国外科技信息及文献检索．广州：华南理工大学出版社，1994.

9. 陆刚，张智松．机电工程网络信息资源检索与利用［M］．南京：东南大学出版社，2004.

10. 彭斐章，乔好勤，陈传夫．目录学［M］．武汉：武汉大学出版社，2003.

11. 郭依群．应用图书馆学教程．北京：清华大学出版社，1999.

12. 谢灼华．世界与中国图书馆事业发展趋势［M］．武汉：武汉大学出版社，2000.

13. 江乃武，于鸣镝．期刊工作现代化—全国高校图书馆第六次期刊工作学术研讨会论文集［C］．北京：海洋出版社，1997.

14. 陈英．科技信息检索［M］．北京：科学出版社，2005.

15. 王崇德．文献计量学引论［M］．桂林：广西师范大学出版社，1997.

16. 黄春燕，李玲．《中国期刊全文数据库》KNS3.5 的评价分析［J］．图书馆建设，2003 （3）：67 – 69.

17. 蔡丛慧．我国四大期刊光盘数据库的特点和应用［J］．图书馆理论与实践，2002 （3）：5 – 7.

18. 张伯海，田胜利．中国期刊年鉴（2003/2004）．北京：中国大百科全书出版社，2005.

19. 朱强，蔡蓉华，何峻．《中文核心期刊要目总览（2011）》［M］．北京：北京学习出版社，2011.

20. 中国网络电视台．亚洲发行量第一杂志《读者》迎来创刊 30 周年．http：//news. cntv. cn/20110418/106572. shtml. 2013 年 1 月 20 日访问.

21. 中国新闻出版总署．2011 年全国新闻出版业基本情况．http：//www. gapp. gov. cn/gov-public/80/101. shtml. 2013 年 1 月 21 日访问.

22. 包锦章．中国科技论文与引文分析数据库（CSTPC）介绍［J］．中国信息导报，1997 （6）：15 – 16.

23. 苏新宁．中文社会科学引文索引（CSSCI）的设计与应用价值［J］．中国图书馆学报，2012（5）：95 – 102.

24. 中国社会科学院文献信息中心．科研成果引证查询．http：//www. lib. cass. org. cn/service/adduce. htm. 2013 年 1 月 23 日访问．

25. 郭园．新时期高校图书馆中文期刊采访工作思考［J］．成都大学学报（社会科学版），2012（4）：117－119.

26. 郑福根．高校图书馆外文原版期刊采访策略研究［J］．大学图书情报学刊，2009（4）：63－65.

27. 李继晓，蔡成瑛．对各种核心期刊评价方法的分析［J］．中国科技期刊研究，2006（2）：253－256.

28. 中国互联网络信息中心．2005 年中国互联网络信息资源数量调查报告正式发布．http：//www. cnnic. cngywmxwzxrdxw2006nrd/201207/t20120710＿31472. htm. 2013 年 1 月 25 日访问．

29. 艾华，赵功群．两种中文期刊数据库文献计量分析结果差异性探源［J］．图书馆学刊，2012（8）：137－139.

30. 中国知网．http：//www. cnki. net/2013 年 1 月 26 日访问．

31. 万方数据知识服务平台．http：//www. wanfangdata. com. cn/2013 年 1 月 26 日访问．

32. 维普信息资源系统．http：//edu. cqvip. com/2013 年 1 月 26 日访问．

33. 国家标准《文献著录第 3 部分：连续性资源》（GB3792. 3－2009）．

34. 国家标准《文后参考文献著录规则》（GB/T 7714－2005）．

35. 邱均平．信息计量学［M］．武汉：武汉大学出版社，2007.

36. 杜大力．中国与世界主要国家期刊出版情况对比．北京大学学报（哲学社会科学版）［J］，2001（6）：88－93.

37. 国际 ISSN 中心 http：//www. issn. org. 2013 年 2 月 27 日访问．

38. 中文百科在线．中国台湾地区出版业．http：//www. zwbk. org/MyLemmaShow. aspx? lid＝226039. 2013 年 2 月 27 日访问．

39. 陈培新．香港报业竞争策略的启示．http：//chinesejournalist. xinhuanet. comhtml200804/chenpx1. htm. 2013 年 2 月 27 日访问．

40.《中国图书馆分类法》编委会．服务工具．http：//clc. nlc. gov. cn/. 2013 年 2 月 27 日访问